QUELQUES SOUVENIRS

DU

RÈGNE DE LA TERREUR

A CAMBRAI

appuyés sur des pièces authentiques et recueillis de la bouche de témoins oculaires,

PAR M. P.-J. THÉNARD,

Chanoine honoraire,

Aumônier de l'Hospice général et de l'Hôpital militaire de la ville de Cambrai.

A CAMBRAI
Chez L. Carion, éditeur, rue de Noyon, 11,
et chez tous les Libraires.

1860

QUELQUES SOUVENIRS

DU

RÈGNE DE LA TERREUR A CAMBRAI

QUELQUES SOUVENIRS

DU

RÈGNE DE LA TERREUR

A CAMBRAI

appuyés sur des pièces authentiques et recueillis de la bouche de témoins oculaires,

PAR M. P.-J. THÉNARD,

Chanoine honoraire,

Aumônier de l'Hospice général et de l'Hôpital militaire de la ville de Cambrai.

A CAMBRAI
Chez L. Carion, éditeur, rue de Noyon, 11,
et chez tous les Libraires.

1860

QUELQUES SOUVENIRS

DU

RÈGNE DE LA TERREUR

A CAMBRAI

PRÉAMBULE.

Depuis soixante ans, bien des ouvrages ont paru sur cette révolution d'horrible mémoire que la postérité sera tentée de regarder un jour comme une fable, comme une espèce de fantasmagorie inventée à plaisir par les écrivains de notre siècle pour effrayer leurs descendants. Qui sait même si, avec le temps, tous les faits de cette lamentable époque ne seront pas interprétés à l'aide du mythisme, ce système si commode pour tout expliquer, ou plutôt pour tout nier, et que nos rationalistes modernes développent avec un aplomb et une gravité qui feraient rire de pitié si, malgré toutes nos lumières, les plus grandes absurdités n'étaient pas destinées, de nos jours, à rencontrer des partisans qui les défendent, et des dupes qui les adoptent sans contrôle.

Ce qui se passait naguères dans certaines écoles de l'Allemagne, nous révèle tout ce qu'on peut attendre de l'esprit humain en fait d'extravagance; n'y rencontrait-on pas des hommes qui prétendaient ne trouver que des mythes dans les faits même de l'Ecriture sainte, faits cependant qui sont appuyés sur une multitude innombrable de monuments d'une authenticité bien autrement établie que celle de l'histoire profane la plus véridique?

Mais ce qui est plus étonnant encore que cette folie, qui tend à nier l'évidence même, c'est qu'il se rencontre déjà des hommes qui, après avoir été les témoins de cette révolution, ou au moins des ruines qu'elle amoncela, et des conséquences funestes qu'elle nous fit ressentir, semblent vouloir oublier, ou plutôt faire oublier toutes ces horreurs, et cherchent même parfois à atténuer, à excuser ce qui ne peut trouver d'excuse ni devant la raison, ni devant la Religion : l'intention de ces apologistes du crime n'est que trop bien connue.

Loin d'être exposé à l'exagération en traitant un pareil sujet, on se trouve arrêté à chaque pas, on hésite pour savoir si les témoins ne se sont point trompés, si l'on parlera oui ou non de telles et telles circonstances qui donnent aux horreurs d'alors une teinte qui leur est toute particulière, un je ne sais quoi de plus sombre, de plus froidement féroce que tout ce que l'on rencontre dans les autres crimes qui, dans les temps ordinaires, jettent parfois l'épouvante au milieu de la société. Cet embarras de l'écrivain se conçoit; il faut qu'il parle d'atrocités qui passent toutes les bornes que l'imagination pourrait supposer.

Les difficultés sont bien plus grandes encore pour celui qui, se renfermant dans un cercle plus étroit, ne s'occupe que des faits qui se sont passés, pour ainsi dire, sous ses yeux et dans la ville où il se trouve. Mais heureusement les principaux acteurs qui ont figuré sur ce théâtre sanglant n'étaient point Cambresiens, et leurs agents subalternes, dont le plus grand nombre étaient aussi étrangers à la ville, n'existent plus. Cependant, dans le désir de ne contrister personne, nous pousserons jusqu'au scrupule les règles de la discrétion, et si nous citons quelques noms propres, ce ne sera que ceux dont les familles ne se trouvent plus parmi nous. En général pour atteindre notre but, nous nous en tiendrons aux faits ; ils sont assez éloquents par eux-mêmes.

La plupart de ces faits que nous publions nous les tenons de notre mère qui vécut sous le règne de la terreur. Pendant bien des années nous avons résisté à la tentation d'entreprendre un pareil travail.

Né sur la fin de ce drame sanglant (20 janvier 1802), nous avons été élevé au milieu des sentiments pénibles qu'il avait imprimés dans les cœurs; on frémissait encore d'en entendre parler, on était loin de penser à les écrire. Les choses qui font horreur, on voudrait les effacer de son souvenir. Nous partageâmes les impressions et les idées de ceux qui nous entouraient; nous voulûmes aussi détourner nos yeux d'une scène aussi lamentable. Mais le temps s'éloigne, et le temps efface tout.... tout, jusqu'à la vivacité de l'effroi qu'inspira le crime au moment où il fut commis.

Notre génération ne se souvient de la révolution de 1793 que pour en avoir entendu parler, et la génération qui suit la nôtre n'en a presque aucune idée. On la berce encore aujourd'hui de ces grands mots de *liberté, d'égalité, de droits de l'homme* ; c'est peut-être un tort de lui cacher les conséquences funestes du règne de cette liberté, telle que l'entendent les anarchistes de tous les temps.

Hâtons-nous donc de consigner ici nos quelques souvenirs; ils seraient bien plus nombreux, si nous avions écrit il y a trente ans; nous eussions pu interroger encore des victimes échappées aux massacres, et des compagnons de leur exil. Que de choses intéressantes pour l'histoire locale eussent encore été recueillies alors et qui nous échappent aujourd'hui ! Quoi qu'il en soit, écrivons : mieux vaut tard que jamais. D'autres sans doute nous ont devancé et auront été plus heureux dans leurs recherches ; d'autres peut-être nous imiteront, et rassembleront de leur côté les particularités qu'ils connaissent. Ces feuilles éparses pourront se réunir un jour et fournir des matériaux pour compléter notre histoire. Commençons toujours par la page que nous pouvons lui fournir. A nos souvenirs propres nous ajouterons les quelques souvenirs que nous tenons de la bouche d'un vénérable vieillard qui vient de mourir, M. Flandrin, ancien commerçant de notre ville.

Nous aurons aussi recours parfois à l'importante histoire de notre municipalité par M. Eugène Bouly, et à un ouvrage curieux, mais aujourd'hui très rare, de Guffroi, représentant du peuple et député à la Convention.

CAMBRAI AVANT LA RÉVOLUTION.

Au commencement de l'année 1789, Cambrai jouissait encore du calme à l'abri de ses institutions dont la sagesse était sanctionnée par les siècles. Ses magistrats, nés dans son sein, travaillaient avec zèle à tout ce qui intéressait la gloire et la prospérité de la cité. Ils étaient environnés de l'estime et de la confiance de leurs concitoyens au milieu desquels ils avaient été élevés, les classes supérieures, de concert avec le clergé, s'étaient occupées à l'envi du bien-être du peuple ; des asiles, des refuges, des hôpitaux richement dotés étaient ouverts à toutes les infortunes. Pour s'en convaincre il suffit de compulser nos archives où l'on rencontre à chaque page, pour ainsi dire, le nom d'un seigneur ou d'un ecclésiastique qui consacre une partie de sa fortune à fonder ou à doter quelqu'établissement de charité. La plupart des anciens serviteurs avaient une honorable retraite que leur ménageaient des maîtres chez lesquels ils avaient passé une partie de leur vie. Il n'était pas nécessaire alors d'*interdire la mendicité*, la mendicité était presque inconnue. Les ouvriers n'étaient point obligés de chercher le travail, ou d'observer des chômages forcés; bon nombre d'entre eux étaient occupés toute l'année dans ce qu'on appelait alors *les grandes maisons*, dans les abbayes et les couvents. Le simple métier de cireur de l'archevêché suffisait pour faire vivre à l'aise une famille toute entière.

En un mot, sous l'empire des lois et de la Religion on avançait régulièrement dans les voies d'une prospérité qui n'aurait pu que s'accroître avec le temps, mais dont on ignorait les avantages parce que jusqu'alors on ne s'était pas soustrait à la salutaire influence de l'ordre, sans lequel il est impossible de prétendre à aucun progrès solide.

Dans cet état de choses nos pères habitués depuis longtemps à voir les générations naître, vivre et se succéder sous le même régime, ne s'occupaient guères des questions qui se débattaient dans les hautes régions de la politique.

LA RÉVOLUTION. — DISETTE. — ÉMEUTES.

Tout-à-coup un cri de révolution, au milieu de cette sécurité profonde, retentit d'un bout de la France à l'autre, le philosophisme du XVIIIe siècle avait fait son chemin sans trop d'obstacles; il avait miné sourdement les antiques bases de la société, il triomphait. Ses adeptes initiés à son secret n'ont plus qu'à se mettre à l'œuvre; avec ces grands mots de *liberté, d'égalité, de droits de l'homme, de régénération sociale, de progrès des lumières, etc.*, ils éblouiront des hommes bien intentionnés d'ailleurs, et qui, de bonne foi, les seconderont dans leur plan infernal. Mais ils se créeront surtout de puissants auxiliaires chez les gens sans aveu que l'on rencontre partout; ils les stimuleront, dans leur instinct de désordre, en réveillant toutes les passions par de belles promesses. En ébranlant le trône et l'autel ces révolutionnaires sacrilèges ouvraient la carrière à tous les crimes et à toutes les profanations.

Il ne fallait plus qu'une étincelle pour allumer un incendie sur tous les points de la France.

Mais après ces considérations générales qui devaient amener notre sujet, renfermons-nous dans notre cadre en nous occupant de la révolution à Cambrai.

Les prétextes pour pousser à la désorganisation ne manqueront pas. Dès le printemps de 1789 la disette commençait à se faire sentir; malgré la sollicitude de l'autorité, nos marchés ne s'approvisionnaient pas. Les moulins de Selles étaient mis gratuitement à la disposition de tous, par l'Archevêque, Mgr de Rohan, qui se chargeait de payer à son fermier le prix des moutures. Le clergé s'imposait de grands sacrifices. L'abbé de St-Aubert fesait vendre sur la place des grains avec des pertes considérables pour soulager la misère et calmer l'effervescence. Il ne fesait, du reste, dans cette circonstance critique, que continuer une vieille habitude de bienfaisance ; en effet, depuis longues années, le bon abbé avait la délicate attention de fournir nos marchés et d'y faire vendre des blés à des prix modérés, aux époques des semailles et des récoltes, alors que les fermiers des campagnes, occupés aux travaux des champs, n'avaient pas le temps d'approvisionner la place. Mais toutes ces précautions ne pouvaient arrêter les troubles qui se renouvelaient fréquemment, et qu'on ne contenait qu'avec le concours de l'infanterie, de la cavalerie et de la milice bourgeoise, qui était souvent insultée par la populace.

Parmi ces émeutes plus ou moins menaçantes pour la sécurité publique, rappelons celle du mois d'octobre 1789 à cause de son caractère plus ouvertement révolutionnaire. Les meneurs qui se tiennent prudemment à l'écart, se sont étudiés à monter l'esprit, d'ailleurs si turbulent, de la populace; ils soulèvent sourdement les murmures à propos d'une disette qu'eux-mêmes ont augmentée par d'infâmes machinations. Puis ils indiquent mystérieusement certaines maisons de la ville en soufflant aux oreilles un mot alors magique, qui, rapide comme l'électricité, parcourt toute la ville, et des milliers de voix répètent avec l'accent de la fureur et de la rage : *Accapareurs !* Le signal donné, les carrefours de la ville, le *Kutivié* en tête, vomissent à travers les rues et les places publiques une espèce de meute en délire qui se compose de filles perdues, de femmes éhontées, comme autant de mégères à l'allure dégoûtante et débraillée, les cheveux en désordre, la plupart ivres et armées de bâtons, mêlant les blasphèmes aux paroles les plus obscènes, en vociférant sur tous les tons : *du blé ! du blé !*

Pour compléter cette ignoble mise en scène, des bandits de toute espèce sont venus se joindre à ces bacchantes en guenilles. L'affreuse bande est dirigée dans son expédition par un vaurien fameux, connu sous le sobriquet de *Milord*, et par une nommée *Caroline*.

Avant d'aller plus loin, prenons acte de ce premier pas dans l'ère nouvelle de la liberté qu'on nous promet. Cette réunion de misérables va suivre l'itinéraire que les meneurs lui ont tracé. Elle se dirige d'abord vers la place Saint-Martin, en criant : *à bas l'accapareur*, et vient mettre le siège devant une maison solidement défendue par des barreaux de fer, et qui était occupée par Boutry, surnommé *Cheval-de-Bois*. L'affreux cortège, en vomissant, partout sur son passage, d'horribles imprécations, va renouveler les mêmes scènes chez le nommé Dupire, dans la rue des Liniers, chez Altac, au coin des rues Aubenche et des Pochonnets, chez Lécluselle, rue de la Porte Notre-Dame.

Son attente est trompée : on n'a presque rien trouvé chez ces prétendus accapareurs. On se précipite alors avec un nouvel acharnement vers les abbayes et les monastères, vers St-Jacques de la Place-au-Bois, les Récollets de la rue Cantimpré, St-Lazare, rue St-Eloi, après avoir inutilement tenté d'enfoncer les portes du couvent de Prémy dans la rue de ce nom. La stupidité jointe à l'aveugle fureur de ces forcenés, alla jusqu'à leur faire croire qu'on voyait du rempart les religieuses jetant leurs provisions dans un bras de l'Escaut qui traversait leur jardin. On frémit vraiment en voyant avec quelle facilité on a pu, dans tous les temps, éblouir le pauvre peuple, et lui faire croire les absurdités les plus grossières.

Cependant l'émeute s'arrêta avec une sorte de crainte respectueuse devant l'Abbaye de Saint-

Aubert. Le souvenir des libéralités de l'abbé, M. Landon de Tournai, dont nous avons parlé plus haut, était trop récent; ce fut encore lui dans cette circonstance qui, en faisant d'abondantes largesses, apaisa le trouble beaucoup mieux que n'avait pu le faire l'autorité ; elle partageait sans doute la panique générale et semblait courber la tête sous la tempête qui passait. Elle fit cependant arrêter *Caroline* qui fut condamnée à être pendue, mais celle-ci trouva moyen de faire suspendre l'exécution de l'arrêt en se déclarant dans un état *intéressant*. *Milord*, qui devait subir la même peine, l'évita en quittant la ville après avoir baisé les clous de la potence. Bientôt l'un et l'autre pourront impunément reparaître à la faveur d'un régime qui va s'inaugurer par le massacre et la dévastation.

FÊTE DE LA FÉDÉRATION. — AUTEL DE LA PATRIE. — ARBRE DE LA LIBERTÉ.

Mais n'anticipons pas : avant d'en venir à ces excès, avant de jeter le masque, la révolution, qui a juré la ruine du catholicisme, procédera cependant encore pendant quelque temps avec hypocrisie pour mieux tromper les fidèles. A ce clergé que déjà elle abreuve d'outrages et de mépris, à ces prêtres qu'elle représente comme perturbateurs du repos public parce qu'ils s'opposent à ses projets de spoliation et de vandalisme, elle vient demander leur concours dans ces fêtes à demi-payennes, dans ces cérémonies grotesques qui devront remplacer nos saintes solennités. La fête de la fédération de 1790 se prépare. L'autel, dit de la patrie, décoré pour la circonstance, s'élève à l'endroit de la place d'Armes où se dresse ordinairement la charpente de nos feux d'artifice; nous retombons jusqu'au paganisme pour reculer bientôt jusqu'aux siècles de la plus horrible barbarie. En effet, en face de cet autel de la patrie, s'érigera incessamment un second autel, sur lequel on immolera des victimes humaines avec toute la pompe et la solennité d'un sacrifice. Notons ici que cet autel de la patrie, entouré de colonnes avec chapiteaux, orné de guirlandes et de candelabres, ayant une avenue d'arbrisseaux, n'était que provisoire; plus tard on lui substitua l'autel et les degrés en marbre qu'on prit à St-Sépulcre et qui avait été primitivement à l'abbaye de Vaucelles. La grille qui entourait ce nouvel autel avait aussi été enlevée à cette même église de St-Sépulcre où elle fut replacée dans la suite, c'est celle qu'on y voit encore aujourd'hui. L'arbre de la liberté, planté en face du *Lion* d'Or, ne pouvait pas prendre racine, on le renouvela jusqu'à quatre fois, ce qui prêtait beaucoup à rire; il fut remplacé par un if qui conservait au moins quelque verdure. Mais revenons à la fédération.

Le jour indiqué pour cette fête, pendant laquelle doit se prêter le serment civique, le conseil municipal se rend en corps à la Métropole pour aller de là en procession, avec tout le clergé et les différents chapitres de la ville, vers l'autel de la patrie. L'âge et les infirmités ont retenu chez lui le saint et vénérable évêque suffragant Mgr d'Amycles; il est remplacé par l'un des vicaires généraux M. de Valicourt qui préside le cortége et porte le Saint-Sacrement, qu'on dépose sur cette espèce de théâtre profane. Après quelques chants religieux, le maire monté avec son conseil sur une estrade, fait lecture de la formule du serment, et la multitude, sans trop y rien comprendre répète: *Nous jurons.* Chose étrange ! dans une procession purement religieuse, lors même qu'elle a lieu pendant les ravages d'une épidémie, ou de tout autre fléau qui nous vient du ciel, on sent cependant l'espérance renaître dans le cœur, et les courages les plus abattus se relèvent, tandis qu'ici, malgré la magie de l'appareil pompeux qu'on déploie, tous les hommes sensés, tous les hommes de foi éprouvent dans leurs âmes je ne sais quelle vague tristesse et quels funestes pressentiments.

Ah! c'est que dans les calamités qui nous viennent d'en haut, nous nous trouvons en face d'un Dieu qui ne punit que pour ramener à lui et dont la rigueur s'arrête devant notre humilité et notre repentir; c'est cette pensée qui nous fait compter sur sa miséricorde. Au contraire, dans cette tempête révolutionnaire, qui commence à gronder, les esprits les plus clairvoyants ont pressenti qu'on allait se trouver en face de Satan, dont les suppôts sur la terre ne connaissent pas plus que leur maître la pitié. Aussi plusieurs chanoines, témoins de cette parade presque sacrilège, et prévoyant dès lors le sombre avenir qui se préparait, tombèrent en défaillance sur la place même, et M. Delhaye, vicaire général, en voyant le Saint-Sacrement déposé sur ce singulier *Thabor*, ne put s'empêcher de s'écrier avec l'accent de la plus profonde douleur : *Voilà Jésus-Christ qui monte au pilori*; puis il s'évanouit, et il fallut le transporter chez M. Crespin, orfèvre.

NOUVEAUX MALHEURS. — CONSTITUTION CIVILE DU CLERGÉ.

Les évènements se succèdent avec une effrayante

rapidité; la révolution s'avance à grands pas et traîne après elle un cortége de malheurs qu'on peut à peine énumérer : c'est la misère avec les insurrections ; le déplorable état des finances de la ville, avec la vente des biens communaux; la disette avec le manque d'ouvrage pour les ouvriers ; c'est l'insolvabilité des marchands avec l'augmentation des contributions; c'est la ruine de nos dernières ressources avec les dépenses extraordinaires imposées pour le séjour et le passage des troupes dans nos murs. Afin de se convaincre de la réalité de ces désolations et de tant d'autres du même genre, il suffit de lire l'histoire de notre municipalité à cette époque.

L'assemblée constituante a bouleversé de fond en comble l'Eglise de France toute entière ; après avoir exigé le serment de maintenir la constitution civile du clergé, elle décrète que l'élection des évêques et des curés se fera à la pluralité des voix. L'archevêque de Cambrai, Mgr de Rohan, est déclaré déchu de son siège, pour non prestation de serment; on songe à lui donner un successeur.

ÉLECTION D'UN ÉVÊQUE CONSTITUTIONNEL. — PRIMAT.

Selon le décret du 10 juillet 1790 qui consomme le

schisme en essayant d'établir en France un clergé indépendant du chef de l'Eglise, le département du Nord doit former un évêché subordonné à la métropole dite du *Nord-Est*, et dont le chef-lieu est à Reims. Les électeurs des huit districts, l'écharpe blanche au bras, sans se douter, d'après leurs propres aveux, de l'importance de la démarche, se rendent à Douai pour exercer les pouvoirs de Souverains Pontifes, en procédant à l'élection d'un évêque constitutionnel. Le curé de la paroisse de Saint-Jacques, en cette ville, a été désigné à leur choix, il est élu.

C'est Claude-François-Marie Primat, né à Lyon en 1747, ancien prêtre de cette fameuse congrégation de l'oratoire, fondée en 1611, par le cardinal de Bérulle et dont Bossuet fait un si bel éloge. C'était cette congrégation qui avait droit de nommer un titulaire à la paroisse de St-Jacques, à Douai. C'est pourquoi Primat, qui s'y trouvait alors, avait eu pour l'un de ses prédécesseurs, l'oratorien Jean-Claude Fabre, continuateur de l'histoire de Fleury, dont le travail eut malheureusement pour effet de favoriser le Jansénisme et surtout le fanatisme de la *petite église*.

Primat joignait, aux avantages de la nature et à des manières courtoises, une sorte d'érudition qui lui avait conquis l'estime générale. Il était le confident et le directeur de toutes les personnes pieuses. On le croyait assez fort pour résister au torrent qui menaçait alors le clergé. Aussi son serment fit une profonde sensation dans le pays, et lui aliéna tous les cœurs franchement catholiques. C'est qu'on avait compté sans faire la part des suggestions de l'orgueil, sans peser les conséquences de l'esprit de corps quand il ne se laisse diriger que par les stimulants qui ne favorisent que l'amour propre. Cette lamentable apostasie cependant aurait pu se prévoir ; les deux anecdotes suivantes le prouveront. Un jour le vénérable M. l'abbé Goguillon, qui fut depuis notre supérieur, au grand séminaire de Cambrai, et qui était alors curé de la paroisse Notre-Dame de Douai, reprochait à son confrère de s'inspirer pour ses sermons des *réflexions morales sur le Nouveau-Testament,* par le père Quesnel, oratorien, et coryphée du Jansénisme, ouvrage condamné comme renfermant de nombreuses erreurs contre la foi. Mais, répondit Primat, je n'y prends que ce qu'il y a de bon. Le curé de Notre-Dame lui ferma la bouche par une parole de l'esprit saint, tirée du livre des proverbes, chap. 23, 83. *Ne desideres de cibis ejus, in quo est panis mendacii. Ne désirez point les nourritures de cette table, où se trouve un pain de mensonge.*

Une autre fois une dame de sa paroisse, l'interrogeait sur la conduite à tenir pendant la persécution. Primat lui répondit qu'il serait assez tôt d'y penser alors, et qu'il serait toujours là pour l'aider de ses conseils. — Mais serez-vous toujours le même, répliqua cette dame, penserez-vous en ce temps-là comme vous pensez aujourd'hui? — Hélas! s'écria-t-il, vous avez raison, je suis peut-être à la veille d'une chute terrible. » Le malheureux! cette chute qu'il pressentait était déjà dans son cœur.

Primat se rendit à Paris, où il fut sacré le 10 avril 1791, par un évêque schismatique.

ARRIVÉE DE PRIMAT A CAMBRAI. — SON INSTALLATION.

Le 16 du même mois Primat arriva à Cambrai pendant la nuit, la veille du dimanche des Rameaux. Les autorités civiles, prévenues à temps, étaient sur pied; elles allèrent à sa rencontre, et après lui avoir offert le vin d'honneur, le cortége nocturne se dirigea vers l'Hôtel-de-Ville; le président du district et un arpenteur remplissaient les fonctions d'archidiacre. L'installation fut fixée au lendemain. Nous l'avons décrite avec les incidens qui l'accompagnèrent, dans notre notice sur M. Férez, curé de Sainte-Croix, en tête de la biographie des prêtres du diocèse de Cambrai imprimée en 1847. Nous reproduisons ce passage :

« Le dimanche des Rameaux, 17 avril 1791, dès
« l'aube du jour, toutes les cloches de la Métropole
« sont mises en branle et annoncent à grandes volées
« la cérémonie *beaucoup plus civile que religieuse.*
« L'orgueilleux intrus, en révolte ouverte contre
« l'Eglise, monte résolument dans la même chaire
« où Fénelon lui avait laissé un si bel exemple
« d'humilité et de soumission au Saint-Siége ; il
« y prononce un discours artistement composé dans
« le sens constitutionnel; il est applaudi avec une es-
« pèce de frénésie par un ramas de gens sans aveu,
« digne et unique auditoire que l'on ait pu réunir
« pour honorer de sa présence une telle parodie
« des solennités de la Religion; car l'immense ma-
« jorité de nos concitoyens, loin d'y prendre part,
« gémit dans le secret à la pensée de tant de profa-
« nations.

« La cérémonie terminée, et avant de congédier
« l'assemblée, on songe à lui donner la bénédic-
« tion; mais les prêtres fidèles ont eu soin de
« consommer toutes les hosties consacrées. Alors

« le nommé de Croisilles, prêtre du diocèse de
« Bayeux, ancien chanoine de St-Géry, devenu
« fonctionnaire public, propose d'aller chercher
« le St-Sacrement à l'église de St-Aubert, où l'on
« se rend processionnellement, à cet effet, avec des
« flambeaux et une escorte de la garde nationale. »

Nous empruntons à l'intéressante collection de M. l'abbé Rigaux, professeur à notre petit séminaire, le procès-verbal de cette installation et le discours qui fut adressé au récipiendaire dans cette circonstance.

« De Cambrai, le 17 avril 1791. »

« L'an mil sept cent quatre-vingt-onze, le samedi seize avril, nous vice-maire et officiers municipaux de la ville et cité de Cambrai, officiellement informés que M. Claude-François-Marie Primat, évêque du département du Nord, devait arriver ce soir pour être installé demain dans son siége épiscopal; ayant donné à cette heureuse nouvelle la plus grande publicité, avons invité le directoire du district à se réunir à nous pour aller à sa rencontre, et lui faire, de concert, la meilleure réception possible, eu égard au peu de temps qui nous restait pour en disposer les préparatifs. Vers dix heures du soir, un courrier envoyé à plusieurs lieues au-delà de la ville, étant arrivé et ayant fait rapport que M. Primat avançait, nous nous sommes mis en marche, revêtus de nos écharpes, avec MM. les administrateurs du directoire du district, pour aller le recevoir ; parvenus à la barrière extérieure de la ville, peu de temps après, M. l'évêque parut, accompagné d'une partie de son conseil, et d'un grand nombre de citoyens sortis, pour jouir d'autant plus tôt de sa présence. Etant descendu de sa voiture, il fut complimenté par M. l'abbé Croisilles, officier municipal, à qui il répondit par le discours le plus touchant et le plus propre à consolider l'attachement que nous lui avons solennellement voué. Alors le cortége reprit le chemin de la ville, escorté d'un nombreux détachement de gardes nationaux, précédé de plusieurs torches, et accompagné d'un peuple immense qui, par ses cris réitérés de : *vive la nation! vive le roi! vive notre évêque!* manifestait, de la manière la plus ostensible et la plus pathétique, le plaisir qu'il éprouvait en recevant dans ses murs un prélat aussi vertueux et qui justifie si complètement la confiance qu'ont mérité les électeurs qui l'ont choisi.

« Dès qu'il fut à l'entrée de la ville, la cloche du

beffroi et toutes celles de la cathédrale annoncèrent cet événement digne à tous égards de l'intérêt et de l'allégresse publiques, et les mêmes applaudissements le suivirent jusqu'au séminaire, qu'il avait désigné pour son logement et qui avait été préparé à cet effet.

« Le lendemain dimanche, vers dix heures du matin, la garde nationale, le régiment de Courten suisse et celui de Schomberg dragon, étant en bataille sur la Place d'Armes; nous, vice-maire et officiers municipaux susdits, revêtus de nos écharpes comme ci-devant, accompagnés du directoire du district de Douai et des commissaires remplissant provisoirement les fonctions de la municipalité dudit lieu ; nous nous sommes transportés au séminaire à effet d'y prendre M. l'évêque, pour le conduire à la cathédrale; y étant arrivé avec un nombreux cortége et au bruit des cloches de toutes les églises de la ville, nous le conduisîmes dans le chœur où s'étaient rendus MM. de l'assemblée électorale réunis en cette ville pour le choix des curés, le président et les juges du tribunal du district, les juges de paix et leurs assesseurs; et après qu'il eut fait sa prière au pied du maître autel, il monta dans la chaire préparée dans la grande nef; là, après avoir témoigné aux fidèles assemblés toute sa sensibilité pour les témoignages d'amour qu'il recevait de toutes parts, il prêta, *manu pectori apposita*, le serment prescrit par l'article XXI du décret du 12 juillet 1790; ensuite il fit lecture d'une lettre pastorale, conçue en termes tellement énergiques et touchants, que mêlant ses larmes à celles de tous les auditeurs, on éprouva réciproquement les sensations de la jouissance la plus délicieuse. Le discours achevé, **M.** Primat prit possession actuelle et réelle de son épiscopat, en célébrant la messe, à la fin de laquelle M. Jean Mocqueris de Ville-Maison, ancien curé de St-Jean, à Troyes en Champagne, désigné pour être un de ses vicaires-généraux, monté sur les degrès de l'autel, prêta entre nos mains le même serment, de quoi nous leur avons donné acte. Ensuite M. l'Evêque et son conseil furent reconduits à leur logement, précédés d'une musique militaire et d'un détachement de la garde nationale.

« L'après-midi, vers cinq heures du soir, accompagnés comme ci-devant, nous avons été prendre **M.** l'évêque chez lui, et l'ayant mené à la cathédrale, il y fut chanté avec la plus grande solennité, un *Te Deum* en musique, suivi de la bénédiction du St-Sacrement.

« **M.** l'évêque étant venu à la maison commune

témoigner sa reconnaissance à la municipalité et au directoire du district, fut reconduit chez lui, et le soir la fête fut terminée par un feu d'artifice, tiré sur la Place-d'Armes, et une illumination générale.

» Un grand nombre de citoyens ont manifesté la part qu'ils prenaient à cette fête religieuse et patriotique, en décorant leurs maisons de chroniques et de vers, parmi lesquels on a remarqué ceux-ci en transparent au-dessus du portique élevé à la porte du séminaire :

> Fénelon, jusqu'ici, n'eut point d'imitateurs;
> Il reparaît enfin, grâces aux électeurs.
>
> (Suivent les signatures.)

Ah! pour le coup *finis coronat opus* ; la rime est riche, et la pensée sublime, ce *grâces aux électeurs* est impayable. Il enfonce à toujours l'ancienne formule, *par la grâce de Dieu et l'autorité du Saint-Siége*. (1)

---

(1) Ces bouts rimés nous rappellent ceux qu'on lisait en 1830 au dessus de l'arcade de l'ancien archevêché.

> Vive Louis-Philippe premier,
> Roi des Français;
> Il a le cœur si bon
> Qu'il imitera Fénelon.

Discours adressé à M. Primat, évêque du département du Nord, lors de sa réception à l'assemblée du conseil général de la commune de Cambrai, le 17 avril 1791.

Monsieur,

« Le conseil général de la commune de cette ville, organe de ses concitoyens, se félicite d'avoir à vous offrir l'hommage de leurs sentiments respectueux. Ils voient en vous, non pas l'homme de cour que le plus souvent la brigue ou d'autres véhicules aussi peu louables portaient aux plus saintes fonctions ; mais l'homme du peuple, qui ne doit son élévation qu'à ses qualités personnelles. Ils savent que la dignité épiscopale, trop souvent l'apanage d'une naissance illustrée par des ayeux, n'est plus aujourd'hui que la récompense des vertus et du patriotisme. Votre amour pour la constitution qui a régénéré l'empire, votre tendre sollicitude pour les pauvres, votre zèle enfin à remplir les devoirs importans qui vous sont confiés, sont autant de titres qui justifient leur vénération pour vous, et leur reconnaissance envers les électeurs qui vous ont choisi.

« Le conseil général de la commune concourra de tous ses moyens à vous seconder, il associera dans tous les temps ses efforts à vos travaux; et c'est sur cette constante harmonie entre le pasteur spirituel et les dépositaires de l'autorité civile, qu'il fonde les plus douces espérances pour maintenir l'exécution des lois et assurer la félicité publique. »

Primat n'attendra pas longtemps après son installation, pour savoir à quoi s'en tenir sur ces belles paroles et ces magnifiques promesses. Rentrons maintenant dans notre récit.

PROTESTATION DU CURÉ DE SAINTE-CROIX. — PROFESSION DE FOI DES PRÊTRES DE CAMBRAI.

« Mais pendant tout ce scandale, que se passe-
« t-il à l'église de Ste-Croix, située à quelques pas
« de la métropole, et d'où l'on entend retentir les
« échos de ces saturnales de l'impiété triomphante?
« Le pasteur vigilant, M. Férez, a tout prévu; déjà
« il se trouve au milieu de son troupeau fidèle.
« Semblable au guerrier indomptable, qui, debout
« sur la brèche et les armes à la main, se défend
« encore lors même que les assaillants ont franchi
« les remparts et pénètrent de tous côtés dans la
« place; le soldat de Jésus-Christ, le défenseur
« intrépide de la vérité va lutter, pour ainsi dire,

« corps à corps avec l'erreur, au moment même
« où elle plante le drapeau de l'hérésie dans cette
« vieille et vénérable basilique du christianisme.
« Les cris de victoire qui arrivent jusqu'à l'orateur,
« loin de couvrir sa parole, ne servent qu'à lui
« donner plus de feu et plus d'éclat.

« Il s'est élancé dans la chaire en s'emparant
« avec un admirable à propos du Xme chapitre de
« l'évangile selon St-Jean, où l'on trouve la distinc-
« tion du véritable et du faux pasteur. Jamais peut-
« être ce passage ne reçut un commentaire plus
« sublime, et une application plus juste que dans
« cette circonstance. *Lupus rapit et dispergit oves*,
« tel est le texte du prédicateur, dont le début est
« resté gravé dans la mémoire de tous ses audi-
« teurs : « C'est pendant cette nuit, leur dit-il !
« oui pendant cette nuit même, que le *loup* est
« entré dans la bergerie : c'est dans les ténèbres
« qu'il s'est glissé parmi le troupeau pour exercer
« ses ravages ; déjà il est à l'œuvre, et ces hurle-
« ments qui viennent frapper vos oreilles, vous
« annoncent assez ce qui se passe..... C'est à cette
« heure que commence le scandale contre lequel
« j'ai cherché d'avance à vous prémunir..... C'est
« maintenant que l'abomination de la désolation
« est assise dans le lieu saint, etc. »

« Il continue sur ce ton et termine cette allocu-
« tion plus chaleureuse encore que toutes les
« autres, en résumant les motifs les plus propres
« à préserver ses ouailles de la contagion......... »

Le curé de Ste-Croix, dans son zèle apostolique, ne s'était pas contenté de tracer à ses paroissiens la conduite à tenir dans les jours de la persécution par des instructions tellement pathétiques qu'elles restèrent gravées dans toutes les mémoires, mais dès les premiers jours de janvier 1791 il était parvenu à réunir la nuit, dans l'église de St-Sépulcre, le clergé séculier de la ville qui, devant le St Sacrement exposé, et après avoir imploré les lumières du St-Esprit, décide que le serment sera refusé. M. Férez, à ce sujet, avait rédigé une profession de foi qui fut imprimée alors, revêtue des signatures de 29 prêtres, tous curés ou vicaires des différentes paroisses. Ce monument, digne des apôtres de la primitive Eglise, doit être lu dans son entier. Le lecteur y remarquera avec quelle lucidité l'auteur rappelle les principes constitutifs, les bases immuables sans lesquelles il n'y a point d'Eglise possible ; avec qu'elle conviction il s'appuie sur les antiques fondements de la foi pour dire quelle sera toujours la doctrine qu'ils enseigneront aux fidèles, avec quelle adresse, quelle fermeté et en même temps quelle prudence il soulève le voile, assez transparent du reste, sous lequel l'hérésie cherche à se déguiser ; avec quel talent il fait entrevoir, sans le dire, le poison qu'une impiété astucieuse a enveloppé dans les termes généraux qui composent la formule du serment. On sera surtout frappé de la conclusion de cet écrit par la manière claire et précise avec laquelle il condamne dès lors une doctrine que l'on a cherché à ressusciter de nos jours, et qui a fait quelque bruit parmi nous. En effet, après avoir démontré ce qu'il faut entendre par l'autorité sans laquelle il n'y a plus ni ordre ni sûreté, il dit en propres termes, que nos évêques, unis au Pape, seront regardés comme supérieurs à nous de droit divin dans la hiérarchie et *indépendants de nous dans le gouvernement de leur diocèse.*

Citons textuellement cette pièce historique si importante :

Profession de foi des Curés de la ville de Cambrai, au sujet du serment civique qu'on doit demander d'eux.

A la veille de dire *oui* ou *non*, au sujet d'un

Serment qu'on se dispose à demander de nous et qui inquiète notre conscience, que nous serions au désespoir de blesser, et avec laquelle nous ne pouvons composer, Nous, Curés de la ville de Cambrai, soussignés, croyons qu'il est de notre devoir, pour la décharge de nos âmes et pour l'instruction des peuples confiés à nos soins, de développer ici nos sentimens sur chaque partie du serment qui doit être conçu en ces termes :

« Je jure de veiller avec soin, sur les Fidèles de
» la Paroisse qui m'est confiée, d'être fidèle à la
» Nation, à la Loi et au Roi, et de maintenir, de
» tout mon pouvoir, la Constitution décrétée par
» l'Assemblée Nationale et acceptée par le Roi. »

Or, dans ce serment nous distinguons cinq objets différens, sur lesquels nous devons jurer : le soin de nos paroisses, la Nation, la Loi, le Roi et la Constitution ; et c'est sur ces cinq objets que nous allons nous expliquer et faire notre profession de foi.

On exige que les Curés fassent le *Serment solennel, de veiller avec soin sur les Fidèles des Paroisses qui leur sont confiées.*

En cela, il n'y a rien de difficile ni d'embarrassant ; nous n'y voyons qu'une obligation essentiellement, inviolablement attachée à notre état, une obligation à nous imposée par les autorités les plus respectables, celles de Dieu et de l'Église, et qui résulte de la nature de notre état même.

Les Curés, en qualité de pasteurs, sont chargés de paître leurs ouailles, de les conduire dans des pâturages salutaires, de les éloigner de ceux qui sont dangereux, empoisonnés et si souvent funestes.

En bons pasteurs, ils doivent être disposés à sacrifier leur propre vie, la vie de leur corps, pour sauver la vie aux âmes qui sont commises à leurs soins et pour les conduire à une vie bien meilleure que celle-ci, la vie de l'éternité : *un vitam habeant et abundantius habeant.*

D'après quoi, nous jurons volontiers, qu'avec le secours de la grâce de Dieu, avec qui nous pouvons tout, nous veillerons, quoi qu'il puisse nous en couter, *avec soin sur les Fidèles*, que J.-C., par la voie de l'Église, a confiés à notre sollicitude.

Nous jurons de leur rappeler souvent les principes antiques, toujours respectables, toujours inviolables, tels que celui de la Loi naturelle que le

Créateur a gravé lui-même dans le cœur de l'homme et que la malheureuse philosophie de nos jours, le funeste égoïsme s'efforcent d'y effacer, ce principe si généralement connu et tout à l'heure si généralemnt méprisé : *ne faites pas à un autre ce que vous ne voudriez pas qu'on vous fît.*

Tant que nous pourrons, nous leur inspirerons l'horreur dont une âme honnête ne peut manquer, celle de tout ce qui peut blesser la liberté, la propriété, la sureté, la tranquillité de leurs frères.

Nous jurons d'employer tous nos efforts, pour faire de nos Paroissiens de bons Citoyens et de bons Chrétiens.

Nous ne cesserons de leur dire, après notre divin Maître : *Rendez à César ce qui appartient à César, et à Dieu ce qui appartient à Dieu* ; honorez le Roi, *Regem honorificate* ; mais aussi craignez Dieu, *Deum timete* ; payez le tribut, ne fraudez point dans le paiement de l'impôt : *cui tributum, tributum ; cui vectigal, vectigal.*

Dans l'ordre des choses temporelles, les Puissances séculières méritent vos hommages, mes frères, leur dirons-nous, elles méritent votre respect. C'est moi, dit Dieu, qui met le sceptre dans la main des Rois et qui affermit leur trône ; et quand il se fait des lois justes, c'est à moi, c'est à mes lumières que les Législateurs et les Peuples les doivent : *Per me Reges regnant et Legum conditores justa decernunt.*

D'après cela, continuerons-nous, il est évident, mes frères, que tout Citoyen, de quelque condition qu'il soit, le Prêtre, comme le Laïc, les Pontifes eux-mêmes, comme les simples fidèles, doivent soumission et obéissance aux Lois, aux Législateurs, au Roi, tant que ceux-ci, pourtant, se renferment dans le cercle des choses temporelles, commises à leurs soins.

Car nous ne pouvons, en conscience, le dissimuler ici : il est sur la terre une Puissance spirituelle, chargée de diriger nos pas vers le Ciel, de faire les Lois qu'elle juge les plus propres à nous y conduire, et dont les Souverains doivent être les protecteurs et les appuis, de conserver le dépôt précieux de la foi, de maintenir ou de rétablir les bonnes mœurs parmi ceux qui lui sont soumis, de juger de ce qui peut être avantageux ou préjudiciable à leur salut, de prescrire ce qui a rapport à la célébration des Saint Mystères, à l'administration des Sacremens, de donner la mission à ses Ministres, de restreindre leur juridiction ou de l'étendre, selon qu'elle le juge plus avantageux au bien spirituel des Fidèles, en faveur de qui elle est tout entière ; Puissance toute divine, qui émane de Jesus-Christ même, à qui *tout pouvoir a été donné dans le Ciel et sur la Terre ;* Puissance de toute nécessité pour le gouvernement de l'Église, et qui a été confiée, non au Roi ni à aucune puissance séculière, mais aux Pontifes de l'Eglise : *Spiritus Sanctus posuit Episcopos regere Ecclesiam Dei.*

Principe, mes frères, continuerons-nous encore de leur dire, sans lequel votre foi, votre religion chancelle ; disons : sans lequel elle n'est plus.

Cette Religion que vous professez, mes frères, cette Religion, *sainte, sublime, véritable,* ah ! nous ne pouvons le cacher ici, nous avons désiré bien sincèrement, ardemment de voir un décret qui lui assurât la qualité et la dénomination de *Religion de l'Etat,* avec toutes les prérogatives, avec les privilèges et la protection qui lui sont si bien dus, et à quoi elle avait un droit particulier dans le Royaume du fils aîné de l'Eglise, dans les Etats du Roi Très-Chrétien ; et nos cœurs ont été, comme ils le sont encore, désolés du refus qui en a été fait.

Cette sainte Religion, la seule véritable, si sublime dans ses dogmes, si pure dans sa morale, qui est le plus solide appui des Trônes, est aussi la source de la vraie liberté, de la paix et de la tranquillité des Nations, la source de leur véritable félicité.

Oui, d'après les obligations que nous impose notre ministère aussi redoutable que saint, nous nous efforcerons d'inspirer ces sentimens aux peuples dont nous sommes chargés, nous mettrons tous nos soins à entretenir la pureté de leur foi, leur respect, leur obéissance pour l'Eglise, à en faire, en un mot, les meilleurs Chrétiens possibles; persuadés, oui intimement persuadés que les meilleurs Chrétiens sont essentiellement les meilleurs Citoyens.

Les lumières seules de la raison, ont fait regarder par les Payens, comme un bonheur et comme une gloire, de mourir pour la Patrie : *dulce et decorum est pro patriâ mori* : la Religion sainte, dont nous prêchons l'amour, et qui est tout amour, toute charité dans son principe et dans sa fin, loin d'infirmer ce sentiment, ne fait que le consolider en le perfectionnant ; et nous estimons que quiconque exposerait sa vie pour le maintien de la Religion catholique, apostolique et romaine dans sa patrie, en méritant aux yeux de Dieu une couronne immortelle, seroit, en même temps, très digne de la plus belle couronne civique aux yeux des bons Citoyens : par la raison qu'il auroit voulu leur conserver, au prix de sa vie, le plus précieux des biens, un bien sans lequel tous les autres ne sont rien.

Or, pour conserver ce bien si précieux, mes frères, leur dira chaque Curé, d'après *le soin* avec lequel nous devons tous *veiller* sur nos paroissiens; pour continuer d'être les enfans de cette Eglise, hors du sein de laquelle il n'y a point de salut à espérer, il est essentiel, indispensable d'être soumis à un Pasteur, établi par l'Eglise et qui le soit lui-même à un Evêque qui tienne sa mission de l'Eglise et qui, de son côté, entretienne une parfaite communion avec le Pape, le souverain Pontife, le successeur de Pierre et, en cette qualité, le Vicaire de Jésus-Christ sur la terre, le chef des Evêques, le Père commun des Fidèles, le centre de l'unité, en qui nous faisons profession de reconnaître et de croire fermement une prééminence, une primauté non seulement de rang et de dignité, mais aussi de jurisdiction et d'autorité.

En conséquence, pour ne point exposer les âmes dont nous devons répondre devant Dieu, à se perdre, et ne pas nous perdre nous-mêmes; pour éviter la honte de ressembler au malheureux mercenaire qui selon Jésus-Christ, ne mérite pas le nom de pasteur, parce que voyant le loup venir, il abandonne ses ouailles et s'enfuit, tandis que cette bête cruelle enlève, dévore les unes et disperse les autres; pour ne point abandonner nos chers troupeaux à des hommes qui n'entreroient point dans le bercail par la porte qui est Jésus-Christ, mais qui y monteroient par d'autres voies et ne seroient alors que des intrus, des voleurs et des larrons, qui ne pourroient, selon les expressions de notre divin Maître, que voler, tuer et perdre (*), nous déclarons ici *solemnellement :*

1° Qu'en même temps que nous protestons de notre respect, et de notre pleine et entière obéissance pour les puissances temporelles, en matière temporelle, nous avons, comme nous le devons, et

(*) *Voyez* le Chap. 10 de l'Evangile selon S. Jean.

comme nous l'avons voué et le vouons, le même respect et la même obéissance pour la puissance spirituelle de l'Eglise, en matière spirituelle ;

2° Qu'ayant été établis, institués dans nos cures par l'Eglise, ayant reçu de l'Eglise notre mission, notre juridiction, notre pouvoir, qu'elle seule pouvait nous donner, nous croyons fermement que c'est elle seule qui peut le restreindre, l'étendre ou nous l'ôter ;

3° Qu'en cas que la puissance temporelle tentât, ou de la circonscrire cette juridiction, ou de nous l'enlever sans le concours de l'Eglise, nous regarderions comme inopérant et nul tout ce qu'elle ferait à ce sujet ;

4° Qu'en ce cas, l'attachement et l'amour que nous avons pour les fidèles commis à notre garde et sur lesquels l'Assemblée Nationale exige que nous *veillions avec soin,* nous obligeroient de ne point les abandonner, parce que nous serions toujours leurs Pasteurs et les seuls légitimes ; ceux qu'on tenteroit de nous substituer sans mission de l'Eglise, ne pouvant jamais être que des intrus, des simulacres de Pasteurs, manquant du pouvoir nécessaire au salut des âmes, qui seroient inutiles à tous, et ne pourroient que tromper et perdre ceux qui leur donneroient leur confiance.

Voilà ce que nous jugeons que demande de nous la *surveillance* que nous devons aux fidèles de nos Paroisses respectives. Venons à la fidélité qu'on veut que nous jurions à la Nation, à la Loi et au Roi ; après quoi il ne nous restera que deux mots à dire sur la Constitution, qu'on exige que nous jurions de maintenir.

La Nation dont nous sommes les membres, est pour nous un objet de piété ; prise dans son ensemble, elle est notre mère ; les individus qui la composent sont nos frères : notre bonheur tient au sien ; nous attachons le plus vif intérêt à sa félicité ; nous lui jurons de tout notre cœur une éternelle fidélité.

La Loi est essentiellement juste et pour l'avantage de ceux qu'elle oblige. A ces titres elle appelle la soumission et le respect des âmes honnêtes et raisonnables. Sans la Loi, sans la soumission à la Loi et à l'autorité chargée de la faire exécuter, il n'y a plus ni ordre ni sûreté. L'expérience de nos malheureux jours en est une preuve bien déplorable. Aussi nous faisons-nous un devoir de prêcher l'obligation de respecter toute puissance légitime, suprême et subalterne, parce qu'elles sont des émanations de la puissance de Dieu même ; et d'après ces principes on ne peut douter de notre respect pour la Loi, et combien volontiers nous lui jurons fidélité.

En bons françois, nous protestons de notre attachement sincère, tendre et respectueux pour notre bon Roi. Nous faisons des vœux pour sa longue conservation, pour la splendeur de sa couronne, jusqu'ici la plus belle du monde, et pour qu'elle passe dans son auguste famille, de père en fils jusqu'à nos derniers neveux, avec les droits sacrés qui doivent lui être inviolablement attachés.

Avec ces sentimens dont nos cœurs sont pénétrés, on peut juger de notre disposition à jurer à notre auguste Monarque une égale fidélité.

Il ne nous reste plus que deux mots à dire sur le serment à prêter, de maintenir de tout notre pouvoir la Constitution décrétée par l'Assemblée Nationale et acceptée par le Roi.

Après ce que nous avons dit ci-dessus et dans le sens que nous l'avons dit, notre serment est tout prêté. Et c'est dans ce seul sens que nous l'avons pu prêter, et que nous l'avons prêté en effet jusqu'ici. Oui, nous jurons de maintenir autant que nous le pourrons, tout ce qui est constitutionnellement décrété par l'Assemblée Nationale et accepté par le Roi, autant que ces objets sont du ressort de la puissance du Roi et de l'Assemblée. Nous sommes et serons toujours tout au Roi et à la Nation, en matière spirituelle, tout à l'Eglise et à sa puissance en matière spirituelle. *Diximus*.

Ajoutons cependant que, dans tout ce que nous avons dit sur la puissance de l'Eglise, nous soumettons notre jugement à ce que pourroient décider de contraire les Evêques unis au Pape, ou le chef de l'Eglise uni aux Evêques, que nous regarderons toujours comme supérieurs à nous de droit divin dans la hiérarchie, comme nos maîtres en matière de doctrine et indépendans de nous dans le gouvernement de leurs diocèses. Sentimens dont nous ne nous écarterons jamais, quelque danger que nous puissions courir; ayant appris à l'école de Jésus-Christ, notre divin Maître, à craindre moins *ceux qui peuvent perdre nos corps que celui qui peut précipiter les corps et les âmes dans les enfers*.

Étoient signés :

A. J. Férez, *Curé de Sainte-Croix.*
J. Monte, *Curé de la Magdeleine.*
Quarré, *Curé de Saint-Gengulphe.*
J. B. Wiars, *Curé de Saint-Vaast.*
Q. J. Balligand, *Curé de Saint-Georges.*
J. B. Canquelin, *Curé de Saint-Aubert.*
Dépreux, *Curé de Saint-Martin.*
Druet, *Curé de Saint-Nicolas.*
J. F. Grébert, *desservant la Cure de Saint-Sauveur.*
L. J. Lefebvre, *déserviteur de Sainte-Elisabeth.*
D. A. Carion, *Chap. Curé de la Citadelle.*

Noms de MM. les Vicaires de Cambrai qui, ayant eu connaissance de la déclaration des Curés ci-dessus, ont demandé à la voir et à l'examiner et se sont empressés d'y adhérer.

Le 6 de l'an 1791, Frémaux, *Vic. de la Magdeleine.*
Item. J. B. Colmont, *Vic. de Saint-Martin.*
Item. C. Rudens, *Prêtre de l'Ecole Dominicale.*
Le 7 de l'an 1791, Tilmant, *Vic. de Saint-George.*
Item. F. Arduint, *Vic. de la Magdeleine.*
Item. J. B. Tilmant, *Vic. de Saint-George.*
Le 8 de l'an 1791, J. A. Bury, *Prêtre de l'Ecole Dominicale.*
Le même jour, Carion, *Vic. de Saint-Nicolas.*
Le même jour, J. Joseph Callory, *Vic. de Saint-Martin.*

Le même jour 8, Délaistre, *Prêtre grand clerc de Saint-Martin*.

Le 9, Bury, *Vic. de Sainte-Croix*.

Le 9, Limelette, *Vic. de Saint-Vaast*.

Le 9, Sénez, *Vic. de Sainte-Croix*.

Item. Le 9, Degorge, *Prêtre habitué de Sainte-Croix*.

Le 10, le Couvez, *Vic. de Saint-Nicolas*.

Le 10, F. J. Primault, *Vic. du Faux-bourg Saint-Druon*.

Le 13, A. J. Dumont, *Vic. du Faux-bourg de Saint-Roch*.

Le 13, Noblecourt, *Vic. de Saint-Vaast*.

LES ACTES DE PRIMAT.

Mais revenons à Primat et consignons ici tout ce qui le concerne afin de n'y plus revenir. Les ordonnateurs de cette fête reconduisent le Pontife de leur façon à l'archevêché, s'occupent ensuite du festin à lui offrir et des préparatifs d'un feu d'artifice qui fut tiré le soir en son honneur, et auquel il assista. Ce dût être un emblême parfait de la mascarade qui venait de se passer: de l'éclat, du bruit et bientôt après une épaisse fumée.

Nos patriotes, qui ne s'inquiétaient guère de la Religion, n'avaient voulu que du scandale; leur but atteint, ils délaissèrent bientôt l'instrument dont ils s'étaient servis; les honnêtes gens, de leur côté, n'avaient qu'une souveraine aversion pour le prêtre apostat dont on venait de faire un évêque. Aussi, dans la solitude et l'abandon auxquels il se trouvait condamné, il ne put laisser parmi nous que bien peu de traces de son administration. Il entreprit une fois, à ce qu'il paraît, la visite pastorale du diocèse. Dès le 4 décembre 1793, nous lisons déjà dans une délibération du conseil municipal: « Primat, qui fut évêque du département du Nord, vient déclarer qu'il a renoncé à cet état et qu'il désire avoir un certificat de civisme. Le conseil arrête qu'il devra faire sa pétition par écrit, comme d'usage. »

Nous ne savons si cette confirmation de son apostasie fut revêtue du caractère authentique qu'on exigeait; ce qu'il y a de certain, c'est qu'il alla communiquer son intention au club qui lui en manifesta toute sa joie en lui donnant l'accolade fraternelle. Quoiqu'il en soit, Primat imprimait en tête de ses mandements : *Claude-François-Marie Primat, par la grâce de Dieu et l'élection du peuple, évêque du Nord, dans la communion du Saint-Siége.*

Quelle dérision! quel mensonge! Après avoir rejeté l'autorité du Saint-Siége, se dire, malgré ses foudres, en communion avec lui!

A part quelques-uns de ses mandements, on ne

cite de lui que son adhésion aux encycliques et aux Conciles de cette époque, auxquels il assista, et un écrit qu'il composa pour justifier le serment de haine, et qui fut approuvé et adpoté par le Concile de 1797.

Après le 18 *fructidor* (27 juillet 1794), lors de la mise hors la loi de Robespierre et de sa condamnation à mort, Primat, qui s'était éclipsé pendant le fort de la terreur, reparut un instant à Cambrai pour essayer de rentrer à la métropole; mais il fut éconduit. Honteux de son aventure, Primat se retira à la paroisse de St-André, à Lille, où il essaya, dit-on, de donner le sacrement de l'ordre à quelques pauvres sujets qui n'avaient fait ni les études ni les préparations nécessaires.

Transféré en 1798 par les constitutionnels à l'évêché de Rhône-et-Loire, dont le siége était à Lyon, sa ville natale, ce fut sous ce titre qu'il se démit en 1801; il avait assisté au Concile de cette année.

Après le concordat il fut fait archevêque de Toulouse, département de la Haute-Garonne, il se réconcilia avec le Saint-Siége, et donna dès lors des preuves non équivoques d'un profond repentir et d'un zèle vraiment apostolique jusqu'à sa mort, qui eut lieu le 10 octobre 1816. Les constitutionnels, dont l'influence n'était pas grande dans notre diocèse, firent tous leurs efforts pendant deux ans pour donner un successeur à Primat, lors de sa translation à Lyon; ils ne pouvaient réussir à former ce qu'on appelle un *presbytère* dans le sens de St-Paul, c'est-à-dire, une assemblée, une réunion de prêtres, en un mot, un clergé.

AUTRE ÉVÊQUE CONSTITUTIONNEL. — VICAIRES ÉPISCOPAUX.

Cependant soixante-quatre électeurs, tous prêtres assermentés, se réunirent le 7 août à Lille, en synode diocésain et nommèrent, à la majorité de trente-et-une voix sur soixante votants, Jacques-Joseph Schelle, évêque du diocèse du Nord. Cette élection était nécessaire pour que le clergé constitutionnel du pays fut représenté au Concile, dit national, qui allait s'ouvrir à Paris. Alexandre Deledeuille, curé de St-Maurice, à Lille, fut élu adjoint de l'évêque dans la députation. Le lendemain, 8 août, Schelle, assisté des membres du synode, célébra *de bon cœur*, dit le procès-verbal, *un obit très-solennel pour le Pontife Pie VI.*

Jacques-Joseph Schelle, était né en 1747, à Wormhoudt, en Flandre. Ancien principal du collége de Bergues, il était alors curé constitutionnel de Dunkerque. Il accepta cette élection, se fit sacrer à Reims, le 9 novembre 1800, assista au concile en 1801, se démit cette même année sans s'être montré à Cambrai. Il fut nommé, après le concordat, curé de la paroisse de St-Eloi, de Dunkerque; il se fit installer, en cette qualité, portant encore la crosse et la mitre, ce qu'il continua de faire aux offices solennels pendant quelque temps; il fallut une défense expresse de Mgr Belmas pour lui faire abandonner ces insignes que l'on conserve encore aujourd'hui comme de curieuses antiquités. Schelle mourut le 12 mars 1803. Nous devons à sa mémoire d'ajouter ici que les agents du comité de salut public ayant voulu, pendant la terreur, le forcer à imiter certains prêtres de cette époque, en rendant comme eux, ou en brûlant ses lettres de prêtrise, Schelle eut le courage de leur répondre : « Je suis prêtre du Seigneur, puissé-je, en le « confessant, expier dans les fers et par la mort « même tout ce qui, dans ma conduite n'a pas été « conforme à ses lois... » Ces paroles, dont Dieu aura jugé le sens, valurent à celui qui les prononçait, plusieurs mois de détention à la citadelle de Lille.

Seize vicaires épiscopaux devaient former le conseil de l'évêque constitutionnel et lui tenir lieu tout à la fois de chapitre et de vicariat général.

Primat ne put jamais en réunir que onze, don
voici les noms, presque tous inconnus jusqu'alors
et même depuis dans notre ville : Mocqueris, Lavallette, Andriès, Schodt, Chiron, Wuillaume, Moreau,
Regat, Daubraisse, Mollet, Milot.

LA MÉTROPOLE SOUS LE SCHISME. — LES SCELLÉS SONT APPOSÉS SUR LES ÉGLISES.

Mais reprenons: notre vieille et vénérable Métropole, depuis qu'elle a été souillée par le schisme, semble porter dans ses flancs l'interdit qui pèse sur ses profanateurs et en menacer tous ceux qui s'approchent de ses murs. Mieux que nos paroles, l'anecdote suivante exprimera notre pensée.— Une Cambresienne, que nous pourrions citer, est conduite un jour par son frère dans cette église livrée aux intrus qu'on ne pouvait ni voir ni rencontrer sans frémir, tant leur apostasie inspirait d'aversion, tant la dégradation, où ils étaient descendus, inspirait d'horreur. A peine a-t-elle mis le pied sur le seuil, que toutes ces idées se représentent à son imagination; elle avance quelques pas ! aussitôt un tremblement universel la saisit, ses genoux s'entrechoquent et vont lui manquer, sa vue se trouble : elle croit voir le pavé du temple se soulever, les colonnes s'agiter sur leurs bases, les voûtes prêtes à l'écraser..... Sur le point de tomber en défaillance, elle n'a que le temps de s'écrier dans son effroi : sortons d'ici ! sortons d'ici !

Quelques jours après l'installation de Primat, le 22 mai de la même année, nos révolutionnaires, qui avaient hâte d'en finir avec la religion, firent apposer les scellés sur les églises et couvents de la ville. Cependant pour ne pas trop froisser encore les idées des fidèles, on laissa trois églises ouvertes à l'exercice du culte : 1° La métropole qui bientôt après fut convertie en magasin et remplacée pour les offices par la petite chapelle de Saint-Julien ; 2° l'église paroissiale de St-Géry qui se trouvait au haut de la rue des Anglaises, et dont il reste encore quelques pans de murailles ; on lui donna ensuite la même destination qu'à la métropole, et on lui substitua la chapelle des Carmes ; 3° l'église de l'abbaye de St-Sépulcre. Ce qui sauva plus tard celle-ci de la destruction c'est qu'elle devint le temple de la Raison, au moins dans sa première moitié, car on avait séparé la nef du milieu et les bas côtés du chœur et de son pourtour par une cloison en planches. Le paganisme nouveau et le schisme s'étaient arrangés en bons confrères. La déesse Raison occupait le devant du temple, et derrière la cloison s'était furtivement installé le curé constitutionnel, l'abbé Mollet, ancien vicaire épiscopal de Primat. Quelques bonasses, sans instruction, lui servaient de paroissiens. La Chapelette, petit monument élevé en 1383 par l'évêque Jean Tserclaës sur la place, et où les voyageurs, les ouvriers et surtout nos braves portefaix aimaient à aller entendre la messe qui se célébrait de grand matin, est achetée 220 fr. pour être démolie par un horloger nommé Martin, qui occupait vis-à-vis cette petite chapelle la maison située dans l'enfoncement au coin de la rue de l'Arbre-d'Or. En temps ordinaires la suppression de cette chapelle, qui semblait un hors d'œuvre défigurant la place, aurait peut-être été comprise; mais à cette époque, alors que les esprits étaient inquiets en face d'un avenir qui s'annonçait si sombre, on murmura beaucoup en voyant tomber ce petit monument de la piété; et le peuple, toujours si énergique quand il veut stigmatiser une action qui lui déplaît, ne manqua pas d'exprimer ici son jugement en n'appelant plus l'acquéreur que Martin-*Capelette*.

LES ÉGLISES SONT VENDUES ET DÉMOLIES.

Bientôt nos églises l'une après l'autre sont vendues à l'encan, comme la plupart de nos biens communaux, sans que le produit de tout ce gaspillage puisse arrêter la ruine toujours croissante d nos finances.

L'église de Sainte-Croix tombera une des premières sous le marteau du vandalisme révolutionnaire. Le nommé Fécaire, qui s en est rendu adjudicataire, est incapable de payer son acquisition sacrilége : contraint de laisser les matériaux sur place, il mourut misérablement l'année suivante. Longtemps après, les décombres et les caveaux entre ouverts servirent de repaire aux personnes de mauvaise vie. C'était aussi un rendez-vous pour les gamins qui, divisés en deux camps, l'un qui s'appelait des patriotes et l'autre des aristocrates, se fesaient la petite guerre à coups de pierres et partaient de là pour aller briser les vitraux des autres églises.

C'est ainsi qu'on verra disparaître tour à tour, et à des époques plus ou moins rapprochées, les églises de Saint-Martin, attenant à la tour qui nous sert de beffroi, ... Saint-Nicolas, de Saint-Georges, de Saint-Vaast, situées sur les places ou dans les rues qui portent encore leurs noms ; puis Saint-Géry, au haut de la rue des Anglaises, Sainte-Elisabeth, près de l'Hospice-Général, Saint-Sauveur, à Cantimpré, la Madeleine sur la Place-au-Bois, église fort élégante et d'une architecture remarquable, et qui n'était pas encore achevée.

Les abbayes et les couvents avec leurs chapelles subiront aussi successivement le même sort.

De graves accusations s'élevèrent à propos de la vente de l'église Saint-Martin et de deux maisons y attenantes. Un mandat d'arrêt fut décerné contre l'acquéreur, contre le président et le secrétaire du district. L'un des inculpés dans cette affaire, qui donna lieu à procès, cherche à se justifier dans un pamphlet dont voici le début : « La vente de l'église de Saint-Martin fait fermenter l'opinion publique depuis près de deux années, » ceux que l'habitude et le voisinage attachaient à cette église ; ceux que les principes soulevaient contre la vente des domaines nationaux ; ceux enfin qui avaient quelques motifs de haine contre l'acquéreur et les administrateurs du district, se sont réunis pour attaquer cette vente et la présenter sous les plus odieux rapports. . . . . »

Rappelons ici pour l'honneur de Cambrai, la ville de la Vierge, qu'un rassemblement considérable de bons Cambresiens se porta vers Notre-Dame, lors qu'on se disposait à y apposer les scellés : on voulait mettre à mort les commissaires qui allaient procéder à cette opération ;

il fallut l'intervention de la force armée pour les protéger.

Du reste, cette église faillit échapper à la destruction commune, elle servait de magasin des subsistances; d'un autre côté le conseil municipal, malgré sa faiblesse habituelle, montra une certaine énergie pour tenter la conservation du monument : le vœu qu'il émit à ce sujet, et les considérations qu'il fit valoir pour atteindre son but, méritent d'être rapportés. Voici la délibération :

« Le conseil considérant, d'un côté, que l'église ci-
» devant métropolitaine est un monument célèbre
» et seul digne, dans toute l'étendue du départe-
» ment, de fixer le siège épiscopal, et que, bien en-
» tretenue par un chapitre très riche, ce temple ne
» présente aucune dépense prochaine pour ses ré-
» parations; considérant de l'autre côté, que l'église
» de St-Aubert est aussi peu solide par sa construc-
» tion hardie, qu'insuffisante, par son étendue, pour
» recevoir le concours immense de fidèles qui, dans
» certaines circonstances, se rendent à l'église ca-
» thédrale où l'image miraculeuse de la Mère de
» Dieu est l'objet d'une dévotion particulière, a
» arrêté qu'il serait donné à connaître au dépar-
» tement que la conservation de cette église était
» son vœu, et qu'il acquiesçait à l'avis des mar-

» guilliers dans tout son contenu. » Ceci se passait en 1791.

Malgré cette demande officielle, malgré cet hommage rendu à la majesté de l'auguste temple et à la piété de l'immense majorité des habitants de ces contrées pour Notre-Dame-de-Grâces, l'arrêt de destruction fut porté, et exécuté six ans plus tard.

La métropole est vendue aux nommés Blanquart et Moroval : dès lors sa ruine est certaine ; car le premier s'était déjà rendu célèbre par sa cupidité sacrilége, en jetant bas nos plus beaux monuments. Le conseil municipal s'était opposé formellement à la demande de cet effroyable démolisseur qui proposait de céder à la ville le local de l'ancien chapitre, en échange de l'église de Saint-Aubert, afin de détruire le seul édifice public qui restait à Cambrai. Déjà le même conseil avait dû signaler, en les stigmatisant, la rapacité et la sordide spéculation de cet acquéreur à propos des débris de l'ancienne église de Saint-Géry.

Elle disparaîtra donc cette antique basilique, l'une des plus belles de la France, l'orgueil et la gloire de notre cité! Qu'il nous soit permis de rappeler ici des remarques à ce sujet, que nous avons fournies autrefois à M. H. Carion et qu'il a publiées en notes dans les *Sept Merveilles du Cambresis.*

« ..... Le bon peuple cambresien vit, avec un
« grand effroi, la pioche sacrilége outrager les
« saintes murailles du temple. Mais le ciment durci
« par le souffle de huit siècles, émoussait le fer et
« restait intact sous les coups redoublés; il fallut
« avoir recours aux grands expédients. On perfora
« les pierres de taille et, avec de longs efforts, on
« parvint à faire quelques ouvertures, où l'on en-
« tassait, à grands coups de maillet, des tampons
« bourrés de poudre. On y mettait ensuite le feu,
« et l'explosion parvenait quelquefois à sillonner
« d'une lézarde ces robustes murailles, devenues
« de véritables rochers. Mais que d'efforts il fallait
« encore unir pour y pratiquer une brèche ! Enfin
« le salpêtre et le fer étaient-ils parvenus à dis-
« joindre quelques pierres du corps de l'édifice, on
« voyait crouler majestueusement une demi-ar-
« cade, une moitié d'ogive, laissant l'autre moitié
« debout encore et inébranlable; il fallait recom-
« mencer à chaque instant ce long labeur de dé-
« molition, une multitude d'ouvriers y périt. Enfin
« le génie ardent de la destruction, vint à bout de
« l'œuvre des siècles, et le temple ne fut bientôt

« plus qu'un amas prodigieux de décombres. Mais
« le peuple, encore rempli de respect pour ces
« tristes débris, en détournait ses pas, et ses yeux
« remplis de larmes. Serrant leurs enfants contre
« leur sein, les femmes répétèrent bien longtemps,
« à la vue des ruines qu'avaient faites l'impiété et
« l'avidité révolutionnaire : c'en est fait de Cambrai,
« puisqu'ils ont chassé Notre-Dame-de-Grâces. »

Ce triste tableau de l'abomination et de la désolation dans le lieu saint affligea longtemps les regards des passants; de nouveaux acquéreurs de ces ruines succédaient aux premiers et chacun, après leur avoir arraché la part de profit, qu'il leur disputait, les remettait à vendre; plusieurs maisons de la ville et des villages de nos environs furent construites avec les pierres de nos sanctuaires dispersées partout dans nos rues et sur nos places publiques.

Ce ne fut que le 30 janvier 1809 que l'on vit s'affaisser sur elle-même, pendant un ouragan, cette flèche élégante dont nous parlons dans nos légendes sur les monuments de Cambrai. Dépouillée de ses ancres de fer, des revêtements de sa base et de ses entourages, elle était restée pendant 13 ans debout au milieu des ruines du temple.

L'ÉGLISE DE SAINT-SÉPULCRE, TEMPLE DE LA RAISON, EST CONSERVÉE. — L'ÉGLISE DE SAINT-AUBERT DEVIENT UN MUSÉE.

Nos douze églises paroissiales et les chapelles de nos vingt-deux couvents disparurent ; on ne put sauver que deux églises abbatiales, celle de St-Sépulcre et celle de St-Aubert. La première cependant fut sur le point de disparaître avec les autres. Afin de la sauver, le curé constitutionnel, l'abbé Mollet fit une belle action que nous ne devons point passer sous silence.

Le furieux démolisseur de Notre-Dame, cet infatigable Blanquart de St-Quentin, pétitionnait toujours et soumissionnait l'acquisition de l'église St-Sépulcre ; les agents subalternes du vandale, dans leur impatience, brandissaient déjà la pioche en attendant l'autorisation. M. l'abbé Picavez, de Cambrai, ancien élève de l'abbé Tranchant, et religieux de l'abbaye de St-Jean, à Valenciennes, mort depuis sacristain de la cathédrale, montrait dans l'église la place où déjà même les premiers coups avaient été donnés pour commencer l'œuvre de destruction. La défense d'y toucher arriva à temps ; elle avait été provoquée par les instances réitérées de cet abbé Mollet qui écrivit coup sur coup au fameux abbé Grégoire, afin de l'engager à user de toute son influence dans cette affaire. Suivant ses conseils, Mollet fit plusieurs voyages à Douai, auprès du département qui y siégeait, et fit valoir certains textes de loi en faveur de sa demande. Il fut décidé que Saint-Sépulcre resterait le temple *de la Raison*. Ce qui a sauvé la maison abbatiale, aujourd'hui l'archevêché, c'est qu'elle fut transformée en hôpital de galeux.

L'église de St-Aubert (aujourd'hui St-Géry), échappa à l'orage en servant d'abord de magasin; les tableaux du grand séminaire et le Rubens qu'on y voit encore, demeurèrent cachés avec les belles grisailles de St-Sépulcre, derrière le chœur de cette église, sous la paille et le foin. L'une de ces grisailles avait été percée d'une pique pendant les saturnales qui se passaient à St-Sépulcre. St-Aubert devint ensuite un musée, où l'on réunit les livres de notre bibliothèque actuelle, ceux des abbayes qu'on avait pu soustraire à la destruction, et bon nombre d'objets d'art et de curiosité provenant des particuliers, des monastères et des châteaux qu'on avait pillés.

LES CLOCHES ET L'ARGENTERIE DES ÉGLISES SONT BRISÉES ET VENDUES. — LES CONFESSIONNAUX SONT CHANGÉS EN GUÉRITES. — LES STATUES DES SAINTS SONT BRULÉES. — LES OSSEMENTS DES MORTS SONT PROFANÉS. — LES COUVENTS SONT PILLÉS.

Toutes ces cloches innombrables, dont la cité aimait à entendre les ébats harmonieux les veilles et les jours de grandes solennités, seront brisées et vendues pour être converties en monnaie de billon qui n'enrichira guère la patrie. L'argenterie des églises est entassée dans des caisses et envoyée à l'hôtel de la monnaie qui en paie le montant en assignats. Ce fut sans doute alors que disparut ce célèbre ostensoir de Fénelon sur lequel on a fait tant de dissertations plus ou moins exactes. Rappelons l'inventaire des objets du culte de la chapelle de notre hospice général (alors maison de la fraternité) et l'arrêté pris à ce sujet le 31 décembre 1793 :

« Les administrateurs de la maison de la fraternité déposent sur le bureau plusieurs pièces d'argenterie dont le détail suit : 1° une remontrance en vermeil; 2° une autre en argent; 3° un calice de vermeil avec deux patènes et deux cuillères pareilles ; 4º un autre calice en argent ; 5º seize pièces d'argent ayant servi de garnitures à une croix et autres, etc.; 6º deux burettes d'argent ; 7º trois christ, dont deux d'argent et un de vermeil avec deux têtes de mort en argent.

« On arrête que ces objets seront envoyés à l'hôtel des monnaies, à Lille, sous la condition que ledit hôtel des monnaies en remettra à la maison de la fraternité le montant en assignats. »

On accueille favorablement la demande de la société populaire qui députe un adjoint aux adjudants de la place, accompagné d'un prêtre nommé Moqueris, afin d'obtenir tous les confessionaux de la cathédrale pour en faire des guérites sur les remparts; tous les objets du culte, toutes les statues en pierre partout où on les rencontre sont brisés, « et l'agent national requiert, et le conseil général arrête que les débris *des ci-devant idoles* qui offusquent les regards des républicains, devront disparaître de suite... » Un autre arrêté décide que les statues de saints en bois seront vendues comme bois de chauffage. Nous n'en finirions pas si nous voulions rappeler toutes les décisions prises en haine du christianisme, et dans le but d'anéantir tout ce qui pouvait en rappeler le souvenir. Il faudrait lire toute l'histoire de notre municipalité pendant cette lamentable époque, et encore ne connaîtrait-on pas toute l'étendue des désastres, dont un grand nombre n'ont été consignés que dans la mémoire des contemporains.

La rage des despotes impies ne respectait même pas ce qui est un objet de vénération chez les peuples sauvages : la cendre des morts. Un ancien cimetière existait dans la rue St-Fiacre; tous les ans, au jour consacré à la mémoire des défunts, un capucin s'y rendait pour rappeler en plein air le souvenir des morts à une foule recueillie qui l'accompagnait. Les enfants remarquaient parfois que les jambes nues du bon père, attendries par le froid, et entamées par le frottement de l'étroit et rude vêtement de bure, laissaient des traces de sang sur la neige. Une petite élévation, dans un angle de cet enclos funèbre, en face d'un calvaire, servait de chaire au prédicateur; il avait devant lui le texte le plus éloquent que l'on puisse prendre pour un discours en pareille occasion, c'était une haute pyramide blanche composée avec des têtes de morts, symétriquement arrangées. Ce monument muet, qui rappelait avec tant d'énergie le néant de la vie, avait pour base les ossements de plusieurs générations ensevelis dans une fosse

profonde ; cet ossuaire, avec ses graves enseigne-
ments, ne pouvait que chagriner des hommes
qui venaient de bannir Dieu de son temple, et
qui s'étudiaient à anéantir tout ce qui est de nature à réveiller les remords dans des cœurs coupables.

Des indifférents, ou même des impies ordinaires
se seraient contentés de cacher ces restes humains
en rendant à la terre ce qui appartient à la terre ;
mais nos démagogues, qui déclamaient sans cesse
contre le fanatisme, poussèrent le fanatisme jusqu'à
la fureur la plus stupide; ils mirent le feu à cet amas
d'ossements accumulés depuis plusieurs siècles et
qui brûlèrent bientôt comme un immense brasier.
On ne put vendre que longtemps après les terrains
à l'entrée desquels on avait écrit en gros caract-
tères : *hécatombes*.

Une populace furibonde, sous prétexte de montrer son patriotisme, se ruait sur les couvents, souvent même avant d'en avoir chassé les paisibles
habitants, saccageait et pillait tout ce qui lui tombait sous les mains. On voyait revenir les pillards
en désordre, les uns faisant trophée de débris de
meubles, les autres portant des paquets de linge,
des sacs qu'ils avaient remplis en ravageant les
colombiers. Les hommes de la loi allaient ensuite

apposer les scellés sur ce qui restait, en attendant de le vendre à l'encan, après avoir déclaré ces maisons pieuses *propriété nationale*.

Nous avons voulu grouper ensemble les principaux faits qui ont rapport à la ruine de nos monuments religieux. Revenons maintenant sur nos pas : l'acharnement contre les choses devait être accompagné de l'acharnement contre les personnes, c'est ce que nous allons constater.

LE CLUB. — SON AUDACE. — LES MASSACRES DE PARIS L'ENHARDISSENT.

Une réunion de patriotes avancés, formée à l'instar de celles qui se tenaient à Paris et connue sous le nom de *Club*, s'assemblait dans la grande salle des exercices du collège d'alors, qui devint plus tard la poste aux chevaux, et que Mgr Belmas racheta enfin avec la chapelle qui servait de remise; le prélat en fit le grand séminaire tel qu'on le voit aujourd'hui. Cette salle, où le club tenait ses séances, était au premier étage du corps de bâtiment qui longe la rue des Écoles.

La puissance de cette faction grandit avec son audace, qui pèse de tout son poids sur la municipalité, à laquelle elle imposera bientôt toutes ses volontés.

Les nouvelles du dehors, qui annoncent les violences et les assassinats commis sur plusieurs prêtres dans différentes villes, surexcitent la fureur des clubistes; ils ont sans doute reçu le mot d'ordre de leurs complices de la capitale car, dès le 29 août 1792, ils vont essayer de préluder ici aux massacres qui auront lieu trois jours après dans les prisons de Paris, aux Carmes, à Sainte-Pélagie, à la Conciergerie, à la Force, à Saint-Firmin, à l'Abbaye, au grand Chatelet, à Bicêtre, au cloître des Bernardins, etc., ces massacres durèrent pendant cinq jours; on y fit périr trois évêques et plus de trois cents ecclésiastiques. A Cambrai, pendant la nuit du 29 août, un membre de cette société populaire prononce un discours violent contre les prêtres qui n'ont point prêté le serment ; il est applaudi avec frénésie par la bande de sicaires. Séance tenante, les mesures les plus arbitraires et les plus tyranniques sont prises, et l'on fait semblant d'en prévenir l'autorité, sans toutefois s'inquiéter de sa réponse.

LES PRÊTRES AU CARRÉ DE PAILLE. — LEUR SORTIE DE PRISON. — LEUR DÉPART POUR L'EXIL.

Il y avait alors en ville, outre le clergé des différents chapitres, des abbayes et des paroisses, bon nombre de curés auxquels on avait donné Cambrai pour prison. On les avait vus arriver, quelques jours auparavant, dans le dénûment le plus complet, sur la place où déjà ils avaient failli être mitraillés avec les canons qui s'y trouvaient braqués ; ils avaient été accueillis par les huées de la populace ; leur nombre total s'élevait à environ cinq cents. A peine les meneurs ont-ils fait connaître au dehors la résolution prise par le club, qu'une meute de forcenés, accompagnée de quelques gardes nationaux, se précipite en désordre vers toutes les demeures des ecclésiastiques, s'en font ouvrir les portes par force ou les enfoncent.

Ils arrachent de leurs lits de vénérables vieillards, sans leur laisser le temps de se vêtir convenablement; pendant la nuit et le jour suivant, ils sont occupés à saisir et à faire marcher devant eux ces prêtres sans défense, et, au milieu des vociférations, des sarcasmes, des violences de tout genre, en chantant des chansons révolutionnaires au son du violon, ils vont les entasser dans les sombres chambrées d'une petite caserne appelée *le Carré de Paille*. Quelques-uns de ces prêtres, prévenus à temps, étaient parvenus à s'échapper, mais il furent pris la nuit même; d'autres furent poursuivis et traqués comme des bêtes fauves dans des jardins du faubourg, où ils s'étaient réfugiés; M. Wiart, curé de la paroisse St-Waast, âgé de soixante ans, avait eu l'idée de se cacher dans le puits de la maison Vanderburck, près de laquelle il demeurait, et il y était résolument descendu en s'asseyant sur un des seaux; mais quelques heures après, les bandits qui le cherchaient, le découvrirent : *choisis calotin*, lui crièrent-ils du bord de la margelle, *choisis, mort ou vif?* Il se laissa remonter.

M. l'abbé Fremin, d'une famille honorable de Cambrai, et chapelain de la métropole, s'était caché dans une cheminée, chez son frère, rue des Liniers; il fut pris et incarcéré avec les autres ; toute communication avec le dehors leur fut interdite. Le domestique de l'un des deux frères Lelièvre (Ferdinand et Jean-Baptiste), chanoines de Notre-Dame, fut bafoué et brutalement éconduit parce qu'il apportait un matelas pour son maître malade. Des canons furent braqués devant le Carré de Paille. La municipalité, tout en maintenant l'arrestation illégale qui venait d'avoir lieu, fit convoquer le lendemain les sections, au son de la cloche, pour prendre leur avis sur cette affaire. (Les sections étaient d'autres assemblées de ci

...toyens organisées dans les différents quartiers de la ville et qui s'occupaient de toutes les questions à l'ordre du jour.) Cette mesure ne fit qu'augmenter le tumulte; les honnêtes gens qui avaient eu le courage de proposer l'élargissement des prisonniers, furent insultés, menacés et poursuivis jusque chez eux par les imprécations de la populace. On fut obligé d'ordonner, de par la loi, la séparation des sections. Le surlendemain, les prisonniers, placés deux à deux au milieu d'une double haie de soldats, furent transférés dans les cloîtres de l'abbaye de St-Aubert où les canons les accompagnèrent. Deux jours après, M. Caudron, maire, en tête de son conseil municipal, se rendit sur les lieux, sous prétexte d'interroger les détenus, mais en réalité, avec la louable intention d'aviser aux moyens de les délivrer.

Après les avoir réunis sur le palier, en face de l'escalier d'honneur, le Maire qui s'y est placé, veut parler, la voix lui manque, il ne peut articuler que ces deux mots: *mes frères, mes amis...* L'avocat Deloffre s'apercevant de l'émotion de M. Caudron, prend la parole à sa place.

Nous ignorons ce qu'il put dire dans cette circonstance difficile; des personnes ont prétendu que les membres du conseil s'étaient concertés à l'avance pour ne demander aux prisonniers que le *petit serment* admis par tous les honnêtes gens et conçu en ces termes : *nous jurons de maintenir l'égalité et la liberté;* et qu'après leur réponse le Maire se serait écrié : hé bien ! embrassons-nous, et soyez libres. Ce moyen, selon nous, ne devait avoir pour but, dans la pensée du conseil, que de chercher à apaiser la foule ameutée en lui disant que le serment avait été prêté. Cette assertion nous paraît assez importante pour la relever. Nous comprenons sans doute qu'un laïque ait pu l'avancer pour expliquer la délivrance soudaine de ces prêtres, nous comprenons encore que l'inexactitude de ce dire, avancé de bonne foi, aurait pu, en tous cas, ne lui paraître que de peu de valeur; nous admettons même avec lui que les honnêtes gens n'avaient aucun scrupule à l'égard du *petit serment*. Mais, dans les conjonctures où se trouvaient nos prêtres, il est certain que, malgré la bonne intention de la municipalité, ils ne pouvaient, en conscience, seconder son plan s'ils le soupçonnaient seulement. En effet, ils auraient consenti par là à laisser croire au peuple, à ces paroissiens qu'ils avaient prémunis avec tant de zèle contre le schisme, qu'eux-mêmes venaient de faillir dans la foi; ils auraient tenu la conduite qu'on exigeait d'Eléazar dans une circonstance analogue, et que le saint vieillard repoussa avec tant d'indignation. De tels hommes ne pouvaient se laisser dominer par la faiblesse, nous en avons la preuve dans leur protestation même, rédigée au nom de tous par M. Baligand, curé de Saint-Georges, et adressée du fond de leur prison à la commune; nous en avons la preuve dans la franchise de leur conduite qui fut la même toujours, et partout. Du reste s'il en eût été autrement, on comprend le scandale qui en fût résulté ; une pareille histoire n'aurait pas manqué de faire beaucoup de bruit dans la ville ; les méchants auraient fait grand tapage pour chanter victoire, les fidèles en auraient gémi, et nous n'avons jamais entendu rien de semblable. Ce qui appuie notre assertion c'est que le *petit serment* n'était pas connu à cette époque ; il n'en fut question que cinq ans plus tard. Enfin, un coup d'œil sur la position, dans laquelle on se trouvait alors, suffit pour tout expliquer. La municipalité, qui ne pouvait se défendre de certains sentiments de compassion pour tant de respectables innocents, voulut d'abord leur procurer une prison plus confortable que les casemates du Carré de Paille, où ils se trouvaient entassés, sans siège pour s'asseoir, et d'où ils ne pouvaient sortir pour les besoins les plus pressants; par là elle éloignait encore, autant que possible, une redoutable catastrophe, c'est-à-dire, le massacre en masse que méditaient nos révolutionnaires acharnés, et qui pouvait se commettre sans grand obstacle au pied des remparts, vu l'isolement où se trouvaient les bâtiments du Carré de Paille; cet affreux projet devenait bien plus difficile à exécuter à l'abbaye de Saint-Aubert, au centre de la ville.

Enfin l'autorité, après avoir distrait les esprits à la faveur du mouvement occasionné par cette translation, vint, sous prétexte d'interrogatoire, faire entendre aux prisonniers qu'ils devaient, pour éviter de plus grands malheurs, prendre au plus tôt le chemin de l'exil, afin de prévenir le récent arrêté de l'assemblée législative, qui condamnait à la déportation tous les prêtres insermentés. Ce qu'il y a de certain, c'est qu'en s'expatriant à l'heure même, ils se montrèrent décidés à subir les conséquences de ce second arrêt, comme ils avaient subi celles du premier qui les internait dans le chef-lieu de leurs districts.

Nous avons entendu expliquer diversement la présence des canons aux abords du Carré de Paille, et de l'abbaye de St-Aubert. Les uns prétendent que ces bouches à feu étaient toutes prêtes à mitrailler les prisonniers en masse au premier signal; les autres disent que c'était une mesure de précaution, prise par l'autorité, en cas d'attaque. Mais, vu la disposition des esprits dans ces terribles moments, aurait-on osé tenir tête à l'orage, et surtout commander une décharge contre les émeutiers ? Quel résultat pouvait avoir cette précaution bienveillante de la municipalité dans cette occurrence, si ce n'est évidemment d'avoir préparé à une troupe de forcenés un moyen facile d'exécuter leur funeste dessein en laissant à leur disposition ces armes redoutables, dont ils n'auraient pas manqué de s'emparer. Ainsi, en tout cas, la présence de l'artillerie, en cette occasion, n'était rien moins que rassurante.

En quittant Cambrai, « quelques-uns de nos prêtres, dit M. Leglay, se dirigèrent vers l'Angleterre; d'autres, en plus grand nombre, vers l'Allemagne, surtout vers la Wesphalie, contrée hospitalière et bénie entre toutes les autres. Mgr de Rohan, avait, ainsi que plusieurs de ses collègues, fixé sa résidence à Munster, surnommée la ville des évêques. La plupart s'établirent dans la ville et les villages du *cercle*, où ils étaient reçus comme des hôtes envoyés de Dieu. Partout on se disputait ces pèlerins sacrés. A cette époque, du moins, les déportés avaient le choix du lieu de leur retraite. Après le

18 fructidor, ce fut le gouvernement qui se chargea de ce soin. Ce fut sur une terre lointaine et homicide, à Cayenne, à Cinamari que le 8 octobre 1798, la frégate *la Bayonnaise* débarqua ce qui lui restait des cent dix-neuf prêtres qu'elle avait pris à Rochefort le 31 juillet précédent et parmi lesquels se trouvait, entre autres ecclésiastiques de nos contrées, **M. Hubert Flotteau**, décédé curé de Borre, en 1837. Nous avons parlé de ses rudes épreuves dans la biographie des prêtres du diocèse. Il les avait partagées avec beaucoup d'illustres compagnons d'infortunes. Il a pu assister là aux funérailles du vertueux général Murinais et réunir ses sanglots aux gémissements poussés par les soldats et les nègres lorsque Tronson du Coudray, cet éloquent et courageux défenseur de Marie-Antoinette, prenant pour texte, le verset *super flumina Babylonis*, parla des malheurs de la France avec une sensibilité si profonde, et célébra dignement l'intrépidité loyale, la vertu inflexible et la sublime candeur du vieux guerrier qui venait d'être déposé dans la tombe. » (Introduction historique du *Cameracum Christianum*.)

FIDÉLITÉ DE CES PRÊTRES. — HÉSITATION, PUIS COURAGE DU CURÉ DE ST-GÉRY.—HÉROÏSME DE SES CONFRÈRES.

Ce qu'il y a de consolant, c'est que sur ces cinq cents prêtres, dont deux cent soixante-cinq avaient occupé des postes plus ou moins éminents dans le clergé de la ville, et qui furent ainsi persécutés, on n'en compta que très peu qui se laissèrent entraîner par le torrent révolutionnaire. Les luttes qu'eut à supporter à ce propos M. Herlem, curé de l'ancien St-Géry, depuis 18 ans, méritent d'être rapportées. Au commencement de la tourmente, il avait été circonvenu par quelques révolutionnaires, et le bruit courait qu'il consentirait à prêter le serment; pressé du reste par les importunités, il avait fini par faire des promesses, en réclamant toutefois quelques jours encore pour réfléchir. Comme rien ne pressait alors, la latitude qu'il demandait lui fut accordée. On voulait éviter à tout prix de froisser un vieillard sur lequel on comptait beaucoup, afin d'avoir au moins un curé constitutionnel qui fût connu et respecté de toute la ville. Dans cet intervalle, ses confrères se prononcèrent, sans son concours, par cette profession de foi que nous rappelons plus haut. Mais lorsque les patriotes revinrent à la charge, M. Herlem, qui avait médité devant Dieu toutes les conséquences de la démarche que l'on attendait de lui, s'y refusa nettement. Toutes les sollicitations les plus pressantes, toutes les promesses comme les menaces les plus propres à faire impression sur un homme de son âge, le trouvèrent inébranlable dans sa dernière résolution. Il déplora comme une faiblesse le moment d'hésitation, qui n'avait été que le résultat d'une surprise ou plutôt d'une obsession, et il ne crut pouvoir mieux prouver son repentir qu'en prenant résolument le chemin de l'exil. Réfugié dans les environs de Tournay, il dut fuir précipitamment à l'approche de l'armée révolutionnaire. L'asthme, dont il était attaqué, joint à une marche forcée, le mit bientôt hors d'haleine et, dans l'impuissance de continuer sa route, il entra dans une maison pour demander un verre d'eau, et tomba mort en le buvant.

Notre plan ne nous permet pas d'entrer dans le détail de tous les sacrifices que s'imposèrent les membres de ce nombreux clergé de Cambrai pour conserver la foi et l'unité catholique; qu'il nous suffise de remarquer qu'en imitant les cent trente évêques, et les soixante-deux mille prêtres de France qui s'élevèrent avec force contre la prétendue *constitution civile du clergé*, et refusèrent le serment inique, ils savaient bien qu'ils s'exposaient à l'indigence, à tous les dangers de la persécution et à toutes les péripéties du bannissement. Il faudrait remonter au temps des martyrs pour rencontrer un exemple aussi sublime de dévouement et de fidélité parmi tant d'ecclésiastiques, dans une même nation. Cet exemple fut suivi par une multitude immense de fidèles de tout rang, de tout âge et de tout sexe.

Si l'on veut s'édifier sur les actes d'héroïsme qui ont signalé, pendant ces jours d'épreuves, plusieurs apôtres de notre province, qu'on lise leur biographie.

ABOLITION DE LA ROYAUTÉ. — PROCLAMATION DE LA RÉPUBLIQUE. — PERTURBATIONS CONTINUELLES A CAMBRAI. — LES COUPE-TÊTES DANS NOS MURS. — ASSASSINATS DE CALONNE DESHÈQUES, DU COMMANDANT DE LA CITADELLE ET DE L'UN DE SES OFFICIERS SUPÉRIEURS. — DEUX EXÉCUTIONS.

Cependant les événements se succèdent avec rapidité. La constituante remplace l'assemblée législative, et bientôt elle est remplacée elle-même par la convention nationale qui inaugure son avènement en décrétant l'abolissement de la royauté et en proclamant la république le 21 septembre 1792.

Au milieu des troubles, sans cesse renaissants, suscités par le club devenu tout puissant, au milieu des bruits de guerre et des préparatifs de défense auxquels doivent travailler sur les remparts les hommes et les femmes, tandis que la garde nationale est désarmée aujourd'hui pour être épurée demain, que l'on s'occupe de la levée de 20,000 hommes pour le département, et qu'aux contributions ordinaires succèdent les contributions *volontaires* et enfin les contributions forcées, Cambrai devient tout à coup le théâtre d'un drame horrible et sans antécédents jusqu'alors dans nos annales.

Ce fait resta gravé dans la mémoire de tous nos concitoyens qui vivaient alors; il nous fut souvent raconté par ces témoins oculaires.

Voici le récit de l'un d'eux que M. E. Bouly a publié dans les notes de l'histoire de la municipalité.

« Le 11 octobre 1792, an 1er de la république, une troupe de bandits qui s'appelaient gendarmes nationaux, mais qu'on désignait communément sous le nom de *coupe-têtes*, partie de Paris, après l'assassinat de madame de Lamballe *et de tant d'autres*, arriva à Cambrai. Ils avaient fait sans doute plus d'une expédition sur leur chemin ; mais je ne m'occupe de ce qui me regarde. La Convention était alors en pleine activité. Ces hommes étaient hideux à voir ; couverts de boue, mouillés d'une pluie froide, les vêtements en désordre, ils commencèrent par *purger la ville de toutes ses impuretés*.

« C'est ainsi qu'ils appelaient les signes de religion et de noblesse. Ils parcoururent les rues, suivis de la lie de la populace, renversant, brisant les armes de France et autres blasons partout où il s'en trouvaient des restes : abattant les statues des saints, mutilant les niches qui ornaient les coins des rues et le dessus d'un grand nombre de portes, détruisant ainsi de petits monuments d'art, dont beaucoup avaient un mérite artistique. Ils jetaient bas les petits calvaires, les Dieu de pitié, effaçaient les images peintes sur les murailles ; mettant ainsi à néant tout ce qui avait été, pendant des siècles, objet de vénération pour les bons et honnêtes citoyens de Cambrai. Je ne parle pas des menaces terribles proférées par ces sauvages de la république contre les habitants de notre ville.

« La tourbe ignoble qui les suivait, prit leçon de ces maîtres destructeurs et acheva, les jours suivants, l'œuvre commencée en sa présence.

« Les coupe-têtes poussèrent leurs investigations jusque sur les girouettes; celles du manége du quartier de cavalerie qui étaient fleurdelisées, furent criblées de balles (les promeneurs ont vu cela du rempart). Mais nous ne sommes encore qu'au prélude de leurs exploits. Le même jour, ils pénétrèrent dans l'église de St-Sépulcre, enfoncèrent le tabernacle, jetèrent sur le pavé les hosties (*consacrées par les intrus*), renversèrent les statues des saints, brisèrent les lampes et les vases de cuivre, remplirent leurs poches des vases d'argent qu'ils broyaient pour qu'ils tinssent moins de place, enfoncèrent à coups de crosse de fusils les armoires de la sacristie pour en tirer les vêtements sacrés qu'ils déchirèrent. Les belles grisailles de Saint-Sépulcre portèrent longtemps les marques de leur fureur.

« Après ces exploits de voleurs, ils commencèrent leur métier d'assassins. La populace les excitait en criant : à bas les aristocrates! à bas les calotins! Il ne fallait plus déjà de prêtres constitutionnels. Un homme, qui finit bientôt après sur l'échafaud une vie pleine de crimes, conduisit à la prison les gendarmes qui annonçaient qu'ils allaient *travailler* comme à Paris. Le geôlier, nommé Allan, homme honnête et d'un rare courage, refusa énergiquement d'ouvrir les portes de la maison d'arrêt ; mais bientôt, maltraité, foulé aux pieds, il se vit arracher les clefs qu'il cherchait encore à ressaisir.

« La populace en voulait, par dessus tout, à un vieux procureur, nommé Calonne Deshèques, qui avait, par sa fourbe, ruiné un grand nombre d'artisans, et qui avait eu le tort de mettre trop tôt en pratique ses opinions ultra-républicaines. Il était en prison pour avoir commis un vol de vin chez le cafetier Basselet (*son voisin, Place-au-Bois, dans la cave duquel il s'introduisait par un trou pratiqué dans la sienne.*

« Ce fut donc sur Calonne que se porta la fureur des gendarmes. On força le geôlier à désigner sa chambre. Quand le prisonnier parut dans la rue, traîné par les coupe-têtes, des hurlements de joie se firent entendre. Le voilà ! le voilà ! il y passera ! il y passera ! criait la horde furieuse. On l'entraîna sur la place, vis-à-vis de l'hôtel de ville. Alors un gendarme leva son sabre et prononça ces paroles : *A-t-il mérité la mort?* — La mort ! la mort ! fut-il répondu ; c'est un misérable ! la mort !

« Alors un spectacle épouvantable fut offert à ces cannibales. Je vis d'une fenêtre, donner le premier coup à ce malheureux. Je vis le fer acéré s'enfoncer lentement dans sa poitrine; le gendarme s'arrêtait : *A-t-il mérité la mort?* répétait-il : *la mort !* criait la populace, et le gendarme enfonçait le fer plus avant. Cela fut horrible. Vingt baïonnettes se dirigèrent contre le patient, je n'eus plus la force d'en voir davantage. Il poussait des cris affreux, mais les assassins couvrirent ses cris par des hurlements. Puis bientôt, un silence de mort s'établit autour de Calonne Deshèques, il ne criait plus.... tous semblaient frappés de stupeur.

« Mais voilà que de nouveaux bruits nous annoncent que la bande se mettait en marche. Elle traînait par les pieds, dans la boue, le corps ensanglanté dont on venait de faire un cadavre, et ce hideux cortége marchait, précédé de basses et de violons avec l'accompagnement desquels il chantait: *Dies iræ, dies illa.*

« Que l'on se figure l'effet sinistre d'un pareil convoi : ce vieillard, dont les cheveux blancs traînaient dans la boue formée par une pluie froide d'octobre, ces hommes à l'aspect féroce, ces instruments de musique, ces voix impies et enrouées, parodiant l'hymne des morts, cette sacrilége tragédie éveillant devant elle la terreur, laissant après elle une longue traînée de sang sur le pavé fangeux; que l'on se figure, dis-je, cette scène de régénération révolutionnaire, et l'on aura l'idée d'une journée qui n'avait jamais eu sa pareille dans la ville de Cambrai.

« On traîna le cadavre jusqu'au deuxième pont de la porte St-Sépulcre. Là on lui ôta ses vêtemens, tout jusqu'à sa chemise et à ses bottes (cela valait quelque chose) et l'on jeta le corps nu, saignant par cent blessures, dans l'étang, où il resta deux ou trois jours, moitié visible, moitié plongé dans la vase.

« En entrant en ville, les cannibales offraient en vente les dépouilles du procureur à toutes les personnes qu'ils rencontraient. Chacun se détournait avec horreur. Néanmoins, ses bottes furent achetées par un savetier.

« De là, les *gendarmes*, suivis de leur escorte, montèrent à la citadelle. Ils allaient, disaient-ils, chercher des canons. Le pont-levis était dressé, mais quelques-uns parvinrent à se hisser au-dessus du pont et l'abaissèrent. Le commandant de la citadelle, prévenu de ce qui se passait, vint leur demander ce qu'ils voulaient.

— Des canons et de la poudre, répondirent-ils.

Sur le refus du commandant, ils se précipitèrent sur lui et l'assassinèrent. Ce courageux militaire se défendait encore, lorsqu'un officier supérieur accourut à son secours. Il eut le même sort, et les coupe-têtes s'acharnant après son cadavre, lui séparèrent la tête du tronc et la promenèrent par la ville, au bout d'une pique. C'était un souvenir de madame de Lamballe. Ils avaient annoncé qu'ils travailleraient comme à Paris.

« Cependant, la bande hideuse qui les suivait s'empara du corps décapité et le traîna, en chantant la *Marseillaise*, jusqu'au gouffre de Selles, dans lequel elle le précipita. On avait abandonné le cadavre du commandant, et l'on ne pensait plus le moins du monde aux canons.

« Le lendemain les coupe-têtes quittèrent la ville et se dirigèrent sur Douai, qui leur ferma ses portes.

« Le maire de Cambrai, M. Caudron, marchand de vin, courut de grands dangers pendant ces sanglantes saturnales. Comme il essayait d'arrêter les exploits des coupe-têtes, ceux-ci, furieux, avaient répondu à ses exhortations par d'horribles menaces. Un des assassins l'ayant saisi d'une main, par la cravate, lui tenait de l'autre, la pointe de son sabre sur la gorge. Je l'ai vu dans cette affreuse position, il allait subir le sort du procureur, mais le peuple cria : vive le citoyen Caudron ! C'est un honnête homme, il faut le respecter. M. Caudron fut lâché. Un cri, une voix qui aurait dit : frappez ! aurait été le signal de sa mort. Les gendarmes nationaux lui mirent alors un bonnet rouge sur la tête; M. Caudron fit bonne contenance et acheva de se tirer d'affaire en les menant chez lui boire de son meilleur vin.

« Le lecteur peut voir si c'était alors un rude métier que celui de maire de Cambrai. On demandera peut-être ce que faisait la garde nationale pendant les massacres qui viennent d'être racontés. Elle cherchait à se rassembler, on hésitait, on la convoquait timidement : elle arriva trop tard. Le maire seul avait arrêté le désordre et calmé la rage des égorgeurs. »

A ce récit d'un témoin oculaire, ajoutons que le guide des gendarmes quitta précipitamment la ville après le départ de ses complices; il croyait par là éviter les poursuites de la justice, qu'il avait pressenties en voyant l'autorité s'occuper, dès le lendemain, de faire dresser le procès-verbal des événements tragiques auxquels il avait pris une si grande part. Il avait cru pouvoir occuper ses loisirs en dépouillant les églises de nos environs. Mais cette besogne n'était pas aussi facile qu'il se 'imaginait; souvent nos bons villageois s'ameutaient contre les démolisseurs qui leur arrivaient et, quand les femmes s'en mêlaient, ces derniers étaient éconduits à coups de pierres au milieu des huées et des imprécations de la multitude. On fit arrêter celui-ci par la maréchaussée dans l'église du village de Boursies, au moment où il s'apprêtait à la dévaliser. Il comparut à Cambrai devant un tribunal criminel composé de juges venus de Douai. Convaincu d'avoir été l'un des premiers fauteurs des attentats du 11 octobre, il fut condamné à mort et conduit en chemise rouge au supplice. Il fut aidé, dans ce moment suprême, par Crétigny, curé constitutionnel de St-Géry.

Son exécution fut une nouveauté, en même temps qu'une curiosité pour la ville : il était le premier qui allait mourir par la guillotine, cet instrument de supplice faussement attribué au docteur Guillotin, et qui n'est pas aussi nouveau qu'on le pense puisqu'on le trouve, à quelques modifications près, en usage, dès le XVIe siècle en Allemagne, en Ecosse et en Angleterre ; il était également connu en Italie depuis longtemps.

Le second qui montera sur cet échafaud, ce sera un nommé Renard, convaincu d'avoir fabriqué de faux assignats(1). Ce genre de mort, réservé aux criminels, sera bientôt celui d'une multitude d'innocents.

Jusque là, les condamnés à mort étaient pendus par les mains du bourreau sur la place publique, et afin d'inspirer plus longtemps une salutaire terreur aux méchants, leurs cadavres étaient attachés aux fourches établies dans le faubourg de Paris, non loin du chemin qui conduit au village de Marcoing.

CHATIMENT DES COUPE-TÊTES.

Comme leur complice, les vingt coupe-têtes,

(1) Les assignats n'inspiraient pas grande confiance, mais ce qui achevait de les discréditer, c'est que des malfaiteurs trouvaient moyen de les contrefaire. Dans leurs cachots ils se servaient d'un clou ou d'un ardillon de boucle pour graver les planches; ils se procuraient de la lumière en pressurant l'huile de leur salade et effilaient la toile de leurs chemises pour en tresser des mêches. Ils travaillaient ainsi nuitamment à la contrefaçon des assignats : leurs femmes, en venant les visiter, emportaient cette monnaie de contrebande et la cédaient à des prix très réduits à des marchands qui se faisaient les complices de cette fraude. Ces femmes réalisaient quelquefois en un jour cent francs de bénéfice au moyen de ce commerce.

indignes du nom de gendarmes qu'ils se donnaient, reçurent la punition due à leurs forfaits ; elle fut bien douce si on la compare à ce que ces brigands avaient mérité. Leur réputation d'ignominie les suivit partout. Abhorrés de nos soldats, dont la bravoure ne voulut jamais s'allier avec de pareilles atrocités, considérés comme des monstres au milieu de l'armée qui défendait nos frontières du côté de la Belgique, et où ils avaient été envoyés, ils furent placés, comme avant garde, sur une hauteur près du petit village de Bonsecours, célèbre par le pèlerinage à Notre-Dame ; les Autrichiens fondirent sur eux à l'improviste et les taillèrent en pièces; pas un seul ne put échapper.

LES FÊTES PATRIOTIQUES.

Souvent, en ces jours-là, aux scènes les plus tragiques succédaient des scènes plus ou moins comiques, plus ou moins bouffonnes, auxquelles cependant on s'étudiait à donner le plus de gravité possible. Ainsi quelque temps après les horreurs que nous venons de rapporter, il fut question de célébrer, dans une fête publique, les succès éclatants de toutes les armées françaises. Ecoutons un compte rendu officiel de cette fête :

« Les autorités sont réunies, la troupe est sous les armes, on se dirige au son de la cloche du beffroi, *au pied de l'arbre de la liberté*, où les musiques de la ville et de *la comédie*, exécutent avec pompe, *l'hymne des Marseillais*, dont le refrain énergique fut répété avec enthousiasme par un peuple immense, au bruit de plusieurs salves d'artillerie.

« Le cortége et la musique ayant parcouru les rangs, sont rentrés à la maison commune où *l'hymne chéri* fut de nouveau chanté, ainsi que plusieurs autres airs patriotiques à l'exécution desquels *les filles de Ste-Agnès s'empressèrent de concourir.* »

Quel progrès ! on ne se rend plus au pied de la croix, *mais au pied de l'arbre de la liberté*; *la Marseillaise* remplace le *Te Deum*, la musique *de la comédie* — le choix est heureux pour cette époque où tout était comédie ! — succède à l'orgue ; et les pauvres orphelines de la fondation de l'archevêque Vanderburck ont laissé leurs pieux cantiques pour des airs patriotiques; quelle figure devaient-elles faire dans cette parade toute profane ?

Bientôt, pour leur faire oublier leur saint fondateur, elles prendront le nom de filles de la maison de Lucrèce, et avec toute la maison de la *fraternité* (hospice général) elles paraîtront dans ces exhibitions de fêtes patriotiques de tous genres que nous allons esquisser ici pour n'y plus revenir.

Pour amuser le peuple et détourner son attention des calamités qui l'environnent, on multiplie les mascarades ; ce sont des fêtes à la jeunesse, à la vieillesse, aux époux, à l'amour patriotique, à l'agriculture, au malheur, à Minerve, aux martyrs de la liberté, etc., etc.

Il y avait trois catégories différentes de fêtes : 1º les fêtes décadaires, au nombre de trente-six ; 2º les fêtes républicaines, parmi lesquelles nous rencontrons celles du 21 janvier instituée pour rappeler la mort *du dernier des rois* ; 3º les fêtes *sans culotides* qui se célébraient les 6 ou 5 derniers jours appelés les jours additionnels de l'année républicaine.

Les programmes de ces fêtes, qui se succèdent à de courts intervalles, se ressemblent beaucoup. C'est toujours un cortége qui s'avance au son de la musique, au bruit du canon, au milieu des chants révolutionnaires, vers l'arbre de la liberté ou l'autel de la patrie, et qui se compose des autorités en grand costume, de soldats sous les armes, d'ouvriers portant majestueusement leurs instruments de travail, parmi ces derniers se distinguent les commissaires et les employés de la Salpétrière, tenant en mains de longues pelles, de longues louches et écumoirs en fer. Les bustes de deux hommes de sang, Marat et Lepeltier, sont portés par les iconoclastes, sans trop de scrupule, sur les deux brancards qui ont servi aux statues de St-Nicolas et de St-Georges. Notons cependant, pour être exact, qu'après avoir imité Paris dans son apothéose des monstres, on l'imitera encore plus tard dans sa réaction, en allant, à l'issue d'une procession de ce genre, jeter les deux plâtres de ces divinités du Panthéon dans l'égoût qui se trouve au bout de la rue des Bouchers et qui déverse ses immondices dans les fossés de la porte Notre-Dame.

Cependant la fête de l'*Etre suprême*, que Robespierre a daigné reconnaître et proclamer, se signale par de curieuses originalités : sur la place d'Armes s'élève un immense théâtre au fond duquel on aperçoit le simulacre d'un rocher escarpé, dont les alentours ont quelque chose de sauvage et de sinistre. Il renferme dans ses flancs une caverne, à l'entrée de laquelle on lit: *Néant*. Quand le cortége accoutumé, suivi de la populace, s'est placé devant ce stupide décors, on voit apparaître sur la scène quatre acteurs : 1° un individu d'un aspect rebutant, c'est un hercule qui va représenter le peuple; 2° un pauvre petit nègre qui errait abandonné dans nos rues depuis le départ de M. De Fumal, prevost du chapitre Notre-Dame, chez lequel il était domestique; il doit rappeler l'esclavage des noirs; 3° un personnage déguisé en évêque, mître en tête, figurera le clergé ; 4° un vaurien, grotesquement habillé en marquis, rappellera la noblesse. Après un moment d'attente, le spectacle commence : une lutte terrible s'engage entre les quatre champions, l'hercule et le nègre sont d'abord enchaînés par leurs antagonistes sur la cîme du rocher; mais bientôt le premier parvient à rompre ses fers, délivre son compagnon, et tous deux ensemble, après avoir battu à outrance l'évêque et le marquis, les précipitent de roc en roc dans l'antre du *Néant*.

Voilà, j'espère, un nouveau culte, qui n'a rien de commun avec l'ancien, et qui doit bien autrement honorer l'Etre Suprême. La populace applaudit avec frénésie, et se rend immédiatement sur l'Esplanade, où l'attend un autre spectacle plein d'émotion. On y donne une représentation de la prise de la Bastille, qui s'y trouve figurée par une espèce de monument en toile peinte. Ici l'action sera plus dramatique, c'est la troupe elle même qui livre l'assaut; et quand la forteresse s'est écroulée sous leurs efforts, les spectateurs ébahis croient voir une multitude de cadavres, revêtus de l'uniforme suisse, précipités du haut de la citadelle dans les fortifications ; ce n'était que des mannequins en paille. Leur rôle n'est pas achevé, ils doivent figurer dans un nouvel acte. Aussi à peine ont ils été précipités qu'on se hâte de les charger sur des chariots pour accompagner le cortége qui reprend sa marche. Il est suivi par un char, sur lequel on a placé la statue de la liberté qui chancelle en avançant entre deux veillards de l'hospice, homme et femme, dont la piteuse contenance laisse bien deviner qu'ils ne se croient pas à la noce.

On s'arrête devant l'hôtel de ville, qui pour le moment doit rappeler le château des Tuileries, et les amateurs vont avoir une reminiscence des massacres du 10 août. En effet, un peu après l'arrivée du cortége, les mêmes mannequins sont précipités des fenêtres du second étage de l'hôtel de ville sur le pavé de la place. L'enivrement est à son comble; dans le paroxisme de leur enthousiasme certains énergumènes, qui applaudissent avec des cris sauvages, sont presque persuadés que ce sont de véritables cadavres de suisses qu'ils foulent aux pieds.

Les frippiers qui avaient été forcés de livrer les habits rouges pour cette représentation, ne purent ni les ravoir, ni s'en faire payer; il fut répondu à l'un d'eux, qui en réclamait le prix, à peu près comme le loup, dans la fable, répond à la cigogne: qu'il devait se regarder comme trop honoré d'avoir pu contribuer à une aussi grande solennité.

Pour couronner l'œuvre, il y eut alors, comme toujours en pareille occasion, grande illumination avec transparents sur l'un desquels on lisait : *prise de la Bastille, 14 juillet 1789.*

> Lorsque par des Français ce fort fut emporté,
> De notre heureux réveil naquit la liberté.

La liberté ! et nos prisons étaient trop étroites, il fallait en ouvrir de nouvelles dans les couvents mis sous le sequestre, et nos libérateurs proposaient de les vider par des massacres en masse, comme cela se pratiquait à Paris; l'on en vint même à la pensée de recourir à des mesures plus promptes, on parlait de rôtir les détenus en mettant le feu aux maisons d'arrêt. Revenons aux fêtes patriotiques.

Le souvenir de la journée du 10 août fut encore célébré plus tard, mais d'une autre manière.

On procéda solennellement à l'incendie d'un

trône qu'on avait dressé à cet effet avec du papier bleu, orné de fleurs de lys et entouré de drapeaux de soie blancs qui avaient appartenu à la troupe. Avant d'en venir à l'exécution, le héros bien connu de cet exploit, tenant en main la torche allumée, prononça un discours pathétique sur les abus et les crimes du trône, sur les avantages et les vertus de la république; thème sans cesse rebattu dans toutes les réunions de cette époque, et dont les lieux communs ouvraient un vaste champ à la loquacité d'une nuée de bavards orgueilleux qui ambitionnaient les applaudissements et les honneurs de la publicité.

Un jour, pour célébrer la fête des martyrs de la liberté, on condamna à un affreux martyr plusieurs jeunes vierges des familles les plus honorables de Cambrai. Elles furent obligées, sous peine de mort, de monter sur un char et de rester, pendant la marche, assises côte à côte auprès de soldats blessés qu'on avait pris à l'hôpital. Elles protestèrent, en rentrant chez elles, que désormais elles monteraient plutôt à l'échafaud que de consentir à un pareil supplice.

Les anniversaires de la république étaient en grande recommandation; ils se célébraient toujours avec ponctualité; outre ceux qui rémémoraient la prise de la Bastille, l'assassinat de Louis XVI etc., nous eûmes plus tard l'anniversaire de la délivrance des détenus. Son organisation est curieuse à cause de la nouveauté qu'on voulut y mettre. Un piédestal grandiose, recouvert de draperies, fut élevé au fond de la rue du Marché-au-Poisson, vis-à-vis la caserne de cavalerie, et le buste en marbre de Fénelon, le même qui se voit encore à la mairie, fut placé sur cet étrange reposoir; ceux de J.-J. Rousseau et de Voltaire parurent bientôt, par tolérance sans doute, et pour protéger l'espèce d'ovation qu'on essayait en faveur du grand homme, malgré son caractère d'archevêque. Pourquoi s'étonner de cette accointance dans les jours de vertige dont nous parlons? Ces deux mêmes demi-dieux de la révolution n'ont-ils pas été donnés pour acolytes à St-Vincent-de-Paul, sur le fronton d'un monument de la capitale?

Le signal donné, les différentes sections de la ville, tambour en tête et drapeaux déployés, des détachements de soldats citoyens armés de piques, de bannières avec différentes inscriptions, les militaires de la garnison, les orphelins et les orphelines de la *Fraternité* (les bleuets et les bleuettes de l'hospice), les filles de la *Maison de Lucrèce* (Ste-Agnès), enfin les autorités précédées des deux bustes en question, déploient sur la Grand'Place un imposant cortége, qui se met en marche pour se diriger vers la colonne, autour de laquelle il vient former un hémicycle; alors, au milieu d'un silence solennel, se fait entendre une cantate à l'honneur de l'immortel auteur du *Télémaque* et la séance est levée.

Dans les derniers temps, toutes ces parades officielles tombèrent dans le discrédit et furent trouvées ridicules. *Allons*, disait-on, *encore une farce!* quand on voyait hisser la statue de la liberté sur l'autel de la patrie, et c'était à qui lancerait les pasquinades les plus malignes à l'adresse des amants de la liberté.

Du reste, à part la populace et les curieux, la grande majorité des bourgeois ne prenait part à ces momeries républicaines que par contrainte, et il était aisé de voir sur les visages les sombres préoccupations qui agitaient intérieurement.

LES TROUBLES ET LES CALAMITÉS CONTINUENT. — VIOLATION DES TOMBEAUX. — LES RESTES DES ARCHEVÊQUES FÉNELON, VANDERBURCK ET DE FLEURY. — *L'armée infernale* A CAMBRAI.

Il ne pouvait en être autrement, surtout si nous

nous reportons vers la fin de l'année 1792, que nous avons laissée un instant, pour passer en revue nos fêtes révolutionnaires. Les troubles renaissaient sans cesse dans la cité ; la garde nationale était sur les dents, elle devait être partout et l'on cherchait encore à stimuler son zèle pour l'engager à voler au secours de la patrie sur nos frontières. Il fallait fournir les contingents pour les levées de 20,000, de 30,000 hommes. On avait beau pressurer de plus en plus le peu de familles aisées qui restaient, procéder à la vente des biens des émigrés, continuer la vente des biens communaux, le gouffre creusé par la révolution ne pouvait se combler. Nonobstant tous les efforts de l'autorité, pour faire approvisionner nos marchés, le blé n'arrivait pas, et la misère semblait à son comble, et cependant on ne faisait que débuter dans la carrière des calamités.

L'autorité d'alors, *le comité de salut public*, ordonne par toute la France la violation des tombeaux ; il veut qu'on déterre les cercueils de plomb pour en faire des balles. Cette opération se fit à Cambrai, sous la surveillance d'un homme honorable, M. Canonne, juge de paix à Solesmes. C'est à lui que nous devons la conservation des restes de Fénelon; dès qu'il vit le caveau du vénérable archevêque ouvert, il fit refouler dans le fond tous les ossements avec l'inscription gravée sur le marbre qui en fermait l'entrée, et huit ans plus tard, le tout fut retrouvé suivant les indications de ce digne magistrat.

Les cercueils extraits des fours qui se trouvaient sous le maître-autel, allaient être transférés à la fonderie de Douai, lorsqu'une troupe de brigands, le 5ᵉ bataillon des fédérés, qui se faisait appeler *l'armée infernale*, arrivée à Cambrai le même jour, se jeta sur ces tombeaux, les ouvrit et en traîna les ossements à travers les rues.

M. Leglay, dans ses recherches sur la métropole, rapporte ce fait d'ailleurs bien connu, et fait observer que ces forcenés, dans leur profanation, dispersèrent les restes de l'archevêque Vanderburck avec les autres. Nous ajoutons, pour compléter ce récit, que les misérables allèrent jeter ces précieux restes du bienfaiteur des pauvres dans l'Escaut, par la grille de l'abreuvoir, en face du minck, rue du Marché-au-Poisson.

Dans leur précipitation ils laissèrent tomber un os assez fort qui fut recueilli et donné à Melle Richard, religieuse à Ste-Agnès (fondation Vanderburck), laquelle devint plus tard supérieure de cet établissement.

C'est ainsi que la révolution respectait la mémoire de cet illustre Pontife, le bienfaiteur des pauvres, qui avait érigé et magnifiquement doté une maison, ou plutôt un palais pour nos orphelines; qui avait établi des écoles avec des revenus convenables pour les enfants du peuple ; qui avait enrichi, par sa munificence, les hôpitaux et plusieurs maisons religieuses.

Ces furibonds, dont la figure conservait à peine quelque chose d'humain, ces monstres qui justifiaient, par leurs actes, le titre qu'ils s'étaient donné ; que dis-je ? qui l'outrepassaient même, puisque *l'armée du diable* laisse au moins les cadavres en paix, ces espèces de hyènes enfin tressaillirent d'une joie féroce en découvrant le corps de l'archevêque de Fleury, mort en 1781, et qui était encore revêtu de ses ornements pontificaux; ils le traînèrent par les rues en se dirigeant vers la place; dans le trajet, une main du défunt, encore recouverte de son gant, s'étant détachée, ils la jetèrent dans le magasin des demoiselles Lessieux, maison occupée ensuite par M. Ricq, au coin de la place et de la rue Tavelle.

Les restes de Mgr de St-Albin furent encore plus outragés : laissés gisants pendant un mois sur la voie publique, ils servaient de jouets à tous les bandits qui passaient.

La réputation des fédérés les avait précédés dans notre ville ; on savait d'avance que c'était une horde composée des démocrates les plus avancés, qui s'était recrutée dans toutes les classes de la capitale, et que plusieurs d'entre eux voyageaient *en bas de soie,* comme de véritables cadets de bonnes familles. On tremblait à la pensée de leur passage; on n'était pas rassuré, même en cachant les objets qui auraient pu offenser leurs regards républicains. Ma pauvre grand'mère pleura en se voyant obligée de brûler, par précaution, le congé de son mari, qu'elle gardait comme une relique, mais dont il fallait se défaire parce qu'il portait des fleurs de lys.

C'était pour le même motif qu'elle avait fait coudre, sous la doublure de son corset, toutes ses pièces de six francs qu'elle n'avait pu se résoudre à échanger contre des assignats; mais elle dut avoir recours à un autre stratagème, sur l'observation qui lui fut faite qu'en entrant chez elle, les fédérés pourraient bien lui frapper sur l'épaule, soupçonner par là la fraude, et exiger l'examen de cette étrange cotte-d'arme. On ne s'était guère trompé, car deux de ces volontaires, en entrant avec leur billet de logement, la saisirent par le bras en lui demandant leur chambre. Sur sa réponse qu'elle était veuve, qu'elle ne pouvait loger *ces Messieurs*, mais qu'elle allait les conduire dans une bonne auberge, elle reçut une rude bourrade pour s'être servie d'une expression aristocratique. Elle trouva son excuse auprès des *citoyens*, dans son grand âge, dans son ignorance des affaires politiques et surtout dans l'empire d'une longue habitude, qui la faisait encore retomber parfois dans l'emploi de termes impropres.

Ces anecdotes, insignifiantes par elles-mêmes, disent cependant beaucoup mieux qu'un long exposé jusqu'où allait le règne de la terreur, déjà en ce moment.

LOGEMENTS MILITAIRES. — UN REPRÉSENTANT DU PEUPLE. — DÉNONCIATIONS. — NOUVELLES PRISONS.

La ville se trouve encombrée de troupes, et les logements se succèdent sans interruption, et les bourgeois se plaignent de cette charge qui vient les accabler avec tant d'autres : on envoie 10 à 12 soldats dans la même maison. D'un autre côté, les couturières, les boulangers, les charpentiers, les serruriers et la plupart de nos artisans sont mis en réquisition.

On s'empare des cuirs et de bien d'autres marchandises; ceux qui ont des chevaux sont obligés de les céder; on multiplie les visites domiciliaires pour s'emparer de la vieille féraille afin d'en faire de la mitraille, et de tous les ustensiles ou objets de ménage en cuivre pour les convertir en canons; les tentures des églises pour les funérailles et les archives de la métropole servent à faire des cartouches. Un jour les commissaires pénètrent sans crier gare dans les maisons, pour faire une véritable *razzia* de matelas non seulement des émigrés, mais de chaque particulier qui en possède plusieurs. Cela ne s'appelait pas des vols, mais des réquisitions ; seulement les résultats, pour les propriétaires, étaient absolument les mêmes.

A mesure qu'on avance dans notre histoire locale, pendant ces mauvais jours, le tableau de notre situation s'assombrit davantage. Le premier représentant du peuple qui vient s'installer dans nos murs, c'est un nommé Laurent. Il commence tout d'abord par demander des dénonciations : tous les gens sans aveu acceptent cet honnête métier comme une bonne fortune, et l'on ne sait que trop avec quelle ardeur ils se mirent à l'œuvre; les agents du pouvoir ne suffisent pas pour enregistrer leurs délations. La fameuse loi des *suspects* est mise en vigueur; sont déclarés tels, les parents, les amis, les domestiques des émigrés, des nobles et des prêtres, les anciens employés des paroisses et des monastères, tous les individus enfin qui ont eu le malheur de déplaire à quelque délateur, ou qui n'ont rien fait jusque là...... en faveur de la république : un bon sixième de la population se voit tout à coup condamné à une détention préventive. Plusieurs couvents deviennent des succursales de la prison.

LES GENS DU PEUPLE SONT ARRÊTÉS COMME LES RICHES. — DÉPORTÉS A COMPIÈGNE.

N'oublions pas de noter ici qu'avec ces riches qu'on incarcérait, il se trouvait, en plus grand nombre peut-être, bien des enfants du peuple, de ce même peuple qu'on avait d'abord flatté en lui disant que c'était en sa faveur que se faisait la révolution; mensonge et déception amère ! Nos despotes ne laisseront pas pour cela de répéter la même chose plus tard, comme nous aurons l'occasion de le constater.

Le plus grand nombre de ces prisonniers fut conduit en différents convois dans les prisons de Compiègne. Les uns étaient attachés derrière des charrettes sur lesquelles on avait placé les personnes les plus faibles; les autres, qui avaient de la fortune, avaient la faculté de se faire conduire en voitures particulières. Leur sort devait leur paraître bien triste, et il l'était en effet. Cependant, si plusieurs d'entre eux eussent pu porter leurs regards dans l'avenir, ils auraient certainement accepté cette mesure comme un bienfait, puisqu'elle les éloignait d'un théâtre, où ils auraient rencontré une mort funeste après d'horribles angoisses. Au sortir des maisons d'arrêt, et jusque sur la route, ils étaient assaillis par des projectiles de toute espèce que leur lançait la populace en les poursuivant de ses huées et de ses imprécations.

Douze cents francs sont payés aux nommés Noël Motte et Claro, loueurs de voitures, mis en réquisition pour transports de suspects à Compiègne, et il est arrêté qu'à l'avenir, toutes personnes, dans le cas de la déportation, qui désireront se faire transporter en voitures, seront tenues d'en faire les frais.

Rappelons quelques-unes de ces malheureuses victimes de la persécution, dont nous avons pu recueillir les noms : THÉRY-GOUY ; la dame FAUVEL et sa famille ; *Charles-François* DUFENIL, médecin des pauvres ; CAUDRON, père de l'avoué, mort depuis quelques années ; l'abbé MABILLE ;

les sœurs DOUTARD, couturières; *Benoît* ANDRÉ; DENAIN, tanneur; *François* JENTY; WIBALLE, mulquinier; *Jean-Baptiste* BUZIN, ancien employé aux vivres; *Jean-François* CASTERMANN, mercier; *Emmanuel* LUSSIEZ, marchand de fer; *Louis* DUMOUTIER, épicier; la dame STACK; *Alexandre* DOUAI, ancien maire; RAPPALIER l'aîné, négociant sur la place; *François* OLLERY, garde magasin; SMETZ; MALLET, avocat; *Louis* FENIN; *Clémentine* GOUY; la femme MUSSAULT; PODEVIN; DELINQUIN, tanneur; HARDUIN-LEFÈVRE, avocat; DESCAMPS, neveu; Les COUPIGNY; *Jeanne Chrétienne* de THIEFFERIES, religieuse ursuline, tante de l'honorable M. Louis de Thiefferies, chevalier de St-Louis; BOULANGER, marchand de vin; *Madeleine* JAMIN, veuve VIALAQUE avec sa fille *Albertine-Agnès*. Plusieurs bourgeois et ouvriers, soupçonnés d'attachement à la Religion, firent partie du même convoi qui transportait à la fois vingt-deux religieuses du couvent des Anglaises avec leurs cinq sœurs converses. *Christophe* DOUAI et de HENNIN, furent emmenés avec ROUSSEAU, employé de l'abbaye de St-Aubert; PÉRARD, maître tailleur; LEMAIRE, parfumeur; DÉROROIR, accusé d'avoir fait plusieurs voyages pour porter de l'argent aux émigrés; MACAREZ, garçon tailleur, dénoncé à plusieurs reprises, pour avoir servi la messe à la paroisse Ste-Elisabeth. La femme de ce dernier, tenant son plus jeune enfant par la main, alla trouver le général Chapuy pour le prier d'obtenir que son mari fût ou jugé enfin, ou élargi s'il était innocent; elle lui montra combien ce père était nécessaire à sa famille, pendant que l'enfant de treize ans fondait en larmes.« Mais citoyenne, lui dit Chapuy, ton mari est accusé d'aimer les prêtres. — Sans doute, réplique la mère, mais il gagnait la vie avec eux. — J'irai ce soir à la commune, répond le général, et nous verrons. »

Un mois après, Macarez fut ramené à Cambrai avec quelques-uns de ses compagnons d'infortune. Il eut bien de la peine à s'y maintenir, et il fallut faire de nombreuses démarches afin d'obtenir qu'il ne fût point expulsé comme *bouche inutile*. Bon nombre de nos concitoyens, parmi lesquels on comptait bien des pères, dont le travail était nécessaire à leurs enfants, furent bannis sous ce ridicule prétexte. C'était la peine qui tenait le milieu entre la mort et la prison. Ceux qui se trouvaient sous le poids de cette condamnation devaient quitter la ville dans les vingt-quatre heures, à péril d'être arrêtés et conduits à leurs frais, au château de Ham.

Cependant tous les déportés ne purent échapper à la mort ; plusieurs subirent le sort du malheureux Couvez, avocat, demeurant rue des Lombards. Il avait émigré, il fut surpris dans les environs de Bouchain et jeté en prison comme soupçonné de s'être livré à la recherche des Autrichiens. Le club brûlait d'en finir avec lui, et le demandait avec des cris d'impatience sous prétexte de le libérer, s'il était innocent. La commune, qui n'aimait pas les exécutions sous ses yeux, envoya le pauvre avocat à Paris, et quelques jours après les journaux nous apprenaient qu'il avait été jugé et exécuté *révolutionnairement*.

De Hennin, d'une famille si connue dans le pays et dont les ancêtres figurent si souvent parmi les bienfaiteurs des pauvres, avait aussi été envoyé dans les prisons de Paris, mais il échappa à la mort d'une manière toute providentielle. Le geôlier se trouvait atteint d'un mal réputé incurable; de Hennin lui donna ses soins et parvint à le guérir.

Le malade reconnaissant, changea le nom de son bienfaiteur en celui d'un certain *Duchemin*, exécuté depuis quelque temps; lorsqu'on appela le prisonnier pour paraître au tribunal, «*son affaire est faite,* répondit le geôlier. » Le 9 thermidor, de Hennin se trouva libre avec les autres détenus ; vingt-trois d'entre eux furent imposés pour une somme totale de 60,000 francs afin de leur faire payer les frais de leur emprisonnement.

ARRESTATIONS. — NOUVEAUX REPRÉSENTANTS.

Pour constater toutes les arrestations qui se firent à cette époque, il faudrait lire, jour par jour, les actes du conseil municipal; ceux qui y pensent le moins, sont atteints par cette mesure; les prêtres constitutionnels, et de francs républicains eux-mêmes la subiront sur la déposition du premier bandit venu qui se trouve soutenu par le club. La nouvelle espèce de potentats débraillés qui trônent dans cet antre exerce un pouvoir dictatorial sur l'autorité dont tous les membres sont sous sa haute surveillance; toutes les victimes, que désigne cette redoutable faction, lui seront abandonnées.

A Laurent, vont succéder d'autres représentants du peuple qui se signaleront plus ou moins par leur despotisme et par leur haine révolutionnaire contre tout ce qui est bien. C'est le nommé Lespomarède, qui se dit commissaire du pouvoir exécutif, et qui déchaîne sa rage contre tout ce qui peut encore rappeler le christianisme parmi nous. Ce sont les représentants Delbrel, Letourneur et

Colombel qui, sous l'influence et à l'instigation des clubistes, bouleversent le conseil municipal, y font entrer de leur chef de nouveaux membres, après en avoir chassé ceux que le peuple avait élus. Ils se moquaient bien de l'élection du peuple, ces prétendus défenseurs de ses droits.

LES REPRÉSENTANTS DÉSERTENT A L'APPROCHE DU DANGER. — LES ARBRES SONT ABATTUS. — LES MAISONS DU FAUBOURG SONT DÉTRUITES.

Environ une heure après cet exploit, nos trois intrépides tribuns désertent furtivement la ville, qu'on vient de mettre en état de siége à l'approche de l'ennemi, qui la cerne de près. Leur exemple est suivi par des commissaires de guerre, des agents militaires, des fonctionnaires de toute espèce. Cette lâche conduite soulève une indignation générale ; l'autorité se contente d'en exprimer son *regret* et d'en gémir *avec amertume*. Elle décide cependant ensuite qu'il sera fait à la convention un véhément exposé de ses griefs contre ces patriotes en chef qui désertent le poste à l'approche du danger.

Cette menace d'invasion qui nous venait des Autrichiens ne nous prenait pas à l'improviste.

Depuis longtemps, les environs de Valenciennes étaient occupés par l'ennemi, qui poussait ses reconnaissances jusqu'à Bouchain et ses alentours.

On s'attendait donc à leur visite, et déjà, à propos des réquisitions, nous avons dit avec quelle ardeur on s'était occupé des travaux à exécuter à nos fortifications. Afin d'éclairer les abords de la place, en ne laissant aucun abri aux assaillants en cas d'attaque, les arbres des promenades extérieures avaient été coupés à plusieurs reprises, surtout le long de la rivière, à la porte de Selles et jusqu'au pont Rouge. Le génie avait fréquemment exigé que les maisons des faubourgs, qui n'étaient pas à quinze cents mètres des remparts, fussent abattues.

Cette mesure désastreuse une fois adoptée, pour la mettre à exécution sur le champ, une bande de démolisseurs convoquée à cet effet, partit de l'hôtel-de-ville, et l'œuvre de destruction fut promptement achevée. C'était de l'humanité républicaine : on voulait sans doute épargner aux malheureux propriétaires la peine et la douleur de se voir condamnés à consommer leur ruine de leurs propres mains.

Tout ce luxe de précautions fut inutile et en pure perte; les Autrichiens n'approchèrent pas des faubourgs de la ville.

SORTIES MALHEUREUSES.

A différentes époques on avait tenté des sorties contre l'ennemi qui occupait les environs. Mais elles n'eurent que des résultats désastreux malgré la bravoure des soldats et l'intrépidité des gardes nationaux. Il ne faut pas s'en étonner; ils avaient pour les commander des hommes d'une incapacité notoire : c'étaient des généraux qu'on avait élevés à ce grade éminent, en consultant non leurs talens militaires, mais leurs principes de la plus aveugle démagogie; savants dans l'art de soulever les passions populaires pour fomenter le désordre, ils ignoraient complètement la stratégie. L'insuccès de la première sortie avait été prévu et prédit par des officiers expérimentés qui connaissaient l'impéritie du général Desclayes, sous les ordres duquel ils allaient marcher. Un jeune capitaine du régiment de Foy, sur le point de se marier à Cambrai, fit ses adieux en assurant qu'on ne le verrait plus. Son pronostic n'était que trop exact.

Le commandant du même régiment, M. Bocquet, arrivé dans la plaine d'Avesnes-le-Sec, où l'affaire allait avoir lieu, s'opposait énergiquement à faire descendre l'artillerie dans les bas fonds, où elle ne pourrait manœuvrer.

Le général, entêté comme les ignorants orgueilleux, ne voulut tenir aucun compte de cette sage opposition. Malgré le désavantage évident de leur position, nos canonniers cambresiens, après s'être battus comme des lions, se firent hâcher sur leurs pièces, et la plupart de ceux qui rentrèrent dans la ville moururent chez eux des suites de leurs blessures.

Cet engagement finit par une retraite en désordre sur Bouchain. Ce petit corps d'armée se composait des régiments de Foy, des hussards noirs, formés à Cambrai et qui avaient soulevé l'indignation générale en se livrant, à la faveur de l'indiscipline qui régnait alors, au pillage et à toute espèce de vexations. On les appelait aussi les hussards de la mort, parce qu'ils portaient sur leurs shakos, une tête et deux os de mort en sautoir. Ils étaient accompagnés de ces célèbres volontaires *fédérés*, dont nous avons raconté les prouesses, et enfin du 104e de ligne qui portait encore l'ancien uniforme, ce qui servait de palladium à ses soldats quand ils étaient faits prisonniers. Ils ne profitèrent guère de ce bénéfice dans cette occasion, car ils furent presque tous taillés en pièce. Un de leurs capitaines, échappé au carnage, rentra fou dans son logement; mes parents, qui étaient ses voisins, l'entendaient la nuit se promenant à pas précipités dans sa chambre et s'écriant sans cesse : *Où sont donc mes enfants ? Qu'ont-ils fait de mes pauvres soldats ?* On conçoit cet excessif attachement d'un vieil officier pour les hommes de sa compagnie, au milieu desquels il s'était habitué à vivre, depuis longtemps, comme un père de famille au milieu de ses enfants.

Ce régiment fut tellement anéanti qu'on ne songea même pas à reformer ses cadres avec les éléments qui pouvaient rester. Mon père, qui en faisait partie, fut complètement oublié. Ce qui lui sauva la vie, c'est qu'il se trouvait alors détaché comme ancien poudrier pour travailler à la salpétrière, rue Cantimpré.

Trois jours après cet échec, le général Desclayes est cité à la barre, en présence de toutes les autorités et des citoyens Royer et Bonhommet, commissaires du comité de salut public de la convention nationale, arrivés pour prendre des renseignements sur la triste issue de cette expédition.

Desclayes essaya vainement de se justifier. *Tu n'es pas un traître*, lui dit un commissaire, mais tu es un lâche. *En pareil cas on se fait tuer.* Le peuple répondit par des bravos en criant : *à la lanterne ! à la guillotine, le traître !* O inconstance du cœur humain, devait dire en lui-même le malheureux général, en entendant les hurlements de ce peuple qui, quelques jours auparavant, le portait en triomphe comme l'un des plus ardents énergumènes qui siégeaient au club.

Plus tard, deux autres sorties successives ne furent pas plus heureuses. C'était le général Chapuy qui commandait l'expédition, composée de nouvelles troupes, parmi lesquelles on distinguait les hussards d'Esterazi, et un régiment de carabiniers, le plus beau de France. La rencontre avec l'ennemi eut lieu dans les environs du Câteau. Le choc fut terrible; les Autrichiens le soutinrent vigoureusement en attendant toutes leurs forces parties d'un camp assis près de Solesmes.

Après un combat acharné contre des adversaires supérieurs en nombre, nos colonnes plièrent et on les vit rentrer décimées et harrassées de fatigue.

Cependant elles retournèrent le lendemain à la charge avec de nouveaux renforts. Elles furent reçues à une lieue du Câteau par les Autrichiens, soutenus cette fois par les Anglais et les Hongrois. Cette bataille fut plus sanglante encore que la précédente; Chapuy disparut; il fut, dit-on, fait prisonnier et faillit être écharpé par les habitants du

Câteau, qui n'étaient pas carmagnoles. Ce furent des officiers autrichiens qui le protégèrent. Obligés de céder encore dans cette rencontre, nos hommes néanmoins rentrèrent avec quelques prisonniers qu'ils avaient faits.

NOUVEAUX HOPITAUX. — LES RÉPUBLICAINS CALOMNIENT LES ARISTOCRATES POUR EXCUSER LEURS DÉFAITES.

Tous ces désastres, l'agglomération d'une multitude de soldats dans nos murs augmentée de blessés évacués de Valenciennes, contribuèrent prodigieusement à multiplier les maladies, et il fallut songer à ouvrir de nouveaux hôpitaux. A St-Jean, devenu l'*hospice de la Montagne*, à St-Julien, *hospice de Mars*, on ajouta l'abbaye de St-Sépulcre, appelée *hospice de l'humanité*, et l'abbaye de Prémy, *l'hospice des valeureux*. Le fanatisme révolutionnaire allait si loin qu'il ne permettait même pas qu'un nom de saint, qu'un mot rappelant une idée religieuse, vint retentir aux oreilles des mourants.

Nous avons dit à qui la cause de nos défaites était attribuée dans la pensée de l'autorité, des commissaires de la Convention, du peuple lui-même, et de certains officiers à qui l'expérience avait fait prévoir tout ce qui est arrivé.

Mais les seïdes du club, pour dissiper leur mauvaise humeur et attiser toujours davantage la haine contre les aristocrates, trouvèrent plaisant de faire retomber sur ceux-ci nos échecs. Ils les accusèrent d'avoir averti l'ennemi du mouvement de nos troupes, en faisant partir de leurs cheminées des pièces d'artifices invisibles dans la ville et visibles dans le camp des Autrichiens. Cette fable absurde, qui n'aurait pas trouvé place dans les contes des mille et une nuit, rencontra pourtant certains béats qui y crurent sérieusement.

Ce qu'il y a d'évident, c'est que l'ennemi était toujours sur le *qui vive,* et que les bandits qui pullulaient alors, auraient pu, en cherchant bien, trouver dans leurs repaires des espions et des êtres capables de vendre leur pays. Ne les vit on pas, comme en Vendée, propager les désastres pour perpétuer leur règne.

DUMOURIEZ.

Cette réflexion nous amène à parler ici de la trahison du général Dumouriez, qui passa à l'ennemi avec le jeune prince, fils de Philippe *Egalité*, qui fut de nos jours, Louis-Philippe. Cette conduite de Dumouriez fit grand bruit à Cambrai d'où il était originaire. Sa maison de naissance, qu'on proposait de raser dans le moment de l'exaspération, est celle que l'on voit encore aujourd'hui sous le n° 24, dans la rue du Petit-Séminaire, autrefois rue *S'cache-Beuvons* (1).

Ainsi Cambrai a donné le jour à deux célébrités...... deux favoris de la faction d'*Orléans*, Dumouriez et Santerre, brasseur, appelé pour cette raison le général *Mousseux*. La maison de ce dernier était celle où vient de mourir madame Achin, rue de la Herse.

Mais, revenons à Dumouriez. Après la victoire de Jemmapes, on avait solennellement planté, aux portes de la ville, des poteaux sur lesquels étaient affichée en gros caractères cette inscription : *Cambrai s'honore d'avoir vu naître dans son sein l'illustre Dumouriez.* Après avoir appris sa désertion, on se rendit avec le même cérémonial devant lesdits poteaux. On lacéra en présence du peuple la première affiche pour la remplacer par

---

(1) Ce nom de rue assez bizarre a besoin d'une petite explication. Il y avait, dans ce quartier, différentes écoles. Aux jours de congé, les élèves allaient boire en *cachette* dans certains cabarets établis dans cette rue, d'où le nom *S'cache-Beuvons* ou cachons-nous pour boire.

celle-ci: *La commune de Cambrai frémit d'avoir vu naître dans son sein l'infâme Dumouriez : passant, partage son horreur.....Tyrans, tremblez !* Cette légende, à son tour, aurait dû céder la place d'honneur à la première, si Dumouriez, après 1830, avait pu reparaître avec Louis-Philippe; à l'époque dont nous venons de parler on était encore sous l'impression produite par l'assassinat de Louis XVI.

LE 21 JANVIER.

Le régicide du 21 janvier 1793, dont l'histoire générale nous déroule les épouvantables conséquences, avait plongé notre ville dans une stupeur universelle. Ce jour là les portes et les fenêtres de la plupart des maisons étaient restées fermées, les rues étaient désertes; un silence de mort régnait dans la cité. Par intervalle cependant, quelques cris sauvages, hurlés par de forcenés démagogues, venaient faire tressaillir les habitants consternés, puis le silence reprenait son règne, et chacun saisi d'horreur attendait avec effroi les vociférations qui devaient de nouveau le troubler. On ne sortait de chez soi que pour les besoins les plus urgents ; on passait précipitamment sans parler, sans s'arrêter même avec ses plus intimes amis. On aurait dit une ville envahie par la peste et dont l'enceinte n'est plus qu'un vaste tombeau. Ces impressions sinistres, cette terreur indéfinissable, ces appréhensions vagues pour un avenir qu'on n'osait envisager, accompagnaient partout les hommes réfléchis qui constataient la marche des événements. Continuons de la constater avec eux.

LE MAXIMUM.

La Révolution, après avoir sapé jusque dans leurs fondements les deux grands corps de l'Etat, le clergé et la noblesse, dont elle ne voulait que redresser les torts, selon le jargon de l'époque, la Révolution, après avoir déjà fort ébrêché la fortune bourgeoise, après avoir rendu plus précaire l'état de l'ouvrier et la position du pauvre, la Révolution, disons-nous, préparait une nouvelle calamité, inconnue jusqu'alors, non-seulement en France, mais dans l'Europe entière; une calamité qui devait consommer la ruine d'une classe intéressante de la société. Après avoir fait quelque temps mystère de son projet, la République proclame inopinément la loi du *maximum*, c'est-à-dire une loi qui fixe le prix qu'on ne peut dépasser dans la vente des denrées et des marchandises. Aussitôt une nuée d'agents révolutionnaires s'abat sur les commerçants; tout ce qu'ils vendent est taxé à un prix qui n'équivaut pas à la moitié, au tiers de la valeur réelle. Cette invasion de nouveaux contrôleurs est bientôt suivie de l'invasion de toute la canaille prévenue de la mesure; elle se présente avec audace dans les magasins, se fait servir tout ce qui est à sa convenance, et sort quelquefois en oubliant de payer ses emplètes.

Ce n'est plus le tiers état avec la noblesse, ce sont les fainéants avec la bourgeoisie laborieuse que la Révolution vient de mettre aux prises.

Combien n'avons-nous point connu de ces anciennes familles de marchands, dont la probité héréditaire honorait le commerce depuis des siècles, et que cette mesure inique a plongées en un instant dans l'infortune? Car, non-seulement ils étaient forcés de vendre à vils prix, mais encore il ne leur était pas permis de fermer leurs magasins.

L'anéantissement du commerce était admis en principe; on avait créé un nouveau mot pour créer un nouveau crime; le *négociantisme*, selon les démagogues, était pire que le *royalisme*. Robespierre n'avait-il pas dit: « Il faut substituer aux qualités de *noble, négociant, manufacturier, artiste, honnête*, qui divisent les peuples en des castes privées, le nom vraiment indépendant de *sans-culotte* qui, n'attachant à rien, dispose à tout tenter, à tout entreprendre, sans craindre et sans rougir. Il faut enfin amener la nation à se faire un titre d'honneur, une sûreté de ce nom. »

« Une justice doit être rendue à Carrier, écrivait un autre, c'est qu'il a, dans un temps, écrasé le *négociantisme*, tonné avec force contre l'esprit mercantile, aristocratique et fédéraliste. »

« Républicains, s'écriait un troisième, pourquoi vous accuse-t-on ? Est-ce parce que, en 1793, vous avez combattu de front, les armes à la main, la foudre à vos côtés, cette classe d'êtres monstrueux, vampires de la société, sangsues de tous les peuples, êtres vils et méprisables que l'on nomme NÉGOCIANTS ? Est-ce parce que vous les avez terrassés, à diverses reprises, et que les ondes ensanglantées du Rhône ont charié leurs cadavres empestiférés ?.. Les artisans du grand œuvre savaient bien qu'ils ruineraient la France, les arts, les manufactures, mais qu'importe la misère, la perte même d'une génération qui existe, lorsqu'il s'agit d'un grand changement dans l'ordre général des choses !.. »

Quelle doctrine !!! et nous l'entendions encore

prêcher naguère par des hommes qui occupent une position importante dans notre société; ils reprenaient en sous œuvre ce vaste plan de régénération; ils avançaient froidement que pour préparer à la France un avenir tel qu'ils le conçoivent, ce ne serait pas trop de cinquante ans employés à amonceler des ruines et à répandre le sang.

Enfin, en ce temps là, les trop dociles esclaves de nos pédagogues délirants s'en allaient partout répétant dans leurs accès de fureur : « *Il faut tuer l'aristocratie mercantile*, comme on a tué celle des prêtres et des nobles ; il faut qu'un comité de subsistance et de marchandises, créé dans chaque commune, soit seul admis à faire le commerce. »

Que pensent de ce plan, de ces larges idées certains de nos industriels qui se montrent encore aujourd'hui partisans de la révolution et admirateurs de ses coriphées. Ils connaissent maintenant leur intention; les tyrans ne voulaient l'extinction des richesses et la ruine du commerce que pour réaliser leur chimère, c'est-à-dire le *nivellement* et la *sans-culotisation*, selon leur propre expression.

NOUVEAU CALENDRIER. — LE DIMANCHE EST SUPPRIMÉ.

Les misérables voulaient refaire le chaos, et

anéantir pour cela tout ce qui avait existé jusqu'alors. A cet effet, vers la même époque, le 5 octobre 1793, un décret abolit le calendrier grégorien, et substitua à l'ère chrétienne, l'ère républicaine.

L'année, les mois et les semaines furent bouleversés et changèrent de dénominations. L'année républicaine commençait dans le courant de septembre; les mois se nommaient: *Vendemiaire, Brumaire, Frimaire, Nivose, Pluviose, Ventose, Germinal, Floréal, Prairial, Messidor, Thermidor, Fructidor.*

La semaine s'appelait Décade, et se composait de dix jours qui étaient: Primidi, Duodi, Tridi, Quartidi, Quintidi, Sextidi, Septidi, Octidi, Nonini, Décadi.

Afin de s'habituer à cette transformation, le peuple, libre enfin, est obligé d'oublier le dimanche; malheur à l'ouvrier qui, le jour correspondant à celui-là, sera rencontré avec ses habits de fête, et surtout ne travaillant pas ; malheur à celui qui semblerait se rappeler que tel jour était la fête de Pâques; mais avant tout, malheur à qui n'aurait pas observé scrupuleusement *le grand Décadi* ; la loi des suspects était là suspendue sur la tête des profanateurs.

Les noms des légumes de nos jardins prirent un

instant la place des saints du martyrologe; puis bientôt après on affecta de donner aux enfants les noms célèbres de la république romaine, tant on trouvait d'analogie entre ce vieux gouvernement et le nôtre. En cherchant bien, on aurait pu trouver aussi une certaine analogie entre la foule d'alors et les anciens adorateurs du *crocodile;* en effet, combien de gens de cette époque qui s'inclinaient, par peur, et brûlaient leur encens devant des êtres qu'ils ne respectaient pas mais dont ils redoutaient la fureur.

Lorsque nos modernes *Nostradamus* devaient indiquer une date antérieure à leur œuvre, ils avaient soin d'ajouter entre parenthèses (*vieux style*) ou mieux encore (*style esclave*). Lorsque, pour être compris, en parlant de certaines villes, rues ou places publiques, ils se trouvaient obligés d'écrire le mot *saint*, ils demandaient humblement au lecteur pardon du terme.

La Convention avait même été jusqu'à décréter la division du jour en *décimales*, la mesure était prise, et les combinaisons arrêtées à cet effet; cette méthode toutefois ne devait être obligatoire que quand on aurait décimalisé les horloges publiques ; nous ne savons pas si ce travail fut tenté ailleurs, mais à Cambrai, Martin et Martine, quoique travestis en *sans-culottes*, continuèrent à nous mesurer des journées de vingt-quatre heures.

NOS RUES CHANGENT DE NOMS.

Les noms de la plupart de nos rues et de nos places publiques rappelaient une idée religieuse, une paroisse ou un monument de charité; une telle anomalie ne pouvait subsister avec le paganisme triomphant. Après avoir renversé les édifices, il fallait effacer les noms et leur en substituer d'autres plus en harmonie avec les goûts dominants, au risque de brusquer de vieilles habitudes dont le peuple ne pouvait se défaire.

Cette nomenclature seule est une étude de mœurs, et l'expression brève, mais énergique des sentiments qui animaient les partisans du régime nouveau, elle a été publiée dans certains ouvrages; nous ne pouvons nous empêcher de la reproduire comme une curiosité. Dix-huit rues ne figurent point sur cette liste; c'est que leurs noms purent être conservés sans scrupule.

Noms anciens.	Noms nouveaux.
Rues de l'Epine en pied	Rues des Amants.
— des Soupirs	— des Amis.
— des Anges	— de l'Amitié.

Noms anciens.	Noms nouveaux.
Petite rue Aubenche........	Rues de l'Amour Filial.
Rues de la Magdeleine......	— de l'Angle.
— de l'Arbre d'Or.........	— de l'Arbre de la liberté.
— des Waranges..........	— d'Aristide.
— des Lombards..........	— de la Bienfaisance.
— de la Neuve Tour.......	— du Bon Air.
— des Larmes............	— du Bonheur.
— des Linguières.........	— de la Bonne Foi.
— du Chapeau Bordé......	— du Bonnet Rouge.
— de St-Géry............	— des Braves Lillois.
— des Blancs-Linceuls.....	— de Brutus.
— de Ste-Barbe...........	— de la Carmagnole.
— du Four Chapitre.......	— de Caton.
— de St Vaast............	— de Chalier.
Place Ste-Croix............	Cimetière du Fanatisme.
Rue de l'Ecu de France.....	Rue de la Cocarde Nationale
Rang de la Cloche...........	Rang du Commerce.
Rues de Fervaque..........	Rues de la Confiance.
— Vaucelette et Sœurs de Charité	— de la Constitution.
Rang de la Croix à Potiers..	Rang du Contrat National.
Rues de Tilvasson.........	Rues de Corneille.
— de St-Pol.............	— du Courage.
Cour Capoix...............	Cour patriotique.
Rues des Ratelots..........	Rues de la Démocratie.
— des Cygnes...........	— Déprêtrisée.
— St-Firmin............	— du Drapeau Tricolore.
— St-Adrien	— des Droits de l'Homme.

Noms anciens.	Noms nouveaux.
Rue du Chapeau Vert	Rue de l'Echarque.
Rang des Ecoles Chrétiennes.	Rang de l'Ecole Nationale.
Rues du Grand Séminaire	— de l'Education
— de Cantimpré	— de l'Egalité.
— d'Inchy	— d'Emile.
— du Calvaire	— des Epoux.
— de St-Lazare	— de l'Esprit des Lois.
— des Clefs	— du Faisseau National..
— de Ste-Anne	— de Fénelon.
— de la Prison	— de la Force
— des Feutriers	— de la Franchise.
— des Candillons	— de Franklin.
— de Selles	— de la Fraternité.
— de l'Arbre à Poires	— de la Frugalité.
— de St Jean	— de la Gaité.
— de l'Ange	— du Génie Français.
Rang du Puits à Chaînes	Rang du Glaive.
Impasse aux Nattes	Impasse Guillaume Tell.
Rues de St-Julien	Rues de l'Humanité.
— Ste-Elisabeth près l'hospice	— de l'Hospice.
Rang de la Croix au Pain	Rang de l'Industrie.
Rues Ste-Elisabeth près St-Firmin	Rues de l'Insurrection.
— des Croisettes	— des Jacobins.
— du Temple	— Jean-Jacques Rousseau.
— des Trois Pigeons	— de la Justice.
— des Capucins	— Lepelletier.
Place St-Nicolas	Place de la Liberté.

Noms anciens.	Noms nouveaux.
Rues de St-Sépulcre	Rues de la Liberté.
— de Ste-Agnès	— de Lucrèce.
Rang derrière St-Jean	Rang de Lycurgue.
Rues des Blanches Nappes	Rues de Mably.
— de St-Fiacre	— de Marat.
— Tavelle	— de la Mercerie.
— des Vaches	— des Mères Nourrices.
Rang du Lion d'Or	Rang du Midi.
Rues des Capucins (un bout)	Rues de Mirabeau.
— de l'Archevêché	— de la Mître Renversée.
— du Petit Séminaire	— de Molière.
— de la porte Notre-Dame	— de la Montagne.
— de St-Aubert	— Montesquieu.
— de St-Nicolas	— de Mucius Scévola.
— des Fromages	— du Négoce.
— de l'Epée	— du Niveau.
Rang aux Poulets	Rang du Nord.
Rues des Pochonets	Rues de la Paix.
— de la Vierge Marie	— de la Paternité.
Place du Coupe-Oreille	Place du Patriotisme.
Rues des Juifs	Rues de la Philosophie.
— de St-Jérôme	— de la Pique.
Petite rue St Georges	— de la Prudence.
Rue des Anglaises	— Purifiée.
Petit Prémy	Quartier Civique.
Places N-Dame en face St-Aubert	Places de la Raison.
— des Ruines de N.-Dame.	— de la Régénération

Noms anciens.	Noms nouveaux.
Rues des Corbeaux	Rues de Régulus.
— des Chanoines	— de la République.
— des Récollets	— de la Révolution.
Rang de Rome	Rang des Romains.
Rues des Sottes	Rues de la Sagesse.
— des Carmes	— des Sans-Culottes.
Grande et petite rue aux Chevaux.	— du Secours.
Rues Neuve	— de la Sobriété
— de la Caille	— de Socrate.
Rangs derrière St-Jacques	Rangs de Solon.
— de Ste-Barbe	— des Spartiates.
Rues du Quartier de Cavalerie.	Rues de Thionville.
— de St-Martin	— du Tocsin.
— aux Dés	— du Travail.
— de la Clochette	— de la Trompette.
Petite rue St-Martin	— de l'Union.
Rues Crocul	— de Varennes.
— des Miracles	— de la Vérité.
— des Bellottes	— de la Vertu.
Grande rue Aubenche	— des Vieillards.
Rue de St-Georges	— de Voltaire.
Fond de St-Georges	Impasse Voltaire.
Faubourgs de St-Sépulcre	Faubourgs de la Charrue.
— de St-Druon	— de la Herse.
— de St-Ladre	— de la Serpe.
— St-Roch	— de la Bêche

C'est ainsi que nos rues se trouvent un beau jour républicanisées, après avoir été, selon le jargon d'alors, *défanatisées*.

Les quatre sections de la ville, jusqu'alors désignées par les lettres alphabétiques, A, B, C, D, seront désormais appelées : 1º section de la Montagne; 2º section de Brutus; 3º section de Chalier, 4º section Dubois.

LES AUTO-DA-FÉ.

Puisqu'on répudie tout le passé, il faut surtout anéantir les objets qui le rappellent. Les autorités réunies au pied de l'arbre de la liberté, on livra aux flammes, pour nous servir de l'expression de l'arrêté, « *tous les hochets représentatifs de l'envahissante tyrannie*, tandis que *le peuple danse à la ronde et chante des hymnes brûlantes de patriotisme*, » et se rend ensuite au bal. Ces auto-da-fé se renouvelèrent plusieurs fois. Nos prétendus amis du progrès et des lumières entassaient sur des charrettes des bibliothèques entières, des boiseries, des peintures précieuses, des objets d'art de tout genre, des ornements sacrés, etc., enlevés chez les prêtres et les laïques, dans les couvents, les églises, les maisons particulières, et les conduisaient sur la

Grand'Place pour alimenter ces feux de joie. Que de richesses artistiques ont été ainsi anéanties par la fureur sauvage et le brutal délire du vandalisme républicain !

LA DÉESSE RAISON. — LES DANSES. — LES DISCOURS PATRIOTIQUES.

Cependant, le peuple faisait de rapides progrès dans sa nouvelle éducation en assistant aux exercices du nouveau culte établi par l'athéïsme. Il est fréquemment assemblé dans ce temple qu'on a conservé pour ce sacrilége usage. Là, au fond du sanctuaire, à la place où l'on exposait jadis le Dieu de toute sainteté, on offre aux regards et à la vénération publique la déesse Raison, divinité de circonstance inventée par des cerveaux en délire. L'emblème qui figurait cette divinité, ce n'était pas une statue de bois ou de pierre, c'était bien une idole vivante, une idole de chair, afin de frapper davantage les imaginations. On avait été la choisir dans ces bouges immondes parmi les infâmes créatures livrées à la prostitution. On nous la montrait encore avec horreur dans notre enfance cette gourgandine, qui fut la déesse Raison ; c'était la trop célèbre *Trésor*.

On voyait, il y a quelques années, cette déesse déchue, portant les honteux stygmates de la débauche, assise sur une borne, au coin de la rue St-Jérôme. Elle était là toute la journée offrant aux passants des bouquets de fleurs et tendant la main pour recevoir leurs aumônes.

Après ces actes de piété républicaine, pour délasser les assistans, sans trop les déranger de place, des chœurs de danse s'organisaient dans le transeps et les chapelles latérales du temple, dont les voûtes étonnées répétaient en cadence les refrains impudiques de ces tourbillons, dans lesquels s'agitaient les hommes et les femmes, les garçons et les filles les plus dissolus.

Avant de se séparer, ils devaient se recueillir un instant, toujours dans le même lieu, pour entendre le résumé des leçons qui devaient les initier aux lumières du siècle. C'était alors que des orateurs bien connus se disputaient, sans rire, l'honneur de discourir philosophiquement, devant cette populace qui ne les comprenait guère, sur tous les sujets de circonstance. Leur grand cheval de bataille, leur péroraison, leur *delenda Cartago*, c'était toujours l'aristocratie qu'ils signalaient à la haine publique, comme la seule cause de tous les maux. Après avoir chassé toutes ces honorables familles qui faisaient vivre les ouvriers et qui soulageaient les pauvres, ils faisaient un crime à ces mêmes familles d'avoir quitté une terre inhospitalière. Tous ceux qui étaient soupçonnés de porter intérêt à ces malheureux proscrits se trouvaient en butte à la même persécution.

ARRESTATION ET EXÉCUTION DE MONSIEUR LALLIER. — LA GUILLOTINE EMPLOYÉE POUR DES MILITAIRES.

Ces réflexions suffisent pour expliquer d'avance le funeste sort de l'honorable M. Lallier, une des premières victimes de la Révolution à Cambrai. Comme il était généralement estimé, nos concitoyens suivirent avec anxiété toutes les péripéties de son arrestation, de son jugement et de son exécution. Longtemps après, les pères racontaient encore à leurs enfants ce tragique événement dans ses moindres détails.

M. Lallier, d'une famille distinguée de notre ville, et père de notre ancien député, demeurait dans la rue de la porte Saint-Sépulcre, à la maison n° 12, aujourd'hui occupée par M. Hanot, marchand de couleurs.

Il était alors secrétaire de la municipalité, et avait été l'homme d'affaires de M. de Leroidville, seigneur de Noyelles, qui se trouvait en émigration. Tout naturellement M. Lallier était soupçonné d'avoir conservé des relations avec lui.

Un traître, un familier peut-être de la maison, puisqu'il paraît si bien informé, puisqu'il se couvre du voile de l'anonyme, dénonce coup sur coup M. Lallier au département, et fait entendre par ses lettres aux commissaires chargés de la perquisition que s'ils ne trouvent rien de suspect, c'est qu'ils sont ou maladroits, ou de connivence avec le prévenu. Cependant, après la seconde visite domiciliaire, avant de se retirer, un des agents, qui connaît sans doute le secret du délateur, fait ouvrir un trumeau qui dissimulait une cachette, dans laquelle on trouve toute une correspondance prouvant que M. Lallier est resté le mandataire d'un émigré, auquel il rend fidèlement compte de sa gestion. C'est un crime irrémissible aux yeux de la Révolution.

A cette découverte, le malheureux accusé semble avoir perdu l'usage de ses membres et de ses facultés, pâle et immobile comme une statue de marbre, il n'entend pas les pressantes sollicitations d'un ami qui l'engage à prendre la fuite ; il aurait pu le faire aisément ; il n'était qu'à quelques pas de la route de Paris, et ses collègues qui l'affectionnaient n'auraient pas songé à l'en empêcher. Dans de telles circonstances les minutes sont précieuses; mais M. Lallier ne pouvait les mettre à profit dans l'état de prostration morale où il se trouvait. Force fut donc aux agents du pouvoir d'exécuter leur terrible mandat en arrêtant le suspect, devenu coupable aux yeux des révolutionnaires, et en le faisant conduire immédiatement sous bonne escorte en prison.

La cause est bientôt informée, le prétendu crime de trahison est patent. En vain, les moyens de défense seront-ils exploités avec talent et énergie; en vain M. Maximilien Farez fera-t-il des prodiges d'éloquence pour arracher son ami d'enfance à la mort. La sentence est prononcée et son exécution ne se fera pas attendre. A cette nouvelle, la ville entière semble plongée dans la consternation et le deuil.

La veille de la Toussaint, le 31 octobre 1793, M. Lallier, accompagné du curé constitutionnel de Saint-Géry, l'abbé Crétigny, est conduit à l'échafaud, vers lequel il avance avec une noble contenance. Le manteau bleu qui couvre le condamné, deviendra la propriété du bourreau. Celui-ci, après avoir accompli son œuvre, saisit la tête sanglante et la montre à la foule en faisant le tour de la plate-forme de l'échafaud.

Au même instant on voit apparaître cinq déserteurs allemands; ce sont des hussards de Bertigny; ils sont assistés par le vicaire de St-Géry, l'abbé Prévost, ancien bénéficier de Ste-Croix. Puisque la guillotine est dressée, on profite de l'occasion, et ces militaires, au lieu d'être fusillés, auront la tête tranchée.

L'abbé Crétigny, rentré chez lui après l'exécution de M. Lallier, donna des signes d'aliénation mentale, et quelques jours après il se brisa le crâne en tombant du haut d'une fenêtre.

Quand une fois le tigre a senti le sang, aucune force ne saurait enchaîner les instincts de son impatiente férocité. La populace sera vite familiarisée avec ces spectacles d'horreur, et bientôt il faudra les multiplier pour assouvir la soif des cannibales.

COMMISSION MILITAIRE. — HUIT CONDAMNATIONS A MORT.

Ce sont des juges venus de Douai qui ont siégé au tribunal de Cambrai, pendant les procès criminels dont nous venons de parler; ils sont remplacés par une commission militaire. Le commandant du quatrième régiment des fédérés, en garnison dans notre ville, préside ce tribunal. C'est un homme animé d'assez bons sentiments et quelque peu enclin à la clémence, mais il sera dépassé par son entourage et par les machinations infernales du club qui n'entend pas qu'on lui enlève ses proies.

Un berger du village de Mastaing comparaît comme accusé d'avoir livré des vivres à l'ennemi; il prétend, dans sa défense, que son troupeau fut enlevé par les Autrichiens, parce qu'il s'était trop avancé dans la campagne. Ce qui pouvait être vrai. Il est condamné à avoir la tête tranchée. Il se nommait, je crois, Dessein Raimond.

La même peine est prononcée contre deux fermiers de Lieu-St-Amand, Mathias COLMONT, et Augustin BARBET, parce qu'ils étaient considérés comme espions. Le moment de leur exécution est accompagné d'un sinistre qui vient ajouter l'horreur à l'horreur. Tout-à-coup une détonation épouvantable se fait entendre, c'est le magasin à poudre de la citadelle qui vient de sauter ; aussitôt la cloche d'alarme annonce un incendie, conséquence de cette catastrophe, on bat la générale, et les patients, au milieu du bouleversement et de la confusion, montent les degrés de l'échafaud.

Leur compagnon, Marcel BLIN, arrêté sous la même prévention, échappa heureusement à la guillotine ; il avait trouvé moyen de s'évader en se faisant passer, au guichet, pour le médecin de la prison, il mourut nonagénaire, à Douai, il y a environ deux ans.

Les accusations portées contre ces trois hommes honorables, n'étaient, comme toutes les autres, que de faux prétextes inventés par nos démagogues pour persécuter. Afin de comprendre la valeur de celles-ci, il faut connaître la position de Lieu-Saint-Amand à cette époque.

L'armée autrichienne occupait Douchy, Noyelles-sur-Selle, le bois d'Avesnes-le-Sec, etc. La division postée au bois requit la commune de lui fournir chaque jour un certain nombre de rations. Mais le commandant de Bouchain, qui en fut informé, menaça d'incendier le village, si les habitants fournissaient des vivres à l'ennemi; et les décombres encore fumants de la poste aux chevaux faisaient assez comprendre que cette menace n'était pas vaine. Les Autrichiens, exaspérés de ce qu'on n'eût pas obtempéré à leur réquisition, mirent le village au pillage pendant sept jours; les habitants se réfugièrent dans les environs ; ceux qui avaient cherché un asile chez des parents, dont les communes étaient envahies par l'ennemi, se voyaient à leur retour arrêtés comme espions. C'est ainsi que TONNOILE fut arrêté, comme les précédents, conduit à Cambrai, puis acquitté ; et que Charles-Louis RENAUT, son fils Anselme et sa fille Marie-Anne, furent emmenés à Lille d'où les deux premiers ne devaient plus revenir ; ils moururent en prison. La fille seule échappa.

De leur côté, les Autrichiens ne ménageaient pas non plus ceux qu'ils soupçonnaient d'espionnage, et comme la commune était dépourvue de moulin, les habitants étaient forcés d'en sortir pour avoir de la farine, et, s'ils étaient reconnus, ils étaient toujours considérés comme espions par les belligérants de l'un ou de l'autre parti. (Extrait d'une lettre de M. Blin, de Cambrai.)

M. Bricout, de la commune de Fontaine-au-Pire, vieillard septuagénaire, *soupçonné* seulement de s'être rendu coupable d'espionnage, évitera la mort, mais il sera condamné à une torture morale bien propre à porter un coup funeste à un homme de son âge; il restera assis, pendant deux heures, sur une chaise, au milieu de la plate-forme de l'échafaud, et sera ensuite reconduit en prison.

Il y eut encore vers cette époque cinq exécutions: M. PASTEUR, Nicolas, du Câteau, condamné, comme M. Lallier, pour s'être rendu coupable du crime de lèze-nation; M. CUREUR, Philippe, de Noyelles, dont le délit n'est pas connu; M. MAR-

LIÈRE, François-Joseph; M. LARIVIÈRE, Jean-Baptiste, d'Iwuy, frère d'un prêtre émigré, considérés comme espions des Autrichiens; M. RAMETTE, Emmanuel, d'Haucourt, accusé comme traître à la patrie.

Nous avançons à grands pas dans le règne de la terreur : bientôt nous arriverons jusqu'à la barbarie la plus redoutable, la barbarie au sein de la civilisation.

LA RÉVOLUTION PROCÈDE COMME L'ERREUR.

Jusqu'à présent, la Révolution, même dans ses excès, avait conservé un semblant de régularité. Les jugements dont nous venons de parler étaient accompagnés d'un simulacre de formes judiciaires. C'est que la Révolution, semblable à l'erreur, commence à essayer de se faire admettre à l'aide de grands mots et de belles promesses. A son origine, elle professe une certaine tolérance pour ce qu'elle regarde comme d'anciens préjugés. Mais, comme l'erreur, dès que la Révolution se voit soutenue d'un côté par le concours des méchants, et fortifiée de l'autre par l'inertie des hommes de bien, alors le masque tombe entièrement ; elle se montre ouvertement intolérante et persécutrice. C'est dans sa nature. La vérité est patiente, parce qu'elle sait que son règne est éternel, et que s'il est de temps en temps obscurci comme le soleil par des nuages, il reparaîtra plus radieux après l'orage.

La Révolution, au contraire, dont le règne, comme celui de l'erreur, ne doit avoir qu'un temps, se hâte, dans sa fougueuse impatience, d'écarter violemment tous les obstacles et d'asseoir ses fondements sur des ruines et des cadavres. Pour se convaincre de l'exactitude de ces assertions, il suffit de lire l'histoire des révolutions et des hérésies anciennes et modernes. On sera frappé de la ressemblance que ces deux sœurs ont entre elles, et l'on sera forcé de reconnaître que la Révolution, comme l'hérésie, commence toujours par chercher à saper les fondements de l'Eglise catholique et à provoquer des défections dans son sein. N'est-ce pas constater par le fait, tout en l'attaquant avec acharnement, que cette Eglise est considérée, par ses adversaires eux-mêmes, comme le boulevard le plus formidable qu'on puisse opposer à la propagation de leurs funestes doctrines? Ce qu'il y a d'évident, c'est qu'au moment où les ministres de cette Eglise catholique étaient honnis, bafoués, persécutés et mis à mort sur tous les points de la république, les ministres des autres cultes jouissaient de la plus grande tranquillité. Cela se conçoit du reste : ne dit-on pas familièrement : *les loups ne se mangent pas?* Les sectes religieuses et les révolutions n'ont-elles pas une devise commune : haine pour l'autorité légitime.

LA CENTRALISATION SECONDE LA RÉVOLUTION.

N'oublions pas de remarquer en outre qu'avant les premiers symptômes d'agitation, nos provinces, naturellement religieuses et paisibles, jouissaient de toute la somme de bien-être qu'on peut désirer ici bas, qu'elles ne songeaient pas à se plaindre du régime sous lequel elles vivaient. Aussi, la Révolution, malgré tous les moyens d'action que lui préparait le philosophisme, n'aurait jamais obtenu tous les résultats que nous connaissons, si elle n'avait rencontré une puissante auxiliaire dans la centralisation, pour laquelle on éprouvait dès lors un certain engouement. Déjà, dans le cours de ce recueil, n'avons-nous pas eu l'occasion de signaler l'influence de cette centralisation, en faisant remarquer que les principales scènes révolutionnaires de la capitale se reproduisaient bientôt après dans notre pays? Mais ceci n'est rien en comparaison de ce que nous avons encore à dire et qui servira surabondamment à appuyer notre thèse.

ON DEMANDE POUR CAMBRAI UN REPRÉSENTANT PLUS ÉNERGIQUE.

Or donc, un jour, l'autorité de Cambrai s'imagine qu'on pourrait bien l'accuser au loin de retenir trop longtemps la révolution dans ses lisières; c'était évidemment un scrupule, car depuis longtemps le nourrisson courait tout seul en se moquant bien de *la bonne* qui l'avait pris sous sa tutelle. Cette autorité craignait encore de laisser croire que vraiment Cambrai était un repaire d'aristocrates, selon l'accusation niaise qu'avaient inventée les patriotes après les revers éprouvés par nos troupes, et dont ils voulaient faire peser la responsabilité sur les habitants.

Pour sortir de cette perplexité, on trouve un expédient; il est décidé que le représentant Laurent n'est pas à la hauteur de sa charge; qu'il n'impose pas assez aux ennemis de la chose publique, et qu'en vertu *de la centralisation*, trois citoyens, porteurs d'une pétition, iraient à Paris demander un représentant plus énergique. Nous taisons les noms de ces députés; deux d'entre eux eurent bien sujet de se repentir de leur mission. Leur demande est favorablement accueillie par Robespierre et St-Just, heureux de voir qu'on vient leur livrer, comme une proie, une ville toute entière. Le choix qu'ils feront parmi leurs complices, pour répondre au désir de la députation, sera digne d'eux et surpassera toutes les espérances même des plus ardents républicains. Le représentant-bourreau qu'ils nous destinent traverse Cambrai, trois mois avant son arrivée définitive, et il lui jette en passant son terrible programme en quelques mots remplis d'horribles menaces qu'il termine ainsi : *je viendrai mettre à la raison cette ville de prêtres, d'aristocrates et de fanatiques.*

ENCORE LA DISETTE, LES DÉSASTRES, LES VEXATIONS DE TOUT GENRE.

Cependant le temps a marché, traînant toujours à sa suite le même cortége de calamités et de vexations en tout genre. La disette ne fait que s'accroître; il a fallu sommer les campagnes d'amener des grains dont elles avaient besoin pour elles-mêmes; tout un village est menacé d'être incendié pour n'avoir pas répondu à cet appel. On demande à la fois cent-soixante mille rations de pain; les boulangers sont mis en réquisition après avoir vu leurs boulangeries livrées au pillage. La misère des faubouriens est à son comble; leurs maisons sont démolies ou brûlées; leurs jardins sont perdus sous l'inondation qu'on a étendue jusqu'au moulin du Plat pour la défense de la ville. Les malheureux, entassés dans les prisons, aux Anglaises, aux Clarisses, au Collége (séminaire), à la tour du chapitre, sont dans la dernière détresse et manquent de pain. On dresse sans cesse des listes de suspects; les arrestations continuelles entretiennent l'effroi dans toutes les familles; on ne trouve plus de prêtres, de riches, ni de leurs parents et de leurs serviteurs à incarcérer; c'est le tour des bourgeois et des personnes du peuple; tous les étrangers établis en ville sont arrêtés. Les chefs de la garde nationale ont été rendus responsables des lenteurs apportées à la levée en masse. Les pauvres sont chargés de garder les gens suspects. La peine de mort est portée contre les voyageurs qui passeraient par une commune envahie par l'ennemi. Le bonnet rouge, qui est déjà de mode, devient obligatoire en certains cas; les femmes sont obligées de porter la cocarde nationale; la coqueterie s'en mêle et vient en aide à la répugnance des citoyennes qui ne tiendraient guère à cet étrange bijou. On vend pour celà des cocardes mignonnettes qui se cachent dans un pli de la coiffure, et qu'on se contente de montrer quand l'agent du pouvoir arrête ces dames croyant les prendre en défaut. Cette petite malice de leur part était une distraction bien permise alors que les sujets de joie étaient si rares.

Enfin le secret des lettres est violé à tout propos; personne ne peut circuler sans une carte de sûreté; chaque maison doit arborer le drapeau tricolore et porter à l'extérieur, en grands caractères, les noms, prénoms, professions et âges de tous les habitans, l'emblème de la liberté et des légendes révolutionnaires; des procureurs livrent leurs diplômes, quelques prêtres rénégats leurs lettres de prêtrise pour les brûler. Après avoir dilapidé le bien des pauvres et anéanti les communautés qui les nourrissaient, on envoie des commissaires accompagnés chacun d'un pauvre de son quartier, pour aller chez les citoyens aisés prélever de nouvelles contributions sous forme de quête. Les visites domiciliaires deviennent de plus en plus vexatoires, et se succèdent, pour ainsi dire, sans interruption. Mais ce sont les annales officielles de cette lamentable époque qu'il faut compulser pour avoir la suite et les détails de ces épreuves par lesquelles nos pères et quelques-uns de nos contemporains ont passé, alors que, pendant plus de douze ans, l'odieux et l'absurde, les fléaux et les violences se remplaçaient tour à tour sous le régime du bon plaisir de vils despotes. Jusqu'à présent, notre plume hésitait pour tracer le nom du plus exécrable de ces dictateurs, dont le joug a pesé sur notre malheureuse cité.

LE REPRÉSENTANT PLUS ÉNERGIQUE.

Il faut bien le citer cependant, puisqu'il appartient à l'histoire, puisqu'il a passé parmi nous comme un épouvantable ouragan qui broie tout ce qu'il rencontre, puisque chacun de ses pas a laissé sur notre sol d'effrayantes empreintes; il faut bien le faire connaître enfin à la jeunesse, afin qu'elle frémisse en voyant jusqu'où peut aller l'homme, même instruit, quand il oublie sa dignité, et qu'il abandonne la foi, en dégradant en lui un caractère auguste, pour se faire le champion des doctrines philosophiques et révolutionnaires.

Le lecteur a déjà nommé ce *Joseph Lebon*, dont le souvenir seul, à Cambrai comme à Arras, suffit encore aujourd'hui non-seulement pour faire frissonner d'horreur ceux qui l'ont connu, mais même pour faire tomber en défaillance des descendants de ces innombrables victimes qu'il fit monter à l'échafaud.

PORTRAIT DE LEBON.

Avant de raconter son séjour à Cambrai, essayons d'esquisser le portrait physique et moral de ce farouche sicaire. Il était maigre et d'une taille un peu au-dessus de la moyenne; sa figure oblongue accusait des traits flétris par les excès et contractés par la violence des passions politiques; avec un regard scrutateur et hardi, il apostrophait son monde face à face; sa chevelure, en désordre sur le front, était réunie par derrière en une énorme queue. Son dos se courbait légèrement, surtout quand il faisait le moulinet avec son grand sabre, exercice qu'il affectionnait singulièrement. Il affectait la marche prétentieuse de l'orgueilleux avec les allures débraillées d'un chef de bande; cet extérieur lui donnait quelque chose du saltimbanque.

Une petite gravure qui le représente a dû être tirée au milieu des préoccupations de ses derniers moments, à en juger par cet air sombre et abattu, ces traits envieillis qui lui font donner le double de son âge. M. Honoré Duprez possède quelques exemplaires de cette gravure.

On a donné de lui, dans ces derniers temps, un autre portrait qui pèche dans un sens tout contraire: il nous représente un charmant jeune homme, plein de candeur, un vrai type de la figure artésienne. A la place du mot *condamné*, on ne lit que ceux-ci au bas de son nom: *mis à mort*. Mais tous nos concitoyens, qui ont encore les traits de cet homme gravés dans leurs souvenirs, s'écrient, en voyant cette image: *non, non, jamais ce portrait ne fut celui de Joseph Lebon*. Evidemment ce portrait plus que flatté doit accompagner certaine brochure qui a pour but, non pas seulement de justifier, mais même de glorifier la mémoire de cet être abhorré. Il faut de l'audace pour tenter un tel tour de force sous nos yeux.

Joseph Lebon était né en 1765, non pas à Arras, comme le disent certains auteurs, mais bien dans les environs de St-Pol, département du Pas-de-Calais.

Après ses études il entra dans cette congrégation de l'oratoire, dont les doctrines, comme nous l'avons déjà dit, favorables au jansénisme, préparaient au schisme de la petite église pour conduire bientôt après au mépris et à la haine de toute autorité. Lebon prêta le serment et fut un instant curé constitutionnel de Neuville, dans le Pas-de-Calais;

il avait, dit-on, été auparavant professeur de rhétorique à Beaune et à Dijon, où il donna des signes de folie tels qu'il fallut l'attacher.

Dans un moment d'exaltation, il avait avoué que, si l'inspiration lui en était venue, il aurait tué son père. Un écrivain contemporain va même jusqu'à soutenir que ce dérangement de cerveau venait de famille; qu'au moment de la Révolution, le père et la mère de Lebon étaient fous, et que celle-ci était enfermée pour cette maladie. Quoiqu'il en soit de cette assertion, il est certain que la conduite seule d'un tel fils était de nature à faire tourner la tête à ses parents. Chez lui, malheureusement, les symptômes de la folie, s'ils existèrent, furent bientôt remplacés par les excès d'une perversité réfléchie.

Le terrible tribun s'exprimait toujours avec une farouche énergie, qui soulevait les passions populaires; il jettait dans ses discours des mots grossiers, des expressions brutales, qui frappaient d'épouvante.

Plus ambitieux que Catilina, qui ne méditait le crime que pour arriver au consulat, le féroce Lebon surpassera, par ses forfaits, le conspirateur romain, dans le désir d'arriver avec Marat aux honneurs du Panthéon, comme il s'en vantait hautement. Après ce rapide aperçu, qui doit donner une idée du trop célèbre personnage et de ses sentiments, nous allons le voir à l'œuvre.

Séparé de l'Eglise catholique, comme un membre gangrené, il rentre dans la vie civile. La ville d'Arras le met à la tête de son conseil municipal; le nouveau maire donne d'abord des preuves de modération. Député à la Convention après la mort de Louis XVI, il fut dénoncé comme incapable d'exécuter des mesures de *salut public* par son collègue Guffroi, qui plus tard deviendra son accusateur. Ce reproche sera comme l'aiguillon enfoncé dans les flancs de la bête féroce endormie ; elle bondit en s'éveillant, et ne s'arrête plus dans ses instincts de carnage.

Dès lors la carrière que Joseph Lebon va parcourir est toute tracée; il se trouve d'ailleurs fatalement obligé de ne s'en point écarter, si nous considérons le milieu dans lequel il a voulu vivre, et les principes des maîtres qui vont lui donner sa terrible mission. Un coup d'œil sur cet état de choses nous fera mieux apprécier la source et l'étendue des nouveaux malheurs que nous avons à déplorer.

IDÉE DU GOUVERNEMENT DONT JOSEPH LEBON DOIT EXERCER LES POUVOIRS.

Sous le nom de *gouvernement révolutionnaire*, l'anarchie et la tyrannie s'organisaient sur une vaste échelle; jamais l'histoire des peuples barbares ou des tyrans n'offrira l'image d'une conspiration plus épouvantable. Les agents de ce prétendu *gouvernement,* en calomniant sans cesse une classe de la société, en la représentant comme ne respirant que vengeance, en affectant de répéter chaque jour qu'on ne pouvait prévenir le MEURTRE *prémédité du corps social, que par la mort des conjurés,* exaspéraient la populace, soulevaient ses désirs de vengeance, la familiarisaient avec l'idée de destruction et de carnage. Les deux comités de salut public et de sûreté générale augmentaient sans cesse leur puissance au détriment de la puissance même de la Convention. Sous prétexte de rapidité d'action, d'unité de mouvement, ces comités voulurent tout CENTRALISER pour avoir tout plus aisément dans les mains lors de l'envahissement définitif du pouvoir.

Combien de fois, à cette époque, la centralisation est devenue le puissant auxiliaire des factieux pour propager rapidement, et imposer leur règne. La centralisation, en temps de révolution, c'est l'électricité entre des mains incendiaires.

Sous prétexte d'épuration, les juges de tous les tribunaux sont suspects aux yeux des dictateurs de nos comités. Déjà leur tribunal de sang n'agit plus assez vigoureusement au gré *des forts, des énergiques de la montagne*. Des commissions sont établies pour juger révolutionnairement des milliers d'innocents jetés pêle-mêle dans cent mille bastilles, érigées au lieu d'une, sur tous les points du territoire. Et puis quand tous les crimes sont déifiés, tous les fripons protégés, tous les scélérats mis en place, tous les talents proscrits, toutes les lumières étouffées, quand la France enfin se trouve ensevelie dans un épouvantable chaos, alors ces deux comités délibèrent dans l'ombre pour savoir s'il ne serait pas opportun d'établir cinq tribunaux et des guillotines ambulantes, qui parcourraient toute la République pour *recréer* le peuple français.

Ce projet n'ayant point été admis, le tribunal révolutionnaire de Paris, pour se retremper, appelle dans son sein des *hommes énergiques* — il n'en avait déjà que trop — et pour soutenir au besoin sa dictature effroyable, il crée une armée, dite républicaine, qui n'est qu'un ramas d'assassins, de voleurs et de pillards. Déjà nous avons eu occasion de signaler les hauts faits de cette réunion de bandits passant à Cambrai.

Sous l'empire de ces deux comités modèles, on en voit surgir cinquante mille autres qui vont exercer sur toute la France le pouvoir le plus despotique. Chacun de ces comités se compose de douze membres pris parmi les hommes les plus ignorans, les plus turbulents et les plus corrompus, et tous sont obligés, sous peine de mort ou d'incarcération, de se montrer *énergiques*, et de faire voir *qu'ils sont à la hauteur de leur mission*.

En supposant que chaque individu de ces comités n'ait commis qu'une erreur, une injustice, voilà douze cent mille erreurs ou injustices commises au nom de la liberté ; voilà douze cent mille familles victimes de la plus épouvantable tyrannie. Mais hélas! nos calculs sont bien au-dessous de la réalité.

Pour arriver plus sûrement à leur but, les émissaires de ces comités, c'est-à-dire tous les délateurs, tous les faussaires, tous les gardiens de scellés, tous les commissaires *aux biens* des émigrés, tous les fripons et tous les mouchards de la république s'en vont exagérant sans cesse les dangers de la patrie; partout les honnêtes gens sont signalés par eux comme des agents secrets de *Pitt et Cobourg* ; cette absurde accusation tombera dans le ridicule pour avoir été répétée à satiété, sur tous les tons et à tout propos. Elle n'en sera pas moins la cause que des milliers d'innocents seront envoyés à l'échafaud. Les partisans des ministres anglais !!! Mais n'étaient-ce pas plutôt ces impudents menteurs qui bouleversaient cette France, au sein de laquelle Pitt lui-même avait porté le premier germe de la Révolution pour humilier notre patrie et anéantir son influence, ce qui fut toujours le double but de la politique de ce diplomate?

Ce trop célèbre Pitt ne devait-il pas se réjouir de la conduite de nos démagogues qui secondaient si bien le commerce anglais, en frappant le nôtre au cœur, en le condamnant à une stagnation permanente, en persécutant nos négociants en général, et en interrompant violemment nos relations extérieures ? Les Anglais, loin de craindre la continuation de la guerre et de nos troubles intérieurs, y trouvaient au contraire une magnifique occasion d'augmenter leur importance, avec leur fortune commerciale. Quelle dérision de crier contre Pitt, dont on secondait si bien les plans.

Mais reprenons.

CHOIX DES COMITÉS. — PROGRAMME DE JOSEPH LEBON.

Les comités, après avoir ainsi préparé les esprits, choisissent des *hommes sûrs, ayant de la tête et du cœur*, pour aller sur tous les points de la France régénérer la société, ce qui veut dire sans figure, faire peser partout, en même temps, le joug épouvantable de la terreur universelle.

Le monstre lâché, pour remplir cette horrible mission, dans les départements du Nord et du Pas-de-Calais, c'est ce Joseph Lebon, dont nous avons plus haut tracé le portrait et que nous allons voir à l'œuvre. Il nous sera facile de constater qu'il n'a que trop bien compris son mandat et qu'il s'est montré digne de ceux qui le lui avaient donné.

Il en prend l'engagement dans sa lettre au comité de salut public : voici quelques fragmens de cette curieuse épître :

« J'étais digne, j'ose le croire, de recevoir
» la lettre que vous m'avez écrite; vous me livrez
» à mon énergie révolutionnaire. Eh! bien, rien ne
» m'arrêtera pour le salut de ma patrie ! Malheur
» aux traîtres, aux dilapidateurs, aux prévarica-
» teurs de toute espèce; leurs têtes vont tomber

» comme la grêle. Dès ce moment, le tribunal cri-
» minel, composé de vigoureux sans-culottes, est
» mis en permanence..... Les formes voulues par
» la loi seront conservées, lorsqu'il s'agira de délits
» particuliers; tous délits contre la chose publique
» seront jugés *révolutionnairement* de quelque
» nature qu'ils soient..... Le mouvement imprimé
» contre la *prêtraille* me paraît ne pouvoir être
» contrarié sans danger. En conséquence j'incar-
» cère sur le champ tous les curés et autres qui
» s'avisent de blâmer leurs ci-devant confrères, et
» voudraient retarder la marche de la raison et de
» la philosophie, etc., etc..... »

Voilà, j'espère, un programme qui promet, et cependant, contrairement à beaucoup d'autres programmes, celui-ci donnera bien plus qu'il ne promet.

COUP D'ŒIL SUR LA CONDUITE DE LEBON A ARRAS.

Il n'entre pas dans notre projet de rappeler ici en détail les atrocités commises par J. Lebon dans la ville d'Arras où d'abord il fut envoyé *pour fonctionner révolutionnairement*. Si l'on veut en connaître quelques-unes, il suffit de lire un manifeste publié en 1797 par quelques échappés des prisons d'Arras qui avaient été témoins de l'enlèvement des victimes destinées aux massacres dont J. Lebon, disent-ils, *se faisait une fête et qui lui tenaient lieu de partie de plaisir*. Ce travail est intitulé : *Les angoisses de la mort, ou idées des horreurs des prisons d'Arras*.

Disons en un mot. A l'exception de celle de St-Vaast, qui était la plus éloignée, toutes ces prisons, au nombre de sept, étaient exposées au feu d'une batterie redoutable. Des femmes enfermées avec leur famille en sont tout à coup séparées violemment et repoussées avec la baïonnette, quand elles demandent à faire leurs derniers adieux à leurs pères, à leurs époux, à leurs enfans; elles sont entassées les unes sur les autres, au nombre de cinq cents, dans un repaire destiné à toutes les prostituées, et qui peut à peine tenir trois cents personnes. Elles sont confiées à la garde de trois mégères, vouées aux caprices de J. Lebon, qui les appelait ses toupies, et à la lubricité de ses infâmes coopérateurs, qui ne s'observaient même pas devant les prisonnières. Plusieurs parmi les plus jeunes, et de saintes religieuses se virent en butte à des outrages et à des violences que la pudeur ne permet pas de raconter.

Les prisonnières, que ces harpies avaient prises en aversion, étaient jetées par elles au secret dans des casemates où l'on ne pouvait respirer qu'un air vicié par les cadavres qu'on y déposait.

Dix-sept de ces femmes détenues sont envoyées précipitamment au supplice avec trois artésiens, sans avoir été entendues, parce que leurs noms étaient inscrits sur une liste d'aumônes tenue par une veuve Bataille. Le vin et les liqueurs, laissés par ces dix-sept malheureuses, servirent à enivrer leurs geôlières qui dansèrent une partie de la nuit. Elles renouvelaient ces orgies à toutes les exécutions : pour les annoncer d'avance, la directrice en chef disait : *aujourd'hui je crache du sang*.

Un jour les détenus sont invités à faire venir au plus tôt tout ce qu'ils peuvent avoir de provisions; puis quand ils ont donné dans le piége, on les signale comme des accapareurs pour exaspérer le peuple contre eux. Bientôt après on les dépouille de tout, et les captures, opérées dans les prisons sur cette multitude de victimes, sont évaluées à six cent mille francs.

Impossible de rappeler, même sommairement, les vexations de tout genre exercées dans les prisons d'Arras. A plusieurs reprises les prisonniers sont tout à coup terrifiés, les uns ont la tête perdue, les autres tombent en défaillance en entendant la force armée qui entre brusquement dans les cours et qui charge les armes en leur présence. « Pendant une de ces alertes, dit un témoin » oculaire, des gardes sont placés à toutes les » issues avec cette consigne donnée à haute voix » par un agent de Lebon : *Sentinelle !.... si un de* » *ces b... avance pour entrer, f.... lui la baïon-* » *nette au travers du ventre.*

» Mais honneur à nos soldats ! ils se montrèrent » indignés d'une telle rigueur et n'eurent garde » de l'exécuter. Ils mêlèrent leurs larmes avec les » nôtres, et s'offrirent même à venger les cruautés » qu'on nous faisait endurer, mais nous les enga- » geâmes à n'en rien faire. »

D'autres fois les prisonniers sont conduits, sous bonne escorte, au club où on les fait monter l'un après l'autre sur un siége de bois, élevé à la hauteur de dix pieds, afin qu'ils soient mieux exposés à la risée des malveillants et plus en butte aux dénonciations de toute espèce. Cette sellette s'appelait le *Redoutable Fauteuil*.

Les femmes, les jeunes filles et les religieuses étaient à leur tour condamnées à cette sorte de pilori; mais cette humiliation n'était rien pour elles en comparaison des horreurs et des obscénités qu'elles étaient forcées d'entendre pendant leur exposition.

Enfin, après avoir incarcéré jusqu'à des enfants depuis l'âge de cinq ans, pour les soustraire à l'autorité paternelle et leur faire donner des leçons d'immoralité, dont plusieurs hélas ! ne profitèrent que trop, on s'aperçut que les prisons devenaient trop étroites eu égard surtout aux nouvelles arrestations qu'on méditait encore.

En conséquence, un satellite de Lebon s'occupa de faire transférer, dans un même local, tous les prisonniers âgés de plus de soixante ans. Cette mesure fut mise immédiatement à exécution avec la plus grande brutalité; les malades et moribonds furent transférés aussi sans miséricorde.

Le vénérable M. Asselin, homme de loi, dont le petit-fils est aujourd'hui juge à notre tribunal, était agonisant dans son cachot; sans égard pour son état on le maltraita comme les autres, et on le laissa sans literies pendant toute une journée : il expira le lendemain.

Un autre vieillard, perclus de tous ses membres, ne voulait pas quitter un jeune fils, qui lui servait de soutien; il fut accablé des imprécations les plus atroces; on lui fit toutes sortes de menaces, et malgré une pluie d'orage, à demi protégé par un parapluie, il fut transporté sur un camion de brasseur.

Nous renvoyons le lecteur à l'ouvrage précité s'il veut s'édifier sur une multitude d'autres vexations.

Pour faire place aux nouveaux venus dans les prisons, J. Lebon eut bientôt trouvé un moyen plus expéditif, ce fut d'envoyer les autres à la guillotine. Pendant l'espace de quatre mois, à Arras, on compta au delà de quatre cents condamnations à mort; chaque jour était marqué par quelques exécutions.

Qu'on se figure les perplexités, les angoisses des malheureux détenus, quand ils voyaient entrer l'horrible suppôt de Satan, l'envoyé du tribunal révolutionnaire cherchant d'un œil hagard et farouche ses victimes, s'emparant de tous leurs objets précieux, et leur disant d'une voix sépulcrale : *prends ton chapeau, viens, on te demande en bas.*

Cependant ces exécutions continuelles commencèrent à fatiguer, même la portion du peuple soudoyée. L'effusion du sang semblait n'avoir plus à ses yeux le même attrait. Le théâtre de ces assassinats devenait désert, nonobstant tous les efforts de l'infâme Lebon pour y attirer la foule et même pour l'y contraindre. Déjà les patriotes eux-mêmes avaient sourdement murmuré en le voyant faire exécuter par la musique, pendant que ses victimes montaient à l'échafaud, l'air du *ça ira*, et suspendre un instant l'exécution de plusieurs d'entre elles pour leur annoncer une victoire récemment remportée, afin, avait-il dit, qu'elles puissent annoncer chez les morts les triomphes de la république.

Il prévoyait que la continuation de ses forfaits en ce lieu pourrait bien y exciter tôt ou tard une révolte générale. Il prit le parti d'aller exercer ailleurs son métier d'assassin, mais les malheureux d'Arras, qu'il destine encore à la mort, ne lui échapperont cependant pas.

Comme il les sait défendus par l'opinion publique, il les fait enlever des prisons pendant la nuit; ils marcheront devant lui comme des vaincus devant un triomphateur ; il grossira leur lugubre cortége de plusieurs fermiers coupables de ne pas lui plaire, et qu'il va prendre, lui-même, accompagné d'un détachement de hussards, dans les environs de Bapaume. Le vautour ne lache pas ses proies; en attendant leur sort, elles seront jetées dans les prisons de Cambrai, où J. Lebon est venu établir son tribunal, après avoir laissé Arras dans la stupeur; car avant son départ, sous le faux prétexte que les prisonniers voulaient se révolter, il en fit conduire quatre, les fers aux pieds et aux mains, à

Paris, avec ordre donné aux gendarmes de faire la route en trente-six heures, et comme signe d'adieu à cette ville, il fit rouler quarante-cinq têtes en deux exécutions.

Nous avons rappelé sommairement les désolations de la ville d'Arras, qui fut traitée bien plus cruellement que la nôtre, puisque le nombre des suppliciés sortis d'une seule de ses prisons s'élève à cinquante-deux, puisque plusieurs de ses rues furent trouvées désertes, parce qu'aucun de leurs habitants n'avait pu échapper aux massacres.

Nous avons voulu, par cet exposé, initier le lecteur à une connaissance plus complète du proconsul sanguinaire dont nous allons retracer l'épouvantable conduite parmi nous.

ARRIVÉE DE LEBON A CAMBRAI. — SCÈNE A L'HOTEL DE VILLE.

Joseph Lebon arrive à Cambrai le 5 mai 1794, vers cinq heures du soir. L'exécrable réputation qui le précède répand déjà la terreur sur son passage. Il se rend à l'hôtel de ville, où l'attend le conseil municipal; un membre courageux lui demande l'exhibition de ses pouvoirs; le superbe représentant s'étonne de tant d'audace; en effet, peut-il être question de formalité quand il s'agit de recevoir un personnage de si haut renom? Cependant le conseiller tient bon et persiste en soutenant qu'il est dans son droit. Alors Lebon, en lui présentant ses pouvoirs, croit l'avoir confondu; mais le conseiller, sans s'émouvoir, répond avec un grand sang froid : *Maintenant, citoyen, tu es reconnu.*

Ces pouvoirs inscrits au procès-verbal du conseil, et signés par les membres du comité de salut public de la convention nationale, disent en substance que J. Lebon *pourra suivre les opérations déjà commencées* dans le département du Pas-de-Calais, et dans les départements circonvoisins. Voilà bien la pièce officielle qui porte entre autres, la signature de St-Just. Mais J. Lebon ne produit pas la lettre confidentielle qu'il reçut de Lebas et St-Just, créant un tribunal de sang à Cambrai. Donnons cette pièce importante pour montrer la complicité de ces tyrans qui gouvernaient notre patrie avec un sceptre de fer ensanglanté.

Liberté, Egalité, Fraternité.

« Réunion-sur-Oise, deuxième année républicaine.

« Il est indispensable, cher collègue, que tu te
» rendes sur le champ à Cambray pour y surveiller

» les manœuvres de l'aristocratie en faveur de
» l'ennemi. Nous t'invitons d'amener avec toi
» *cinq patriotes des plus vigoureux* du juri et du
» tribunal d'Arras, et d'annoncer dans Cambray
» une résolution invincible de ne laisser impuni
» aucun crime contre la Révolution ; *que ce tribu-*
» *nal soit civil et militaire*, qu'il mette, et dans
» l'armée et dans la ville, le redoutable respect de
» la Révolution.

» Tu ne dois plus quitter Cambray que tu n'aies
» reçu de nos nouvelles; n'en sors point, maintiens
» y *l'esprit révolutionnaire et la justice grave et in-*
» *flexible*, tandis que de notre côté nous suivrons
» les vues du comité de salut public.

» Nous avons besoin, cher collègue, de ton in-
» trépidité, cours à Cambray, et donne-nous sur le
» champ et chaque jour de tes nouvelles. »

Salut et amitié,

LEBAS, ST-JUST.

La réponse ne se fit pas attendre; la voici telle qu'elle a été retrouvée dans les papiers de Robespierre :

« *J. Lebon à ses collègues Lebas et St-Just.*

» Je suis arrivé à Cambrai hier le soir, accom-

» pagné de *vingt braves* que j'ai amenés avec moi.
» J'ai vu les autorités constituées et la *société po-*
» *pulaire*, je ne m'expliquerai point sur elles dans
» ce moment.
» *J'espère faire le bien à Cambrai,* et y inspirer
» *la terreur civique.*
» Aujourd'hui je ferai rassembler le peuple, et
» je lui parlerai, en masse, le langage *de la vérité*
» *et de la raison.*
» Le tribunal va de suite entrer en *activité*, et
» *faire justice de tous les traîtres.* »

Salut et fraternité,
Joseph Lebon.

Cette lettre fut suivie, le lendemain, d'une seconde à la même adresse : nous la donnerons, après avoir rappelé les incidents qui accompagnèrent la cérémonie de la réception. Nous les empruntons au *contemporain* déjà cité :

« Lebon s'était présenté à la commune d'un air farouche et menaçant; il affectait de se servir d'expressions brutales et de mauvais ton. Le conseil général de Cambrai, quoique assez avancé dans ses opinions, lui était suspect; il voulut procéder par intimidation. C'était sa coutume. Aussi prit-il un futile prétexte pour faire une scène des plus violentes. Un lustre en cristal, dont certaines pièces avaient à peu près la forme de fleurs de lys, existait dans la salle du conseil, et pour éviter tout scandale à ce propos, on avait enveloppé de papier les parties suspectes du lustre. Lebon imagina, on ne sait trop pourquoi, — des dénonciateurs sans doute l'avaient déjà prévenu, — de faire découvrir ce meuble, et voyant les cristaux de forme séditieuse, il entra dans une incroyable colère qui tenait de la rage. Il écumait, il avait tiré son sabre du fourreau et le brandissait comme un furieux, frappant à tort et à travers sur le lustre qui volait en éclats, jetant à tout le conseil d'horribles imprécations, le menaçant de le faire guillotiner en masse. — « Il n'y a donc ici que des conspirateurs, s'écriait-il. Je vous mettrai tous au pas, tas de j.... f...., vous y passerez tous, s'il le faut. »

« Il voulut haranguer le peuple, et pour celà, il se rendit au club où il savait trouver nombreuse et *bonne* compagnie.

« Voici le contenu et même beaucoup de phrases de son discours. Confondu dans le peuple, je l'ai entendu : il ne s'est que trop bien gravé dans ma mémoire.

« *Joseph Lebon à la Société populaire.*

« Citoyens,

« La Révolution, dit St-Just, est un coup de foudre qui doit frapper sans pitié, sans hésitation. Je viens ici pour régénérer Cambrai, ville de prêtres, de fanatiques et d'aristocrates. Je viens renverser *le culte du despotisme,* et proclamer le règne de la liberté. Il me faudra pour cela de l'énergie, je saurai en montrer. Tout cédera à la raison. Les autorités elles-mêmes me sont suspectes, mais je les mettrai au pas. Point de tergiversation, point de biais. La Révolution ou la mort. — Citoyens, je sors de la commune, le règne des aristocrates y est encore en honneur. J'aperçois là un lustre magnifique dont certaines portions étaient entourées de papier. J'arrache le papier et je vois.... le croirez-vous?.... je vois d'infâmes fleurs de lys. Mon regard se tourne vers la muraille : une carte de France s'y étale, décorée d'un bonnet de liberté avec les mots sacrés: *liberté, fraternité ou la mort!* ceci est très bien.

« Mais tout-à-coup, je soulève, par hasard, cette carte, et j'aperçois derrière la feuille de papier les armes proscrites de l'ex-Capet ! traîtres ou lâches citoyens qui tenaient en réserve les insignes réprouvés, pour n'avoir qu'à les exhiber quand les Autrichiens seraient entrés dans la ville au moyen de leurs machinations coupables ; qu'ils tremblent, je les anéantirai. Plus de modérés, plus de suspects ! il faut que l'on se prononce. Il faut que les prêtres, ces agents pervers du fanatisme, arrachent leurs rabats et les foulent aux pieds, comme je l'ai fait moi-même ; il faut que le bonnet de la liberté couvre toutes les têtes qui ne voudront pas tomber sous le *couteau national*. A cet effet, citoyens, j'ai donné des ordres, et l'instrument régénérateur, la *sainte guillotine*, se dresse à l'heure où je parle. Je n'ai pas voulu qu'elle fût érigée à l'endroit où ont péri peut-être de pauvres patriotes pour avoir volé quelques vétilles, quelques vases prétendus sacrés. L'instrument de la vengeance nationale doit avoir une place nouvelle. Il s'élève sur la place en regard de l'autel de la patrie ; c'est là qu'on offrira à la nation, en sacrifice expiatoire des crimes des rois et des prêtres, les insensés, les scélérats, les aristocrates et les calottins qui ne sont que trop nombreux dans la ville de Cambrai.

« Citoyens, je vous préviens que, dès demain, j'établis ici le tribunal révolutionnaire, et que je purgerai en peu de temps la localité des gueux, des j.... f..... qu'elle renferme. (Le terme est historique, je me le rappelle parfaitement.)

« Il faut que la terreur triomphe de leurs complots, telle est ma mission, je saurai la remplir. »

J. LEBON REND COMPTE DE SES PREMIERS EXPLOITS PARMI NOUS. — IL TRACE SON PLAN.

Lebon ne perd pas de temps, le lendemain il écrit une seconde lettre à ses complices en leur rappelant la première et leur rend compte de son début.

« *Joseph Lebon à ses collègues St-Just et Lebas.*

« J'étais hier matin tellement indisposé que je n'ai pu faire autre chose que d'apposer ma signature au bas d'une lettre pour vous. L'après-midi, me trouvant beaucoup mieux, j'ai assemblé le peuple, et pendant deux heures que je l'ai entretenu, je me suis convaincu plus que jamais que les sans-culottes sont partout les mêmes, et qu'il suffit de leur montrer la vérité, pour qu'ils l'embrassent avec transport. Mon discours a roulé principalement sur les soi-disant patriotes de la réquisition du 17 septembre, et vous sentez que le champ était vaste. Aujourd'hui, je dois attaquer le fanatisme corps à corps, et ce ne sera pas avoir peu fait pour la liberté, que de guérir les Cambrelots de cette maladie.

» La nuit dernière a été consacrée à un grand nombre d'arrestations de parents d'émigrés et de ci-devant nobles qui se promenaient encore, en dépit de vos antiques mesures. Différents papiers ont été saisis ; ils donneront des renseignements ultérieurs que je ne négligerai point. *La guillotine* s'élève en ce moment sur la Grand'Place. Demain, j'espère, le tribunal sera en pleine activité.

» La loi qui oblige les femmes à porter des cocardes était ici méconnue. Des hommes même se permettaient de courir les rues sans ce signe sacré ; deux heures après notre arrivée dans cette commune, une trentaine de ces êtres insouciants, pour ne pas dire pervers, se sont vus conduits au corps de garde, et l'exemple a eu depuis toute son efficacité.

» Cambrai voit encore grand nombre de mendiants dans son sein ; ce spectacle fait douter si la Révolution existe, et les aristocrates tirent bon parti des secours qu'ils donnent et que la nation seule doit accorder, un arrêté remédiera demain à cet inconvénient.

» Le théâtre, au lieu d'être un foyer brûlant de patriotisme et l'école des vertus, paraît plongé dans l'obscénité et l'insignifiance des pièces de l'ancien régime. Au moment où tout doit embraser les citoyens d'amour pour la liberté, on les appelle à la représentation des *fourberies de Scapin* etc., cela n'arrivera plus.

» Le nommé Lamotte, adjudant de la place, ayant osé se promener hier matin avec un ancien uniforme, je l'ai fait arrêter : la visite de ses papiers ne lui est pas favorable ; il s'y trouve notamment une lettre d'un de ses amis, qui le croyait déjà émigré.

» Une visite a eu lieu cette nuit à la poste; elle se répètera plusieurs fois, afin de découvrir, s'il est possible, tous les fils de la correspondance de nos ennemis.

» Heureux, si les autorités constituées étaient dignes de nous seconder. Mais en général, la crainte seule les fait agir, et l'on n'agit jamais bien par ce motif. Je vais m'attacher à la recherche de quelques francs patriotes pour opérer un renouvellement utile. . . . .

Salut et fraternité.
Le représentant du peuple,
Joseph Lebon.

» *P. S.* Accusez-moi du moins la réception de mes lettres, afin que je sache si elles vous parviennent. »

C'est souvent à la fin d'une lettre qu'on trouve la pensée intime qui domine son auteur. Ce *post scriptum* n'indique-t-il pas les préoccupations d'un conspirateur qui, malgré toute son audace, éprouve cependant encore intérieurement des craintes, si jamais sa correspondance était interceptée?

Les réflexions viennent en foule à la lecture de cet épouvantable manifeste, dont l'original est conservé. Impossible après cela de calomnier un tel homme; la noirceur et la perversité de son âme se révèlent froidement dans cet écrit. Quel plan de persécution aussi vaste qu'horrible, dressé avec tant de promptitude et dans un tel laconisme!

Quel est l'homme d'état qui mettrait cette activité dans ses projets de réformes politiques et dans leur application?

Ainsi, ne l'oublions pas, c'est J. Lebon lui-même qui nous apprend qu'il vient poursuivre ce qu'il appelle, dans son amère dérision, le fanatisme, et que, pour le faire, il allume dans le cœur des sans-culottes le plus exécrable de tous les fanatismes, le fanatisme révolutionnaire qui se baigne dans le sang.

La guillotine s'élève en ce moment.... Grand Dieu ! que de massacres indiqués par ce seul mot ! C'est encore J. Lebon qui nous apprend lui-même que les arrestations se feront à la faveur des ténèbres de la nuit; que pour être coupable il suffira d'être parent d'émigrés, ou de ne point porter une cocarde; qu'au nom de la liberté, un militaire pourra être privé de sa liberté pour avoir osé se promener avec son ancien uniforme ; que les secrets confiés à la poste seront habituellement violés, que les autorités seront gardées à vue et que plusieurs de leurs membres seront arbitrairement remplacés par de francs patriotes.

Mais fixons surtout notre attention sur le chef-d'œuvre du diplomate républicain, et admirons sa tactique révolutionnaire; elle est là, toute entière dans cette lettre; faisons-la ressortir.

Les bienfaiteurs des pauvres ont été bannis, leurs propriétés ont été vendues ou dilapidées pour payer les frais de la guerre ou pour tout autres motifs, et voici qu'on fait à la ville un crime de renfermer maintenant dans son sein *une multitude de mendiants.* Il y a plus, les honnêtes gens qui restent et qui se réunissent pour aviser aux moyens d'approvisionner Cambrai pendant ces jours de disette toujours croissante, qui se cotisent pour venir en aide aux malheureux, sont signalés comme des aristocrates dangereux, et à l'instant même *un arrêté doit remédier à cet inconvénient.*

Il n'y a pas à s'y tromper, ceux qui sont ici signalés, ce sont ces courageux Cambresiens, appelés dérisoirement par la clique, les *monarchiens*, qui furent arrêtés et jetés dans les prisons comme suspects parce qu'ils se rassemblaient à St-Aubert et se concertaient afin de conjurer, ou au moins d'atténuer les maux qui menaçaient le pauvre peuple. O temps! ô mœurs! pouvons-nous nous écrier ici; où en sommes-nous déjà? la bienfaisance est suspecte; elle est un sujet de condamnation!

Après de pareils indices, le lecteur, étranger à nos départements sera peut-être moins surpris des ravages causés parmi nous par le passage de cet indicible fléau, qui se nomme Joseph Lebon....

Il sera peut-être moins exposé à crier à l'exagération, en voyant passer sous ses yeux ces scènes de sauvagerie inouïes jusqu'alors chez une nation civilisée. Ce ne sont pourtant que des faits trop avérés d'une partie de notre histoire révolutionnaire. On vient d'en voir la marche générale indiquée d'avance à grands traits par la main du maître, qu'on en suive maintenant avec nous les développements.

J. LEBON ACCOMPLIT SA PROMESSE. — LES ARRESTATIONS.

La lettre qui précède promet un discours contre le fanatisme, pour ce jour-là même. Lebon en rend compte immédiatement à ses compères :

> « Cambrai, le 19 floréal, l'an II de la république,
> une et indivisible.
>
> » *J. Lebon à ses collègues St-Just et Lebas.*
>
> » Le discours contre le fanatisme a produit l'effet
> » que j'en attendais ; la salle regorgeait d'audi-
> » teurs, et je pense qu'ils sont sortis furieux contre
> » les marchands d'imposture.
> » Les sans-culottes se dérident, en se sentant
> » appuyés, et *ça ira* d'une jolie manière ; les dé-
> » nonciations commencent et donnent lieu à des
> » arrestations............
>   Salut et fraternité.
>   Le représentant du peuple,
>   J. LEBON.

Ces arrestations nouvelles redoublent l'épouvante qui plane sur la cité toute entière : comment peindre les cruelles angoisses de ces malheureux habitants, quand ils entendaient, au milieu de la nuit, une horde en armes s'arrêter devant leurs portes, frapper à coups redoublés, et des voix de tonnerre s'écriant: *Au nom de la loi, ouvre citoyen!* Impossible d'énumérer ces arrestations et de nommer toutes les personnes qui en faisaient partie.

Ne rappelons, pour exemple, qu'une de ces mesures iniques qui enveloppe d'un seul coup plus de trente victimes. Le conseil, répondant au réquisitoire de J. Lebon, ordonne que les citoyens et citoyennes dont les noms suivent seront arrêtés de suite : Marie-Anne CARTIGNY, Alphonse TILLY, Claire MAIRESSE, Catherine de LIGNIÈRES, DAIGNEVILLE, de CHANTEMELLE, FRAHAN, DENAPPE, Ve DESMARETZ et sa nièce, de POMMEROLLE et sa femme, la Ve POMMEROLLE, Alexandre ROBERTSAERT de Douchy, de VALICOURT rue des Sottes, WATTIER, DESMARETZ, DESGLATIGNY, Melle MALLET, Ve DUPLESSIS, PRONVILLE, P. de HENNIN, Charles LAYENS (1), Maximilien

---

(1) Il ne faut pas confondre ces Layens avec la famille de Thifferies de Layens, qui du reste eut aussi sa large part dans la persécution de cette époque. Leur château de Paillencourt fut pillé et saccagé. Mme de Thiefferies fut incarcérée aux Anglaises ; son époux, Louis Théodore, mis en arrestation, emmené à Amiens, y fut jeté en prison avec l'ancien

LAYENS, LEMAYEUR et sa famille, PARISOT, CARONDELET, BOULANGER, de GILLABOZ, Margueritte JUNOT. Nous ne savons pas de combien de membres se composait la famille Lemayeur.

évêque d'Arras, Mgr de La-Tour-d'Auvergne; on les enferma tous deux dans la même cellule : c'était une latrine. Ils furent élargis à temps ; vingt-quatre heures plus tard leurs condamnations étaient prononcées.

L'aîné de la famille, Alexandre-Louis de Thiefferies avait entendu sa sentence de mort devant le tribunal de Douai, mais un des juges, le nommé Rançon, qui s'était montré impitoyable pendant les débats, trouva moyen de faire échapper le condamné qui s'exila en toute hâte, en allant chercher un refuge en Hollande. Son libérateur, après la révolution, reçut dans cette famille les marques d'une noble et généreuse reconnaissance.

Le cadet, Louis-Joseph de Thiefferies, chevalier de St-Louis, qui nous honore de son amitié, avait à peine seize ans lorsqu'il prit seul le chemin de l'exil. Il se dirigea sur Ath, se mit d'abord au service du prince de Condé, s'engagea ensuite dans un régiment de français, émigrés comme lui, débarqua à Ostende, demeura successivement à Menin, à Nieuport, à Namur, à Liège, à Fleurus etc., etc..... Forcé de battre en retraite jusqu'à Hanovre, il passa en Angleterre, se trouva à la malheureuse affaire de Quiberon, où il courut les plus grands dangers ; il se rendit de là en Portugal, et y resta en garnison pendant six ans.

LES DÉNONCIATIONS. — TERRIBLES MENACES CONTRE CAMBRAI.

Les dénonciations commencent, dit Lebon dans sa lettre : c'est là ce qui ranime son espoir ; car dans les premiers jours il se plaignait qu'on ne lui faisait pas de dénonciations. Un de ses intimes confidents disait : « Si le peuple ne vient pas dénoncer, nous allons arrêter la nuit ceux qui de jour nous auront paru aristocrates. » Un autre s'en allait répétant à satiété la phrase de St-Just : « *La révolution est un coup de foudre, il faut frapper;* Cambrai n'est pas à la hauteur, il y a une foule d'aristocrates à raccourcir. » Un troisième ajoutait « qu'il serait content quand, pour sa part, il aurait *fait tomber douze cents têtes à Cambrai.* »

Le premier juré était plus modeste et n'en demandait pas tant ; il disait sur la place, peu de jours après l'arrivée de Lebon : « Il y aura au moins six cents têtes qui tomberont dans cette commune ; il est bien étonnant qu'on ne vienne pas nous les dénoncer ; il faut que nous soyons obligés d'être dénonciateurs, témoins et juges. »

« Au reste, ça ne durera pas, disait-il, pendant que Lebon était allé à Paris se retremper *dans la cuve des formes acerbes*, ça ne durera pas longtemps: *A son retour, Joseph Lebon, va les travailler à blanche taille.* »

D'autres disaient: « Aussitôt que J. Lebon sera arrivé en cette commune, il n'y restera plus que les sans-culottes. » Le plus hardi avançait froidement *« qu'une quinzaine de familles suffisaient pour soutenir la commune de Cambrai; qu'il fallait la purger du reste.* »

CAMBRAI N'EST PAS A LA HAUTEUR.

Enfin, le farouche huissier de Lebon en se plaignant que les habitants de Cambrai n'étaient pas à la hauteur des circonstances, explique sa pensée de manière à faire, sans s'en douter, l'éloge le plus complet de nos concitoyens à cette époque. Citons ses propres paroles:

« Quand le tribunal acquitte quelques-uns des accusés, les spectateurs transportés de joie la manifestent. — Quand au contraire il y a des condamnés à mort, il règne parmi eux un morne silence. — C'est de l'aristocratie, le tribunal a remarqué cela et m'a fait faire des réflexions en conséquence; on va faire venir à grand force des accusés des communes voisines, pour accoutumer les habitans de Cambrai à ce spectacle; après cela on frappera les grands coups, et quarante à cinquante têtes de ces scélérats tomberont chaque jour. »

Quelle monstruosité! quelle dépravation de langage! Après cela qui ne s'écrierait avec nous: non, je ne connais pas de bête plus féroce que l'homme qui s'est identifié avec le crime. Quelle justice peut-on attendre de tels juges?

Leur président écrit bientôt de Cambrai à Robespierre......«Nous allons avec activité, mais nous ne sommes point secondés. Il semble que tous les habitants soient coupables, puisqu'aucun n'ose en dénoncer un autre. Nous venons cependant d'ouvrir les registres des autorités constituées et de la société populaire : *nous y avons trouvé d'immenses richesses déjà*, et nous y trouverons aussi, je l'espère, les noms des royalistes et des oppresseurs du peuple...... »

LE TRIBUNAL RÉVOLUTIONNAIRE.

Déjà le tribunal sanguinaire est en pleine activité. Dès le lendemain de son arrivée, J. Lebon avait forcé les autorités de l'installer légalement dans une immense salle, aujourd'hui divisée en plusieurs chambres, de notre grand séminaire. Elle conserva longtemps encore les décors de circonstance, tous les emblèmes ou attributs de la république peints sur les murailles.

La chapelle de cet établissement servira, les jours d'exécutions, de salle d'attente pour les condamnés. C'est là qu'on leur fera la toilette; en passant dans la rue on les entendra offrir à Dieu leur sacrifice par des hymnes et des cantiques et, à leur sortie, les saintes victimes entonneront le *Te Deum*, qu'elles continueront jusque sur la planche fatale pour aller le continuer dans les cieux. J. Lebon sera comme le premier président de cette cour infernale et sans appel.

Nous aurons occasion de donner plus tard quelques courtes notices sur chacun de ces juges étrangers à la ville de Cambrai. Qu'il nous suffise, pour le moment, d'emprunter à Choudieux, représentant du peuple, près l'armée du nord, le portrait de ces magistrats sans-culottes qu'il nous trace en peu de mots:

« J'ai vu des membres de ce tribunal, ils ont plutôt l'air de bourreaux que de juges. Ils se promènent dans les rues avec une chemise décolletée, et un sabre traînant toujours à terre ; enfin, ils montent au tribunal en annonçant que l'affaire de tel ou tel va être expédiée et que bientôt on les verra passer pour aller à l'échafaud. J'ai été moi-même le témoin auriculaire de ces propos qui ne conviennent point à des juges, parce que leur impartialité seule peut inspirer la confiance. Ce tribunal est maintenant dans la ville de Cambrai. »

. . . .

Pour seconder les plans de meurtres et de carnage, le jury est *épuré* ; il ne se compose que d'hommes *énergiques, ayant de la tête et du cœur*, c'est-à-dire inaccessibles à tout sentiment de compassion. Ils seront soutenus, encouragés au milieu des débats, par la présence d'une bande de claqueurs à gages, *des fainéants à 22 sous* qui sont là tout exprès postés comme une arrière garde afin d'étouffer au besoin les gémissements de l'innocence et de la vertu aux prises avec des meurtriers. Les jurés et les juges seront encore puissamment stimulés par les regards et les gestes d'une compagnie d'élite bien intéressante, qui siége devant eux, en attendant avec impatience des arrêts conformes à ses instincts. Je veux parler des *tricoteuses*, véritables dames d'honneurs de Mme Lebon (car l'apostat était marié). Quand celle-ci, pendant qu'une affaire se plaide, voudra faire entendre au tribunal qu'elle compte sur une condamnation à mort, il lui suffira de lever les yeux sur les juges, en se posant transversalement l'index sur le cou. Du reste, un de ces patriotes par excellence, un de *ces bougres à poil*, comme ils s'appelaient entre eux, et tel que Lebon en voulait avoir, un de ces jurés de choix, en un mot, qui a toujours voté la mort, avoue qu'il existe entre les jurés, les juges et l'accusateur public, une convention d'après laquelle tout s'arrange; il avoue qu'il était arrêté dans le tribunal que l'accusateur public, lorsqu'il serait convenu de condamner, prendrait un ton tout différent de celui qu'il prendrait pour faire acquitter. C'est identiquement ce qui se passait au comité de Paris où les membres s'entendaient d'un coup d'œil, sans avoir besoin de s'expliquer.

Enfin, un autre de ces jurés qui ne sait pas même lire, qui se vantera d'avoir toujours voté la mort, qui, après s'être endormi d'ivresse pendant les débats, s'écriera cependant en s'éveillant qu'en sa conscience le fait est constant, déclarera lui-même que Lebon leur avait dit à tous que, s'ils n'avaient pas la conviction intime du tribunal, ils auraient tous eu la tête en bas.

La leçon est digne de cet assassin en chef qui avait écrit sur la porte de son cabinet : « *Ceux qui entreront ici pour solliciter l'élargissement des détenus n'en sortiront que pour être mis en arrestation.*

CONDAMNATIONS. — EXÉCUTIONS.

Mais il est temps de voir maintenant fonctionner cette terrible machine qui s'appelle tribunal révolutionnaire. Etudions dans sa marche le jugement de quelques-unes de ses victimes. Nous donnerons plus tard des détails particuliers sur certaines d'entre elles.

Les premiers accusés qui vont comparaître sont : 1º madame la marquise de MONALDY, âgée de 90 ans, sœur du saint évêque d'Amycles, de M. d'Aigneville de Millancourt, suffragant de la métropole; 2º Antoine GILLE, d'Arras, intendant de la marquise ; 3º Mme DECHY ; 4º M. VIENNET, de Cambrai; 5º un capitaine nommé EVRARD ; 6º vingt-deux militaires. Racontons d'abord le sort de ces derniers.

Le capitaine Evrard est accusé de désertion.

Après la déroute qui eut lieu dans une des sorties, dont nous avons parlé, il avait été obligé, comme ses soldats, de chercher un moyen pour éviter d'être pris par l'ennemi; il s'était égaré dans la route, ce qui se conçoit en pareille occurence, et ce qui devait prouver qu'il n'avait point voulu déserter, c'est qu'il était rentré en ville; mais malheureusement pour lui, la direction qu'il avait prise le ramena par la porte d'Arras, tandis que, selon ses accusateurs, il aurait dû revenir par la porte de Valenciennes. L'insuccès de la rencontre avec les Autrichiens avait vivement contrarié les patriotes qui se vengeront de la défaite sur le pauvre capitaine; il est condamné à mort et conduit immédiatement sur l'Esplanade pour être fusillé.

Les vingt-deux militaires accusés du même crime sont cependant acquittés parce que, dit le président, la patrie a besoin de leurs services. Il faut bien afficher un semblant de justice et d'humanité afin de faire moins murmurer au début, et pouvoir frapper plus tard avec une impitoyable audace.

Madame la marquise de Monaldy, son crime est d'être la providence visible du malheureux. Accompagnée d'une servante chargée de linge et de médicaments, elle allait tous les jours, malgré son grand âge, jusque dans les caves et les chaumières les plus malsaines prodiguer ses soins aux pauvres malades, et s'agenouiller quelquefois à leurs pieds pour nettoyer leurs plaies et de ses propres mains. Aujourd'hui la bienfaitrice du peuple se voit traînée par nos prétendus *amis du peuple* devant leur tribunal, « *et payera la peine due à ses crimes.* » Expression du féroce proconsul dans une lettre que nous reproduirons plus loin.

Cependant, pour la condamner, il faut au moins formuler quelques chefs d'accusation. « Elle est coupable de fanatisme, dit l'accusateur public, puisqu'elle montre de l'attachement à la Religion, puisqu'elle seconde et protége les *sœurs grises* (les filles de St-Vincent de Paul), puisqu'elle est amie des moines et qu'on a saisi sur elle...... *un objet de fanatisme* (c'était une image de St-Benoît). Elle est encore coupable d'aristocratie, sa parenté en fait foi : Elle est fille d'un ancien gouverneur de la citadelle, Charles d'Aigneville, chevalier, seigneur de Millancourt, et qui pis est, lieutenant de roi. Elle est sœur d'un évêque et épouse de l'ex gouverneur de la Bastille. »

Le marquis de Monaldy était l'un des vainqueurs de Port-Mahon, où il fut dangereusement blessé. (*Gazette de France* 1756.) Il devint plus tard lieutenant de roi à la Bastille en 1765 et n'y resta que trois ans, il mourut à Cambrai avant 1792.)

Ainsi, ajoute l'accusateur, il est impossible qu'elle aime la Révolution, donc elle est digne de mort. Mais fait observer timidement la défense, quel mal peut-elle faire dans cet état de vieillesse et d'infirmité où elle se trouve ; comment pourrait-elle fomenter des conspirations contre la Répulique, cette femme qui ne marche que péniblement et que son intendant est obligé de soutenir devant le tribunal, cette femme atteinte d'une surdité presque complète? — « Eh bien ! réplique l'accusateur public, elle conspire *sourdement ;* on conspire de toutes sortes de manières, en tous cas cette femme est dangereuse par là, » et en disant ces mots il montrait la langue en ajoutant : « d'ailleurs son argent conspire pour elle, elle en a beaucoup. »

Ici le bout de l'oreille se laisse apercevoir, c'est à son argent qu'on en veut. Nous le constaterons plus clairement en temps opportun. Il faut donc que la vénérable nonagénaire meure.

Antoine Gille fut arraché de sa famille et conduit d'Arras dans la prison de Cambrai. Il était l'intendant de Mme de Monaldy, dont une grande partie des revenus se trouvaient dans les environs d'Arras et d'Abbeville; près de cette dernière ville, était située la seigneurie de Millancourt. Gille est accusé de s'être rendu coupable d'aristocratie notoire, en lisant le journal l'*Ami de la Religion*, en affectant de ne pas aller à la messe des prêtres constitutionnels, mais surtout en manifestant ses sentiments pervers qui ressortent d'une lettre saisie chez la marquise; il lui disait dans cette lettre qu'il n'avait pu faire de recettes depuis le 10 août dernier, et finissait en l'engageant à attendre des temps meilleurs. Cette phrase incriminée fournit un vaste champ aux déclamations de l'accusateur public, qui fait pâlir son auditoire en lui montrant la contre-révolution prête à engloutir tous les sans-culottes. Le plaidoyer terminé, le président dit à l'accusé : « Partages-tu les opinions de ton *infâme maîtresse?* (Madame de Monaldy.)—Vive ma maîtresse! Vive *le roi!* » s'écrie Antoine Gille, et il demande la faveur de mourir le même jour que sa maîtresse et de l'accompagner à l'échafaud. Son désir sera accompli.

Madame Dechy est aussi accusée de fanatisme et de superstition. Elle reçoit et cache des prêtres chez elle, ils y disent la messe en secret; on a trouvé chez elle une pierre d'autel et des hosties qu'on prétend consacrées, en accompagnant cette observation de railleries aussi stupides que sacriléges.

Mme Dechy fait remarquer que ces pains étaient destinés à envelopper des pillules, pratique très connue et très usitée partout, et que pains et pilules provenaient de la pharmacie de M. Ladin. Il n'en fallut pas davantage pour fixer l'attention sur cet honorable commerçant. Il fut pris et jeté en prison.

Mais ce qui achève de perdre la pauvre dame, c'est qu'elle est de plus entachée de royalisme, car, dans les perquisitions faites chez elle, on a trouvé un ouvrage relié avec les portraits de *l'ex Capet et de sa femme* (de Louis XVI et de Marie-Antoinette), l'accusateur public n'en demande pas davantage pour faire tomber sur cette tête le glaive de la justice. Il y avait bien encore, pour provoquer cette condamnation, un autre motif secret que nous révélerons dans la suite.

Mme Dechy avait été malade dans la prison ; on avait demandé la permission d'aller chercher dans sa cave une bouteille de son vin : « *Non, non*, avait répondu le représentant, *son vin est trop bon pour elle, voilà vingt sous, qu'on lui achète du vin chez un marchand.* »

M. Viennet était riche, il faisait la banque, mais il avait eu la maladresse d'écrire sur ses registres, à côté des sommes qui lui étaient dues, *payable en espèces et non en assignats*. On avait découvert en outre chez lui, pendant une visite domiciliaire, un plumet blanc qui servait à son fils lorsque celui-ci devait monter sur les chars de triomphe, à la fête communale. Mais l'accusation soutint que ce plumet ne pouvait être qu'un emblême séditieux, qu'un signe qui prouvait que le prévenu devait se mettre en rapport avec les Anglais. C'en fut assez pour perdre M. Viennet.

Lorsque le président eut prononcé l'arrêt de mort de ces quatre victimes en ajoutant qu'elles auraient la tête tranchée sur la Grand'Place, Mme de Monaldy n'avait pas entendu : elle se tourne vers sa co-accusée pour lui faire cette demande : « *Que disent ces messieurs ?* » *Citoyens !* lui crie-t-on de tous côtés. « Eh ! bien, reprend-elle, *que disent les citoyens ?*—Ils nous condamnent à mort, lui est-il répondu.—*Ils nous condamnent à mort,* fit-elle avec le calme et la sérénité du juste, *mais ne nous faut-il pas tous mourir ?* » Quel contraste entre la résignation de la victime et la fureur des bourreaux ! Quelle grandeur d'un côté et quelle dégradation de l'autre ! Evidemment les loups furieux sont ici vaincus, terrassés par la douceur de l'agneau qu'ils vont immoler. Ils ne parviendront même pas à lui arracher un regret ; leur sentence n'aboutit, contre leur attente, qu'à faire naître un sourire céleste sur les lèvres de la vénérable chrétienne.

Ce bonheur surhumain qui reste à l'âme dépouillée de tout ici-bas, ils sont impuissants à le lui ravir.

Ce jour-là même, à trois heures après-midi, les quatre condamnés sont conduits à l'endroit où l'exécuteur des hautes-œuvres doit leur faire la toilette, et on les fait monter ensuite sur la fatale charrette. Mme de Monaldy, qui semble avoir retrouvé de nouvelles forces à l'approche de son heure suprême, demande à être exécutée la dernière, et debout sur l'échafaud, avec l'intrépidité et les paroles de la mère des Macchabées, elle soutient, jusque sous le couteau, le courage de ses compagnons d'infortune.

Ces quatre assassinats sont consommés le samedi 10 mai 1794. Telle est l'ouverture de ce drame sanglant qui va se dérouler sans interruption dans notre ville, en ajoutant les horreurs aux horreurs, pendant plus de trois mois. Les autorités seront forcées de sanctionner, pour ainsi dire, tous ces massacres par leur présence, car le despote sanguinaire exige qu'elles y assistent en corps. Il est enjoint en outre, à tous les habitants de la place, d'avoir à se tenir sur leurs portes pendant les exécutions afin de regarder passer *la justice du peuple*, et de s'habituer à voir, sans sourciller, couler le sang.

Ce sont surtout les plus jeunes de chaque famille qui sont astreints à cette horrible contemplation, tandis que leurs parents, retirés au fond de leurs demeures, tressaillent d'épouvante quand retentit le cri de *vive la république* qui annonce qu'une tête vient de tomber.

Plusieurs moururent par suite des frayeurs que leur causaient ces cris atroces. Ainsi la guillotine n'était pas le seul instrument qui, à cette inqualifiable époque, venait en aide aux bourreaux de la nation.

La plume se refuse à retracer les hideux amusements auxquels se livrent les valets des égorgeurs sur les cadavres des quatre suppliciés en les portant au cimetière Notre-Dame; ils les jettent dans une immense fosse, destinée à recevoir bien d'autres victimes, et qu'on appelle le *saloir* de J. Lebon, parce qu'il a coutume de dire en parlant des guillotinés : « *Qu'on les porte au saloir.* » Pour cette salaison on emploiera la chaux, et il en faudra une telle quantité, qu'un arrêté du conseil devra aviser aux moyens de faciliter la confection de cette matière.

LEBON REND COMPTE DE CES ASSASSINATS.

Deux heures après l'horrible boucherie dont

nous venons de parler, J. Lebon se rend au temple de la raison (église de St-Sépulcre), et monte dans cette chaire qui est encore celle de la métropole actuelle. Un ramas de vauriens, auxquels se mêlent quelques curieux, compose son auditoire.

« Cette chaire, leur dit-il, n'a été jusqu'aujourd'hui qu'une chaire de mensonge; à l'avenir ce sera celle de la vérité, ce sera mon *tonneau* de Diogène. » (Depuis elle fut longtemps appelée le tonneau de Lebon.) Il prend ensuite le langage d'un tribun de carrefour, d'un brigand qui fait métier d'assassin; il fait une ironique allusion au sang versé tout-à-l'heure en s'écriant :

« Eh bien ! citoyens, comment vous trouvez-vous de la saignée qui vient d'être pratiquée ? Vos cœurs ne sont plus si oppressés, vous respirez plus à l'aise.... Républicains, vos malheurs sont passés; je ferai trembler les conspirateurs et les traîtres, et je continuerai à purger chaque jour la ville de ses immondices. Les aristocrates, les nobles, les prêtres, les riches, les bigots, les cagots, toutes ces plaies seront supprimées et, *ça ira*. Braves sansculottes, avant mon arrivée dans vos murs, la patrie était en deuil; je suis votre vengeur, et je n'épargnerai aucun conspirateur. Les amis de *Pitt et de Cobourg* subiront tous la vengeance nationale.

Je vais vous lire la liste du comité révolutionnaire. »
(Nous supprimons ici les cinq noms propres qu'il cite.) « Tels sont les hommes, ajoute-t-il, que j'ai trouvé bon d'investir de ma confiance ; s'ils ne frappent pas ferme, je les destituerai et je verrai ce que j'aurai à en faire.......... »

Fut-il jamais despote plus odieux? Les satellites, que la fatalité enchaîne à sa suite, se trouvent condamnés à prendre la nature et les instincts des bêtes féroces, s'ils veulent éviter les terribles effets de sa colère et de ses menaces.

Deux jours après, Lebon s'empresse de rendre compte de sa conduite à ses chers collègues en insultant encore les malheureux qu'il vient de faire périr. Lisons sa lettre trouvée dans les papiers de Robespierre :

« *Joseph Lebon à ses collègues Lebas et St-Just.*

» *La machine est en bon train*, je l'espère; l'aristocratie tremble, et les sans-culottes relèvent leur tête si longtemps humiliée, les fonctionnaires prévaricateurs ne m'échapperont pas; ceux qui n'ont pas osé déployer d'énergie jusqu'à ce jour, ne savent par quels moyens réparer leur faiblesse passée. La conduite de tous sera examinée scrupuleusement, et vous entendrez parler des résultats.

» Une guerre à mort est livrée aux espions qui pullulent dans cette place, et certes il ne tiendra pas à moi de dégoûter l'ennemi du dessein de nous cerner, en rompant sans pitié toutes ses intelligences.

» Messieurs les parents et amis d'émigrés et de prêtres réfractaires ACCAPARENT la guillotine.

» Avant-hier, un ex-procureur (l'intendant Gille), une dévote (Mme Dechy), veuve de deux ou trois chapitres, un banquier millionnaire (M. Viennet), une marquise de Monaldy, ont subi la peine due à leurs crimes.

» Un général de brigade, poltron et fuyard jusqu'à Péronne, dans une des dernières affaires, a été condamné à mort et vient d'être conduit à Lille pour y être fusillé à la tête des colonnes républicaines. Hier, trois espions et cinq ci-devant français, devenus échevins autrichiens, ont également disparu du sol de la liberté.

» Salut et fraternité,
» Signé : JOSEPH LEBON. »

On chercherait inutilement dans l'histoire des révolutions un pareil cynisme dans le langage des persécuteurs. Quels impudents mensonges pour justifier ses atrocités, même aux yeux des complices qui lui ont donné son horrible mission, car il sait bien, le misérable, que ce n'était que dans son imagination perverse que ces prétendus espions *pullulaient*.

LES FONCTIONNAIRES ET LES SANS-CULOTTES SOUS L'EMPIRE DE J. LEBON.

Mais à côté des impostures, on rencontre de désolantes vérités dans cette lettre. *Les fonctionnaires prévaricateurs ne savent comment réparer leur faiblesse,* dit-il. En effet, on les verra souscrire, pour lui complaire, à tous ses caprices, ordonner les arrestations qu'il exige, applaudir à ses actes de la plus odieuse tyrannie, aller même au-devant de ses désirs, et jusqu'à proclamer publiquement *les bienfaits du citoyen J. Lebon,* représentant du peuple, sous lequel *toutes les vertus sont à l'ordre du jour.* N'est-ce pas cette conduite pusillanime qui fut la première cause de tant de crimes ? Que de maux nous auraient épargnés les autorités si, comme celles de Douai et de Lille, elles avaient eu assez d'énergie pour fermer les portes de la ville à ce monstre, ou pour le sommer d'avoir à les délivrer de sa présence. Mais nous oublions qu'on avait été le demander.

Les sans-culottes, dit-il encore, *relèvent leur tête si longtemps humiliée*. Nous ne comprenons pas bien cette longue humiliation des sans-culottes, mais nous ne comprenons que trop leur audace sous la conduite d'un tel despote. Hélas! oui, ces francs républicains qui déclamaient, comme Catté, au coin de nos rues contre

Les trônes où les rois étalaient leur fierté,

ces francs républicains qui chantaient que sur les débris de ces trônes : *on célèbre la liberté*, se montraient les esclaves, les adulateurs les plus rampants du plus vil et du plus détestable des tyrans; ils s'agenouillaient devant le trône nouveau qu'il s'était dressé, et ce trône était un échafaud, du haut duquel il imposait, avec tous les appareils de la terreur, ses lois sanguinaires.

Ils venaient, les misérables, s'incliner, comme des courtisans, devant l'infâme qui s'était posé comme le dominateur suprême, comme l'arbitre souverain de la vie et de la mort de tous les citoyens d'une ville de dix-huit mille âmes. Le tribut de leurs hommages, c'étaient des têtes humaines. Pour s'en procurer, ils ne s'arrêtaient devant aucun moyen.

ENCORE LES DÉNONCIATIONS.

Ils provoquaient, par toute sorte de ruses, les dénonciations; ils interrogeaient ou faisaient interroger par leurs satellites les enfants pour surprendre sur leurs lèvres naïves un mot qui devenait un chef d'accusation contre les parents. Ils recommandaient à leurs espions de parler mal de la république devant les personnes qu'ils voulaient perdre afin de les prendre plus facilement dans leurs filets. Le crime prenait hypocritement le langage de la vertu, pour transformer la vertu en crime. Afin de provoquer à la délation, ils laissaient entrevoir d'avance les récompenses qu'on accorderait aux dénonciateurs. L'un de ces juges que nous ne voulons pas nommer, appelle un jour chez lui un ouvrier de la rue Ste-Anne, qu'il sait être dans la gêne : « Il faut, lui dit-il, que tu me dénonces quelqu'un. — Mais je ne connais personne dans le cas d'être dénoncé. — Dénonce toujours, n'importe qui. — Mais encore une fois, citoyen, je te dis que je ne connais personne. — Dénonce, te dis-je, tiens, voilà des assignats.— Je ne puis accepter. » L'honnête ouvrier sortit, et son infâme séducteur, s'apercevant peut-être qu'il avait poussé les choses au-delà de toute pudeur, n'inquiéta pas celui qui, malgré son état de détresse, avait montré des sentiments bien propres à couvrir de honte, s'il pouvait encore rougir, l'auteur d'une telle spéculation et d'un guet-apens digne d'un suppot d'enfer.

Du reste, juges, jurés, huissiers et bourreaux singent leur maître qui menace de faire guillotiner les patriotes s'ils ne dénoncent pas, qui provoque la populace contre les propriétaires, en s'écriant au club :

« Sans-culottes, c'est pour vous qu'on guillotine, si l'on ne guillotine plus, vous n'aurez plus rien, vous mourrez de faim. Il faut que les sans-culottes prennent la place des riches. Jadis ceux-ci se divertissaient toute la journée; eh! bien, sans-culottes, ce doit être assez pour vous de travailler désormais la moitié de la journée, et de vous délasser le reste du jour. » — Te voilà bien embarrassé, dit-il, à un particulier qui se plaignait à lui de sa pauvreté qui n'était que le résultat de la paresse, te voilà bien embarrassé, f..... bête ! n'y a-t-il pas quelqu'un dans ta rue qui soit riche, noble, un gros marchand, etc. Viens me le dénoncer, je te donnerai sa maison, tu y demeureras, tu auras tout à gogo. »

Mais si Lebon et les siens ont quelquefois rencontré des hommes assez courageux pour repousser de telles offres et en révéler toute l'exécration, combien de misérables les acceptèrent avec empressement et se rendirent ainsi les pourvoyeurs de la guillotine dressée en permanence sur notre place. C'est pourquoi Lebon, se voyant si bien secondé par son entourage, ne craint plus d'annoncer que *la machine est en bon train.* Continuons à vérifier cette affreuse assertion.

Nous suivrons, autant que possible, les catalogues de la mort, imprimés dans l'histoire de la municipalité, c'est-à-dire les livres d'écrou des différentes prisons de la ville, des Anglaises, des Clarisses et du Séminaire. Quand aux dates des exécutions, nous ne donnerons que celles dont nous sommes certain, puisqu'on ne tenait dans ces jours aucun acte de décès, et que les geôliers se contentaient de marquer d'une croix les noms des personnes au fur et à mesure qu'elles étaient exécutées.

AUTRES VICTIMES.

Le jour même où Lebon écrivait la lettre que nous avons rapportée, le 12 mai, six nouvelles victimes montaient à l'échafaud : M. le marquis DE-LAWÆSTINE de Bercelaer, Maximilien-Antoine, demeurant rue des Rôtisseurs, dans la maison nº 58, occupée aujourd'hui par M. Queulain, banquier. Ce marquis était seigneur de Walincourt, où il était aimé de toute la population; on y raconte encore aujourd'hui tous les traits de sa bonté. Quand on vendait les coupes de ses bois, souvent il arrêtait les enchères pour ne pas laisser les amateurs s'exposer à acheter trop cher. Deux jours avant son arrestation, il reçut la visite de J. Lebon; celui-ci parut admirer la beauté d'une paire de pistolets pendus à la cheminée; le marquis s'empressa de les lui offrir, Lebon remercia, et sortit pour continuer ses visites; mais en rentrant chez lui il trouva ces armes sur son bureau.

Les chefs d'accusation à la charge du marquis sont nombreux; avant tout il est riche, il est noble, il est seigneur, il est père d'un émigré, puis il a montré trop d'attachement à des titres qui rappellent la féodalité puisqu'il les a cachés sous la garniture d'un fauteuil. Inquiété d'abord pour ces griefs, il est laissé tranquille par la municipalité qui l'a trouvé trop vieux et trop infirme pour pouvoir conspirer. Mais bientôt sa cause est reprise avec un surcroît d'animosité ; les brigands ont convoité sa dépouille. C'est en vain que le bon vieillard se débattra en cherchant à prouver qu'il ne tient point aux titres de noblesse, puisque, pour montrer son patriotisme, il a épousé en seconde noces, une roturière, qui fut sa femme de chambre.

Le domestique dévoué du marquis pressentant le funeste sort qui l'attend, perd la tête, se met à parcourir les rues de la ville en demandant à tout venant des millions et des millions pour racheter son maître. C'était, selon son dire la rançon que J. Lebon attendait comme celui-ci le lui avait fait comprendre. Le pauvre insensé ne se trompait peut-être pas; il est bien possible que ce fut d'abord le calcul des compères qui auraient préféré partager une bonne aubaine entre eux, plutôt que de laisser la nation s'emparer de toute la fortune. On peut présumer que leur plan n'aura échoué qu'à cause de l'exagération et de l'exaltation dans lesquelles la folie a dû jeter le serviteur.

Quoiqu'il en soit, celui-ci ne se lassait pas d'aller trouver les juges, les uns après les autres, et de tenter tous les moyens de les attendrir en faveur de ses maîtres; tandis qu'il peignait l'extrême bonté de sa dame, Marguerite Bonnefonts, arrêtée avec son mari, tandis qu'il rappelait son alliance qui devait prouver le civisme de l'un et de l'autre, le juge bien connu auquel il s'adressait, lui répond avec un cynisme qui peint l'homme d'un seul trait : « Ce n'est pas *la truie qui démarquise, c'est le cochon qui ennoblit.* » M. le marquis de Bercelaer est condamné à mort pour les raisons qu'on connaît; sa femme, Marguerite BONNEFONTS, subira la même peine, pour s'être rendue coupable d'aristocratie et de fanatisme, en s'attachant au sort d'un vieillard noble et en prenant son nom. Ils iront au supplice avec quatre autres victimes : Mme veuve PRISTON, marchande mercière rue des Liniers, qui va laisser neuf enfants orphelins; elle a reçu une lettre que lui écrivait d'Angleterre un émigré nommé Boileux, et elle est de plus dénoncée comme fanatique; trois de ses parents, accusés aussi d'aristocratie et de fanatisme, sont exécutés avec elle. La mort de cette pauvre mère n'assouvit pas la rage de ses ennemis; ils s'en prennent à ses malheureux enfants, et leur font subir un nouveau genre de tortures qui révolte la nature, et qu'il suffit d'exposer pour en démontrer toute la cruauté : quelques jours après l'assassinat de leur mère, ses filles sont forcées de figurer dans une fête républicaine et d'aller jeter des fleurs devant la déesse Raison !

Mme Priston avait un fils à l'armée, dans un régiment de hussards. Il ignorait ce qui s'était passé. Après le 9 thermidor, il arrivait à Cambrai en permission et courait chez lui pour embrasser sa mère.

Il demande après elle en entrant.... Quelle surprise!

Il ne voit que des visages sombres et abattus, il n'entend pour toute réponse que des sanglots! Bientôt la terrible vérité lui est révélée. Mais quel est le monstre qui a pu dénoncer sa mère et la vouer ainsi au supplice? C'est G...., son voisin, agent très violent de J. Lebon et alors réfugié avec quelques-uns de ses semblables, à Valenciennes; le jeune Priston y vole, il apprend que G. va faire habituellement sa partie de billard dans un café qu'on lui désigne. Il s'y rend, et monte à l'étage où se trouve la salle de jeu. « N'y a-t-il pas ici, demande-t-il en entrant, un nommé G....? — C'est moi, répond une voix dans le fond. — Ah! scélérat! s'écrie Priston, en s'élançant vers lui, les yeux enflammés, le sabre à la main, c'est toi! l'assassin de ma mère; je viens venger sa mort.» Mais G.... comprend ce dont il s'agit; n'ayant pas l'espoir de fléchir le courroux du jeune militaire qu'il a rendu orphelin, il s'élance par la fenêtre et se fracture la cuisse en retombant dans la cour. Il mourut bientôt après des suites de sa chute.

Après ces six victimes, le lendemain 13 mai, deux autres marcheront à la mort: M. Eugène BRUNEAU, grand oncle de M. Bruneau, avocat comme lui, occupait sur la Place-au-Bois une maison confondue dans l'hôtel du *Grand-Canard* aujourd'hui hôtel de *l'Europe;* son fils, ancien lieutenant-colonel du 8e cuirassiers, vit encore, retiré à Nancy. M. Eugène Bruneau a été surpris, conservant une lettre qu'il avait reçue de Paris, dans laquelle, après avoir parlé de l'invasion du château des Tuileries et des massacres du 10 août, l'auteur ajoutait: « Après les malheureuses affaires qui viennent d'avoir lieu, j'ai un conseil à vous donner : c'est de vous défaire de vos assignats, croyez-moi, il faut battre le fer pendant qu'il est chaud. Le domestique de M. Bruneau accompagnera son maître. Il est condamné pour s'être rendu coupable de fanatisme avec circonstances très aggravantes. Il a fait un voyage suspect, il a porté des lettres aux émigrés, il conservait dans sa chambre une carte d'Allemagne, sur laquelle on voyait des points et des lignes tracées, qui pouvaient bien indiquer la marche suivie par l'ennemi. Que d'attentats dans un seul!

La guillotine ne doit chômer que les *décadis;* il

faut qu'elle fonctionne sans interruption pendant les neuf jours de la *décade*. Ces deux exécutions sont donc immédiatement suivies de deux autres. Mais cette fois, il faut que la république soit bien malade pour regarder comme des adversaires redoutables deux pauvres vieillards, l'abbé TRANCHANT, octogénaire et infirme, et sa vieille nièce, dont le corps est plié en deux. Ils demeuraient rue des Capucins, non loin de la manutention.

Ce bon abbé Tranchant, connu de tous ses concitoyens pour l'aménité de son caractère et ses habitudes pacifiques, ce chapelain de la métropole, uniquement occupé de nos chroniques religieuses, et que M. Leglay nous représente guidant les étrangers dans leurs visites à Notre-Dame, leur en expliquant l'histoire par les monuments ; ce prêtre enfin est accusé d'avoir conservé des écrits fanatiques, sa bibliothèque sans doute, son bréviaire, ses manuscrits sur l'histoire. Sa nièce conserve de plus des ornements d'église ; évidemment, dit l'accusation, c'est pour chanter un *Te Deum* à l'arrivée des Autrichiens et au massacre des patriotes.

« M. Douay Mallet qui, certes n'était pas un aristocrate, *disent les Mémoires d'un contemporain,* indigné de voir ainsi préparer un lâche assassinat, prit la défense du vieillard et de sa nièce. Il fit entendre des paroles pleines de noblesse et d'attendrissement. Son plaidoyer produisit sur l'auditoire une telle impression, que le public, composé en grande partie de Jacobins, n'en fit pas moins entendre des murmures favorables aux victimes. L'accusateur public comprenant combien un pareil homme pouvait contrarier les projets des assassins, fait taire M. Douay et requiert le tribunal de décréter immédiatement d'arrestation le citoyen Douay, *pour avoir si bien parlé.* Le président cria avec empressement: «Huissier, un piquet de quatre hommes et qu'on empoigne ce citoyen.—Mais citoyen, dit M. Douay...—Il n'y a pas de citoyen qui tienne, vocifèrent tous à la fois, juges et jurés; et l'honorable M. Douay fut traîné en prison, où il resta, je crois, jusqu'au neuf thermidor. »

Après cet incident qui montre combien la défense était libre, la condamnation des deux prévenus est prononcée, et le président lève la séance en disant avec un horrible jeu de mots: «*Ainsi Albert Tranchant aura la tête tranchée.*»

LES EXÉCUTIONS SE MULTIPLIENT.

Plus nous avançons, plus les exécutions vont se

multiplier, on en comptera jusqu'à seize et quelquefois vingt-quatre sur un jour. Nous nous contenterons désormais d'indiquer les noms des victimes, en rappelant toutefois, quand nous les connaîtrons, les particularités de leurs arrestations et les causes de leurs jugements.

Un dénonciateur, par exception, est condamné à mort, voici en quelle circonstance : Une part des biens des émigrés est adjugée à quiconque les fera connaître; alléché par cet appât, un individu se présente et dénonce un propriétaire de Cambrai. « — En es-tu sûr? lui demande-t-on. — Parbleu, répond-il, puisque je l'ai vu hier à Valenciennes. — Ah! ah! tu vas à Valenciennes avec les Autrichiens et les émigrés qui s'y trouvent? »—Le lâche ne s'attendait pas à ce terrible argument qui le foudroie; aussi son affaire est bientôt faite. Celui-ci du moins a été trompé dans son exécrable cupidité en faisant l'ignoble métier de délateur.

La nommée Angélique COLPART, d'Iwuy, grande et forte jeune fille, d'une rare beauté, accusée d'espionnage, est condamnée à avoir la tête tranchée. Le jour de l'exécution elle se débat en désespérée sur la fatale charrette, tandis que le valet du bourreau l'outrage en cherchant à la maintenir. Tout-à-coup la pauvre enfant aperçoit, au milieu de la foule, sa malheureuse mère, qui suit l'affreux convoi, échevelée et fondant en larmes. A cette vue les hurlements de la fille redoublent, et les habitants de la place se rappellent encore les accents déchirants de la victime qui s'écriait, jusque sous le tranchant de la guillotine : *Adieu, ma mère, adieu, ma mère !!!*

Deux habitants de la même commune ont subi le même sort qu'Angélique : ce sont LARIVIÈRE Jean-Baptiste, frère d'un prêtre émigré, et MARLIÈRE François-Joseph. Celui-ci était dans un état complet d'idiotisme; il ne savait pas ce qu'on lui voulait; pendant les débats de son procès, il s'amusait avec un petit chien; son défenseur officieux le fait remarquer aux juges, mais l'accusateur répond qu'un fou peut être très dangereux. Le pauvre insensé, en marchant à la mort, paraissait tout joyeux.... Il s'était imaginé qu'il allait à la ducasse. Forcés l'un et l'autre par les Autrichiens de conduire des vivres à leur parc situé près du Quesnoy, ils s'étaient vus arrêtés, à leur retour, toujours sous l'absurde accusation d'espionnage.

Vers la même époque, quarante-deux personnes d'Iwuy sont surprises pendant la nuit par un détachement de hussards noirs, accompagné de deux pièces de canon; on procède à leur arrestation pour les amener, sous cette escorte formidable, dans la prison des Anglaises. On cite, au nombre de ces détenus, Jacques-Hubert PANIEN et sa femme; Charles FIÉVET, sa femme et deux de ses filles, Amélie et Catherine; la veuve Emmanuel MORAUX, avec ses deux filles, Marie-Josèphe et Marie-Adelaïde.

Ces trois dernières avaient été dénoncées comme émigrées parce qu'elles avaient fait un voyage à Valenciennes; de plus, elles donnaient asile aux prêtres-missionnaires, comme le constatent les annales religieuses de leur paroisse.

Heureusement, les temps changèrent avant qu'on eût le temps de s'occuper du jugement de ces prévenus. Donnons pour modèle, un des billets de sortie qu'on leur délivrait :

« Le onze brumaire, l'an III° de la république française une et indivisible.

Maison d'arrêt des Anglaises à Cambrai.

Par ordre des représentants du peuple J. B. Lacoste et Roger Ducos.

La veuve Manuel Moraux sera mise en liberté et les scellés apposés sur ses effets seront levés.

(Signé) J. B. Lacoste, Roger Ducos. Vu. »

Mais revenons aux exécutions capitales : aux

premières que nous avons rapportées, ajoutons les suivantes qui eurent lieu dans le même mois.

CARPENTIER Jacques, avec son fils, de Villers-Guislain; PRONVILLE, noble; la servante de Mme Dechy; CUVELLIER Placide, de Baralle; LOQUET Caroline de Saulzoir; LAINE Pierre-Hubert, se disant de Douai, considéré comme espion. COTTEAU Maximilien de Carnières.

LIMELETTE, fermier à Bourlon, est accusé avec son épouse, née Bréda, d'avoir fourni des vivres à l'ennemi, et de conserver de l'avoine pour les chevaux des Autrichiens. Mais avant tout, ils sont riches, ils mourront.

Cinq membres du conseil municipal d'Avesnes-le-Sec ont été surpris par les Autrichiens; forcés, dans cette conjoncture difficile, de se décider à prendre, malgré eux, la cocarde noire pour éviter la mort, ils la trouveront hélas! à Cambrai, où ils se voient traînés et condamnés comme traîtres à la patrie.

Rappelons actuellement les noms des personnes exécutées pendant le mois de prairial.

DELBART Amand, de Lesdain; GÉRARD François, d'Inchy-Beaumont, espionnage; DUMONT Jean-Baptiste, d'Abancourt; DOUDON Auguste-Joseph, 24 ans, de Bapaume; ROBERT, Pierre-Joseph,

17 ans, du Jolimetz; DUCANNE Augustin, 27 ans, du Jolimetz; vicomtesse de BARALLE, d'Arras; DEVEAUX Pierre-François, de Péronne; BOULANGER Augustin; DENIS, Bénoni, de Lesdain, émigration; MILON, Pierre-Philippe, invalide à Montigny; LEPÈVE, Jean-Joseph, de Cambrai, 48 ans; LAGACHE, Julien-Joseph, 32 ans, employé aux vivres à Réunion-sur-Oise; POUILLEZ Jean-Baptiste, 18 ans, déserteur; GARGAN Hector-Antoine-Joseph, 71 ans, de Rottepot, près Fervent.

VERDELIN Pierre-Jacques-César-Joseph, chevalier de St-Louis; son crime est d'avoir conservé sa décoration, précieux souvenir de sa valeur. Il demeurait rue St-Georges, n° 13. Il fut dénoncé par un de ses voisins qui s'attira, pour ce fait, l'indignation de tous ceux qui connaissaient le vénérable vieillard, dont l'unique plaisir était de cultiver des fleurs; il les arrosait, lorsqu'il fut arrêté à trois heures après-midi.

PARIZOT de CARONDELET, Marie-Catherine-Louise. Viennent ensuite quatre victimes guillotinées le même jour, ce sont: MAILLIEN Noël, religieux de Vaucelles; PEUGNET Pierre-Joseph, curé de Vitry; quand celui-ci parut au tribunal, comme il portait la cocarde, tous les énergumènes se mirent à crier, *à bas la cocarde*, il n'est pas digne de la porter. Il avait été arrêté avec son confrère chez un maréchal de Crèvecœur où ils étaient cachés. Le maréchal et sa femme furent condamnés avec eux; c'était BANCOURT François et GRANSART Catherine.

EDONCHEL de BARALLE Marie-Eugénie et sa sœur Marie-Josèphe; MARTINET Jean-Charles de Boulogne-sur-Mer; PODEVIN, François, hussard.

DÉMOULIN Jean-Baptiste, 34 ans, de la commune de Deck; MENISSIEZ Raymond, 28 ans, de Poix; LOTTE Suzanne, femme Leroux, 43 ans, de Réunion-sur-Oise; DURAND Jean-Baptiste, fils, 35 ans, espion, du Nouvion; COLET Alexandre, 52 ans, de Cartigny; POILLION Jacques, de Pierremont, district de St-Pol; PENIN, François, menuisier, 44 ans, de Frévent, district de St-Pol; PIOT Charles-Michel; DANCHAUD Pierre-Marie; JESSU Roch, tous trois de Bapaume; madame PÉQUEUR Robert, de Germicourt; HOCQUET Eustache, de Metz-en-Couture; REULY Mathieu, de Baratre; CARLIER N., de Remy; GOUBET Jean-François, de Boury; PIOT, Marguerite, de Bapaume; LABOURÉ Jean-Louis; VILLERET Louis (père François); TRIBOULET André, de Germicourt; TRUFFET Jean-Baptiste, d'Hernies; DELCOURT Pierre; BOUCHER Jean; DELARUE Maturin; DELESTRÉE Pierre; BÉDU Jean-François, tous cinq de Bapaume; PAYEN Charles-Marie, de Bouy-Becquerelle; BARBET Charles-François, d'Oisy; COULMONT Jean-Louis, de Gomicourt; PECQUEUR Robert, de Gomicourt; JESSU, Marie-Rose, de Bapaume; LECOLE Jean-Charles de Marcq; DELATTRE Joseph, 28 ans; DELATTRE Pierre, 16 ans; BÉCART Antoine, 60 ans; AVRANSART Céleste, 32 ans; FONTAINE Bernard, 35 ans; FONTAINE François, 42 ans; BELVA Ferdinand, 35 ans; BÉRART Adrien, 56 ans; CALONNE Jean-Baptiste, 63 ans; BÉCART Antoine, fils, 31 ans; PEUVRELLE Pierre, 58 ans; TAMECOURT Charles, 31 ans; DELATTRE Constant, 31 ans; GARGAN Florence, femme Marin, 40 ans; HUS Marie-Anne, 36 ans. Les quinze personnes qui précèdent sont de la commune de Frévent, district de St-Pol; VASSEUR Henri, 39 ans, à la Vaquerie-Leboucq, district de St-Pol.

BERTEAU Guislain, de Maubeuge; CONTE Charles-Joseph, dit *Quatraine*, 60 ans, de Maubeuge; MAGNIER juge-de-paix de Rœux, district d'Arras, GODET Eléonore, femme de l'émigré DESLYON Remy, d'Arras; JOUENNE Joseph, d'Arras; HERPIN Théodore d'Arras; DESAINS Philippe-Léopold, dit le *Caron*, 53 ans, crime de contre-révolution; TEL-

LIER Charles et TELLIER Xavier, d'Arras; SAILLY Erménégilde, de Quiévy; BORDEDUC Toussaint, de Gouy-sous-Bellonc; PREUDHOMME Marie-Josèphe, de St-Omer; LIBOREL, Ignace-François-Alexandre, avoué de St-Omer; DELANNOY, Procope, receveur de Monchy-le-Preux; DELANNOY, Paquette, femme de Recourt, de Monchy-le-Preux; OLIVE Liévin, chirurgien de Monchy-le-Preux; BEAUMONT Pierre, aide-major, d'Arras.

DEHAYNIN, propriétaire à Saultin, près Valenciennes, est accusé et convaincu de royalisme. Original du premier ordre et poussé par une singulière curiosité, il voulut voir de plus près le règne de la terreur. Il arrive à cet effet à Cambrai, et s'en va, à une heure fort avancée de la nuit, se loger dans la maison qui fait le coin de la rue Neuve et de la rue de l'Ange, alors occupée par une de ses parentes. Celle-ci devra comparaître devant le tribunal pour n'avoir point fait la déclaration voulue par la loi en recevant un étranger chez elle; après cette alerte, et l'affaire dont nous allons parler, saisie d'effroi, elle mettra au monde un enfant qu'elle ne porte que depuis cinq mois. Cependant, le lendemain de son arrivée, dès le matin Dehaynin se rend à l'estaminet et prétend y garder son franc parler; il envoie à l'adresse de la république l'expression énergique dont Cambronne se servira plus tard dans une mémorable boutade.

Notre homme est bientôt ramassé et jeté en prison. Là, un condamné qui le connaît, lui remet son portefeuille en allant à la mort. Ce portefeuille, mis à la disposition des compagnons d'infortune, est examiné; on observe que les assignats à l'effigie de Louis XVI doivent être démonétisés et remplacés par des assignats aux armes de la république. Dehaynin déclare avec chaleur qu'il préfère les premiers. Ce propos le rend doublement suspect. Il comparaît au tribunal avec une intrépidité imperturbable; il soutient audacieusement son dire; il ne regarde les juges et les jurés qu'avec un souverain mépris. A toutes les questions qu'on lui adresse, il ne répond que par les cris de *vive le roi!* Sa voix de Stentor couvre toutes les autres. Attaché à un poteau de la guillotine, en attendant l'heure de l'exécution, ses vivats se succèdent sans interruption, retentissent jusqu'aux extrémités de la place et jusque dans les rues adjacentes; le tranchant seul de la guillotine l'empêche d'achever le dernier cri qu'il a commencé.

Le même jour on voit entrer à Cambrai, conduit par la gendarmerie, se tenant debout sur une charrette et appuyé sur une canne à pommette d'or, un beau vieillard d'une taille majestueuse. Pour ne pas perdre de temps, la toilette du prévenu s'est faite pendant la route, on remarque que déjà ses cheveux blancs ont été coupés par derrière. Ma mère qui vient de le rencontrer à son arrivée, tandis qu'elle se rend pour affaires dans la rue des Liniers, le retrouve quelques instants après sur la place, il marche à l'échafaud, il n'a eu que le temps de déposer sa canne à la porte du tribunal et d'y entendre sa sentence. Il n'y avait plus, dit-on, de place pour lui dans les prisons. Son crime, paraît-il, c'était d'avoir donné asile à deux de ses sœurs qui étaient religieuses.

Exécutions de *Messidor*, même année : TOURELLE Anne Joséphine, femme Locqueneux, de St-Souplet; BOITELLE Jean de Clary; PAYEN Jean-Chrétien, fermier, 37 ans, de Neuville-la-Liberté; FAUTOU, Thérèse-Madeleine, 46 ans ; LANEL Marie, 49 ans; FONTAINE Madeleine, 71 ans ; GÉRARD Jeanne, 41 ans, toutes cinq religieuses hospitalières de la maison de charité, à Arras.

Tel est cet effrayant nécrologe écrit en caractères de sang, encore faut-il reconnaître qu'il est bien incomplet; il était en effet bien difficile de recueillir les noms de tant de victimes étrangères à la ville, et tandis qu'on allait les arracher d'entre les bras de leurs familles pour venir les jeter presqu'immédiatement aux bourreaux.

Dans l'impossibilité où nous nous trouvons de consacrer même quelques notes sur les actes du plus grand nombre de ces martyrs de la révolution, racontons du moins ce que nous avons appris sur quelques-uns d'entr'eux.

OBSERVATIONS SUR QUELQUES-UNES DES VICTIMES. — P. F. DEVAUX.

Pierre-François Devaux, âgé de 68 ans, demeurant à Péronne, jouissait d'une fortune assez considérable ; il avait vendu son patrimoine pour acquérir des domaines nationaux. Il s'était arrangé à l'amiable avec les fermiers de ses nouvelles propriétés, à l'exception de quatre contre lesquels il dut invoquer l'intervention de la justice qui les condamna. Ces malheureux, pour se venger, vinrent trouver Lebon qui lança contre le vieillard un mandat d'arrêt. Cependant, rien de suspect dans ses papiers, et la municipalité de sa commune atteste son *civisme*. Il n'en est pas moins arrêté par la gendarmerie et conduit dans nos prisons. Une Cambresienne s'appitoie sur le sort du pauvre Devaux et cherche à lui témoigner quelqu'intérêt; sa compassion et sa charité sont des crimes qui la font condamner à la prison. Lebon menace de la même peine un brave militaire qui ose lui parler en faveur de Devaux, à la sollicitation de sa famille. Soldat téméraire ! tu n'avais donc pas lu la consigne affichée sur la porte de l'arsenal de la mort, en abordant son commandant? L'accusateur public dépose un acte d'accusation insignifiant et le lendemain, sur la déposition de ces mêmes fermiers, dénonciateurs et témoins, le vieillard est condamné à mort et exécuté sur le champ. Ses enfants, porteurs des preuves de son innocence, n'arrivent à Cambrai que pour voir la tête de leur père séparée du tronc et glisser sur les traces de son sang.

Devaux n'eut pas même un défenseur officieux.

JEAN-CHRÉTIEN PAYEN.

Payen Jean-Chrétien, âgé de 37 ans, fermier de Neuville-en-Artois (Neuville-la-Liberté), avait montré de la répugnance pour se lier avec Lebon, lorsque celui-ci était curé constitutionnel de cette paroisse. Il est d'abord jeté dans les prisons d'Arras, et afin d'obtenir par la terreur des dénonciations contre lui, on fait arrêter en même temps presque tous les habitans de cette commune. L'arrêté qui ordonne cette mesure est à citer.

« AU NOM DU PEUPLE FRANÇAIS, Joseph Lebon charge les officiers municipaux de Neuville-la-Liberté de faire arrêter et conduire à Arras, au département, tous ceux, mâles et femelles qui, en 92 et en 93 n'ont pas assisté aux messes des prêtres constitutionnels, *sottise nécessaire de ce temps-là.* »

L'ordre fut exécuté sur-le-champ ; Duponchel, suppot de Lebon et alors maire d'Arras, va trouver ces paysans effrayés, pour les engager à déposer contre Payen, comme ayant donné des conseils de ne plus fréquenter les prêtres constitutionnels. Les juifs sans-culottes rencontrèrent sans doute un Judas, la suite le prouve assez. En effet, le 6 messidor, à onze heures et demie du soir, Payen, qui avait toujours conservé le même calme et le même courage, est extrait du grenier, où cinquante détenus étaient entassés, et devant ses compagnons d'infortune, il est lié, garotté et chargé de fers pour être amené à Cambrai; l'ordre qui prescrivait cette arrestation portait qu'il y serait rendu à huit heures du matin.

Dans la vue de lui ôter tout moyen de défense, on lui laisse ignorer l'acte d'accusation. Il est immédiatement conduit au tribunal révolutionnaire, où, à peine présenté, il entend son arrêt fatal et se voit traîné de suite au supplice. A dix heures du matin il n'existait plus.

CINQ RELIGIEUSES.

Les cinq sœurs hospitalières, trop aimées des pauvres et trop considérées dans la ville d'Arras, sont aussi amenées à Cambrai pour y subir leur jugement et leur condamnation. Accusées comme réfractaires, elles sont pressées de nouveau par le tribunal de prêter le serment; elles le refusent avec une constante fermeté. « Mais cependant, leur dit le président, si le serment était nécessaire pour le salut de la république?—*Notre conscience s'y refuse,* » fut toute la réponse qu'il put obtenir. La sentence de mort fut bientôt prononcée ; l'accusateur public s'aperçut qu'elles tenaient beaucoup à leur chapelet, qu'elles le récitaient tranquillement en attendant le moment d'être interrogées; il ordonna qu'on leur en fit des couronnes. Il ne savait pas, l'impie, que sa décision rappelait un antique usage de la primitive Eglise pendant les persécutions, alors que les jeunes vierges allaient au martyre couronnées de guirlandes composées de grains de corail qui avaient servi à compter leurs prières.

Nos cinq religieuses, qui avaient passé la plus grande partie de leur vie au service des malheureux, et que leur âge rendait doublement vénérables, marchèrent au supplice, n'interrompant leur pieuse méditation que pour annoncer à la foule, qui les contemplait en silence, qu'elles étaient heureuses parce qu'elles seraient les dernières victimes. Nos vieux Cambresiens se plaisent encore aujourd'hui à rappeler cette prophétie qui fut accomplie.

LA MARQUISE DE MONALDY.

Dans ce long martyrologe qui rappelle sommairement ceux de nos concitoyens qui ont été immolés par l'hydre révolutionnaire, nous n'avons dit, à propos de Mme de Monaldy, que ce qui était de nature à montrer l'iniquité de son jugement et de sa condamnation. Nous devons à cette pieuse Cambresienne une notice moins incomplète; qu'il nous soit permis de la consigner ici. Nous ne reviendrons pas sur ce que nous en avons déjà dit.

Mme de Monaldy, fille de Charles d'Aigneville de Millancourt, était née à la citadelle de Cambrai, comme son frère Albert Simon, évêque d'Amicles, suffragant de la métropole; celui-ci mourut le 26 octobre 1793, à l'âge de 87 ans; il fut enterré, sans aucun appareil, dans le cimetière de la porte St-Sépulcre. La bonne marquise avait de plus une sœur, qui fut la comtesse de La Serre, dont le mari, lieutenant-général du roi, avait été gouverneur des Invalides. Mme de Monaldy eut deux filles, Mme la marquise de Hamel de Bellinglise et Mme la baronne de La Torre. Celle-ci et sa fille, depuis comtesse de Morélie, pendant que leur mère montait à l'échafaud, étaient encore cachées dans le palais épiscopal, situé dans la rue des Clefs et occupé aujourd'hui par M. Leleu. Elles ne purent éviter le sort qui les attendait que par une prompte fuite. Le fils de cette comtesse de la Morélie, M. Henri de Montaigut, aujourd'hui substitut du tribunal de Lesparre (Gironde), descendant de la sainte martyre, est venu dernièrement à Cambrai, pour accomplir ce qu'il appelle son pieux pèlerinage.

Il a visité, avec une profonde vénération, l'ancienne demeure de l'évêque d'Amicles et celle de Mme de Monaldy, rue du Marché-au-Poisson, n° 13. C'est la maison occupée maintenant par M. Lesne; elle se trouve en face du *mink*, et les eaux de l'Escaut baignent ses murs du côté de l'ouest. Le pieux pèlerin ne voulut point quitter les lieux, témoins de tant de vertus et de tant de douleurs, sans aller s'agenouiller dans le cimetière. Mais hélas ! aucun signe ne pouvait lui indiquer les tombes qu'il cherchait.

Les goûts de Mme de Monaldy étaient aussi simples que son âme. Elle avait converti un de ses salons en une galerie composée de personnages en cire rappelant des sujets religieux : la crèche, l'adoration des Mages, etc., etc. Cette collection s'appelait *Bethléem*. On y trouvait aussi les portraits de certaines célébrités cambrésiennes. Ainsi, la fameuse fruitière, si connue sous le nom de *Grande Pâques*, était là, dans ses plus beaux habits de fête, assise devant son échoppe garnie de toute espèce de fruits. On y voyait aussi en grand costume, M. Ferez, curé de la paroisse Sainte-Croix. Il est facile de comprendre avec quel empressement tous les enfants de Cambrai sollicitaient de leurs mères la faveur d'être conduits chez la bonne marquise qui ouvrait son musée au public pendant les fêtes de Noël.

Nos précepteurs sans-culottes avaient bien d'autres spectacles et d'autres leçons à donner à l'enfance ! Aussi leurs premiers soins furent-ils de jeter tous ces objets du *fanatisme* dans une chaudière, sous laquelle ils mirent le feu; ils l'alimentèrent à un tel point que la cire bouillonnante jaillit sur le visage et sur les mains de plusieurs d'entre eux.

Quelques jours après la mort de l'évêque d'Amicles, Mme de Monaldy s'empressait de consigner une des dernières volontés de son vénérable frère dans un codicille conservé à l'enregistrement. Le testament principal a disparu. Lisons cette pièce aussi remarquable par sa simplicité que par les sentiments de reconnaissance qu'elle exprime envers un domestique.

« Voulant suivre les intentions du *citoyen* d'Aigneville, mon frère, donnons au citoyen Villette, son valet de chambre, pendant près de soixante ans, nous lui donnons 600 liv. de pension sa vie durante, et toute sa garderobe (celle de l'évêque).

Fait à Cambrai, le 19 septembre 1793.

   Citoyenne Monaldy, d'Aigneville.

A peine rentrée de l'émigration, Mme de la Torre venait acquitter ce qui restait de la dette de sa grand'mère auprès de la veuve du créancier.

Nous avons eu entre les mains l'original de l'inventaire constatant les meubles trouvés chez Mme de Monaldy et vendus au profit de la nation ! Il n'est question que de quelques chaises, tables et bois de lit, le reste avait passé ailleurs.

Nous pouvons sans inconvénient citer le sobriquet du dénonciateur de Mme de Monaldy; on l'appelait *Savoyard* ; il demeurait au coin de la rue des Feutriers; c'était peut-être un de ses protégés; quoiqu'il en soit, le peuple plus tard lui fit sentir sa vengeance; la maison du malheureux fut saccagée.

- Que de scélératesses provoquées en ces temps-là par l'appât des primes offertes à la délation !

LA MARE DE SANG SOUS LA GUILLOTINE.

Le sang coulait à flots sur notre place d'Armes; après avoir rempli le large fossé ouvert tout exprès sous la guillotine pour le faire absorber, il débordait et allait joindre le ruisseau de la rue Tavelle, passait devant Notre-Dame, suivait la pente de la rue Fénelon, pour se jeter dans l'Escaut par l'égout du pont de Bonsecours.

A qui serait tenté de nous taxer d'exagération, nous citerons l'arrêté que l'autorité dut prendre à cet égard le 27 juillet 1794. Il en dit bien plus que nous, et il est impossible de le lire sans frémir d'horreur. Ecoutons-le :

« Le conseil général de la commune de Cambrai, considérant qu'un *sang impur*, versé où la guillotine existait, répand, par la corruption qu'il a acquise, des exhalaisons nuisibles, qui bientôt donneraient naissance à des maladies épidémiques, qui, en tuant les amis de la liberté, deviendraient un objet de *triomphe* pour l'aristocratie.

» Considérant qu'un des objets les plus essentiels, et les plus chers qui lui soient confiés, est de veiller à la salubrité de l'air et d'assurer ainsi la santé de ses frères, a délibéré, ouï l'agent national, qu'à la diligence de ses commissaires aux travaux, il serait jeté autant de mannes de chaux qu'il est essentiel de le faire dans le trou qui a servi de réceptacle au sang des guillotinés; que ladite chaux sera recouverte de la terre la plus compacte qui pourra se trouver; qu'une quantité d'eau suffisante sera jetée afin que ladite chaux puisse opérer, dans un court délai, tout l'effet dont elle est susceptible et que l'endroit dont s'agit sera repavé, afin de comprimer, par ce moyen, toutes les exhalaisons qui pourraient s'élever dans cet endroit. »

Que de précautions! Le danger était donc bien grand? Cette mesure de salubrité, unique dans son genre, constate officiellement la multitude des assassinats commandés par l'autocrate sanguinaire, devant lequel nos conseillers sont encore tremblants; ils sont obligés, sous l'empire de la peur, d'emprunter son langage en prenant les moyens d'arrêter les admirables effets de ses *hautes œuvres*: Ce qui les alarme c'est la corruption de ce *sang impur* qui abreuve... la place de Cambrai. Elle a dû plaire à Lebon cette ingénieuse idée, qui prévoit un *triomphe* pour les aristocrates si jamais le sang de leurs pères, de leurs mères pouvait causer la mort des *amis de la liberté*.

ENTOURAGE ET CORTÉGE DE J. LEBON.

Nous avons parlé des victimes, parlons maintenant des bourreaux; considérons leurs allures, racontons leurs habitudes, esquissons, à grands traits, la conduite des plus célèbres d'entre eux.

Quand ils se réunissaient pour se rendre au club, au temple de la Raison, dans les grandes circonstances, ou pour assister à toute autre parade, on voyait tout-à-coup apparaître quinze ou vingt estaffiers, l'œil farouche, la figure enflammée, la tête altière, regardant les passants d'un air effronté; ils étaient presque tous en grand pantalon et en carmagnole, armés à la hussarde d'énormes sabres traînants, deux pistolets à la ceinture, de grands plumets tricolores sur le côté du chapeau, lequel était grotesquement surmonté d'un bonnet rouge. Au milieu de ce cortége apparaissait J. Lebon dans le même accoutrement et se distinguant par de grands gestes et des attitudes pleines d'orgueil et d'insolence.

Sa petite garde d'enfants, qu'il appelait sa garde prétorienne, le suivait, l'entourait en criant : *vive Lebon.* En les voyant passer, la populace hurlait, les honnêtes gens frémissaient. Le véritable système de la fraternité et de l'égalité régnait à Cambrai..... entre J. Lebon et tous ces bandits : égalité d'énergie pour le crime, égalité d'impudence et d'immoralité, égalité dans le penchant à la rapine, égalité dans l'habitude du mensonge effronté ; liberté dans la manière de traiter d'égal à égal, fraternité dans la manière de jouir de tout entre eux, tandis que le peuple manquait du strict nécessaire ; enfin, fraternité dans le partage des dépouilles des détenus. Lebon a le sabre de M. Bourdon, l'un a pris des montres, l'autre des pistolets, des fusils, des selles, des assignats, etc.

On mangeait avec le bourreau. Le maire de Bapaume le raconte en ces termes : « Je déclare enfin que Remy m'a dit que non seulement lui, mais encore tous ses co-jurés de Cambrai, étaient très bien avec *petit Pierre*, avec lequel ils mangeaient tous les jours; que ledit *petit Pierre* ne leur laissait *rien manquer*, qu'il leur donnait habits, souliers et autres vêtements et dépouilles des guillotinés, toutes les fois qu'ils en demandaient ; et que, lui témoignant ma surprise, il me montra des souliers qu'il avait à ses pieds, ainsi qu'une houpelande, petit-gris et à bordure, que ledit petit Pierre lui avait donnés. »

Voilà pourquoi ces hommes *énergiques* parlaient de liberté et d'égalité. Voilà pourquoi ils aimaient la révolution non seulement à Cambrai, mais encore dans la France entière dont les vampires suçaient le sang.

LEBON ET LE BOURREAU. — LEUR CYNISME ET LEURS CRUAUTÉS.

Non seulement les jurés, mais Lebon lui-même se plaisait dans la compagnie du bourreau. On les avait vus à Cambrai dînant tous deux ensemble, placés à la même table, l'un vis-à-vis l'autre et entourés de toute la bande. L'exécuteur et son hideux commensal échangeaient entre eux les calembourgs les plus sanglants. Pendant tout le repas il n'était question que de guillotine et de l'habileté du bourreau. « Parbleu, mon camarade, disait un juré, l'autre jour quand nous t'en avons envoyé quinze, tu les as expédiés en moins de sept minutes. Oh! f....., disait un autre, il a été plus long que tel jour, car il en a expédié vingt en autant de minutes. »

Mais pourquoi Lebon n'aurait-il pas bu à la santé de son complice, de cet homme à l'atrocité duquel il avait applaudi en le voyant prendre la tête d'un supplicié et la porter avec imprécations sous le nez d'un condamné qui était sur l'échafaud ? Que dis-je, ces deux monstres n'étaient-ils pas de vieux amis ? n'avaient-ils pas déjà trinqué ensemble, après une scène qui surpasse celles des cannibales, et qui fit fuir les artésiens épouvantés au fond de leurs demeures, pour y répandre des larmes intarissables ? En effet, c'est horrible à rapporter, mais ils avaient vu ce même bourreau prendre avec lui quinze ou vingt scélérats pour l'aider à dépouiller une vingtaine de cadavres; à peine ceux-ci furent-ils nus, que leurs exécrables spoliateurs se livrèrent à toutes les inventions de la plus dégoûtante obscénité, au milieu des propos les plus abominables, mêlant ensemble ces corps mutilés, ajustant ces têtes tranchées dans les positions les plus révoltantes pour la nature. Nous ne voulons pas tout dire.

HORRIBLE ASSASSINAT D'UNE PAUVRE MÈRE.

C'était ce même bourreau qui, à la même époque, avait attaché sur la planche et décapité le cadavre d'un condamné, mort sur la charrette, dans le trajet de la prison à l'échafaud. C'était encore lui qui, en exécutant une femme qui nourrissait un enfant, avait fait couler le lait avec le sang de la mère.

La malheureuse s'était trouvée sur la porte de sa chaumière, allaitant un enfant de deux mois et demi, au moment où passait un juré venant de Cambrai; il regarde cette femme et lui dit: « Dis donc, eh! pourquoi n'as-tu pas de cocarde, f...... aristocrate? Sais-tu que je peux te faire guillotiner? La paysanne répond: *Eh! non fait, je n'sus mi aristocrate. Je r'viens d'chés kaimps, et j'vas y r'tourner, j'n'ai mi b'soin d'cocarde pour ouvrer.* Quoi, b........, lui dit le juré avec colère, tu réponds; je vais à Arras, je te ferai guillotiner. » Eh! bien va, reprend la paysanne avec ingénuité; *eh! bien va! si tu m'fais guillotiner pour cha, on a bien raison de d'dire, qu'ain ain guillotine à Arras qui sont si innochents que ch'l'innochent que j'tiens dains mes bras.* « La pauvre mère, dénoncée à J. Lebon par le féroce juré, fut condamnée à mort. Sa sœur, qui sans doute aura eu l'imprudence de laisser exhaler sa douleur, a été envoyée au tribunal révolutionnaire de Paris.

ACCORD DES JURÉS AVEC LEBON. — LEURS HABITUDES ET LEUR LANGAGE.

Les jurés qui voulaient plaire à Lebon, devaient nécessairement faire du zèle dans son sens et *se mettre à la hauteur*. Un accusateur public, le nommé Demeulier, auquel il reprochait de ne pas *marcher*, lui répond : « Donne moi des règles et des lois, j'irai aussi vite que tu voudras.... — F..... *bête*, lui dit Lebon, *des règles !.... est-ce qu'il en faut, en révolution..... on fait un acte d'accusation, et puis on va.* » L'accusateur résiste, Lebon se fache et l'envoie se *retremper* à Paris, auprès de *Herman*, digne ami de Robespierre, et lui intime l'ordre d'être de retour dans cinq jours. Herman dit froidement à Demeulier : « Vous êtes bien jeune encore, vous voilà bien embarrassé : Voilà comme cela se fait ici : On fait une liste, on la fait approuver par le représentant, ici par Robespierre, ou le comité de salut public par qui l'approbation se donne, et puis on fait un réquisitoire général..... on prévient les jurés..... et voilà qui est fini..... »

Demeulier de retour s'avisa sans doute de jaser en racontant son entrevue, car il fut incarcéré et conduit à Paris. Mais les circonstances atténuantes plaidaient en sa faveur, il avait été le premier dans le canton de Bapaume à attaquer les nobles et les prêtres. Il fut rendu à la liberté.

Ce n'était plus devant la sainte croix, c'était devant la sainte guillotine, selon sa sacrilége expression, que J. Lebon voulait qu'on s'inclinât. Afin de prêcher ce nouveau culte, avec l'athéisme, d'une manière piquante, il réunissait les prêtres insermentés pour en faire les jouets de ses fureurs capricieuses; perchés sur une estrade élevée, ils sont en butte aux railleries d'une populace soudoyée, ils s'entendent condamner à tort et à travers, et J. Lebon appelle cette scène une farce patriotique. Pendant qu'il pérore, si quelques-uns de ces saints prêtres, imitant leur divin maître, gardent le silence : « Voyez-vous ces J... F...... là, s'écrie-t-il, ils sont confondus, ils ne peuvent pas me répondre. » Si quelques-uns voulaient réfuter son audacieux bavardage, il leur ordonnait avec menace de se taire.

Il revenait bientôt à sa chère guillotine; il semblait souffrir en la voyant un instant dans l'inaction.

Un jour il envoie de Cambrai des ordres à la gendarmerie de Béthune, pour lui amener ce qu'il appelait dans son langage cynique *du gibier de guillotine*. L'officier, aussitôt l'ordre reçu, va à la prison; il trouve l'homme désigné, mais dans un état à faire pitié à un barbare; *la moitié du corps est morte et le reste est prêt à expirer*. Le chef de la gendarmerie écrit que ce citoyen n'est pas transportable à Cambrai; J. Lebon répond qu'il lui faut *cet homme mort ou vif*. Ceci nous rappelle l'expression du monstre, qui seule suffirait pour peindre d'un trait son âme infernale, et dont il se servit en rencontrant un de ses anciens amis au sortir d'Arras : *Je vais à Cambrai faire une fricassée de têtes*. Un anthropophage n'eût pas mieux parlé. Le mot a été raconté il y a quelques années à deux de nos confrères par le témoin qui assurait avoir conservé assez d'influence sur le misérable pour obtenir de lui qu'à sa considération il consentit encore parfois à relâcher quelques victimes. Que n'avait-il un plus grand nombre d'amis de cette espèce!

Il ne pouvait contenir sa joie lorsqu'un de ses agents trouvait moyen de faire tomber l'innocence dans le piège et de la vouer à la mort. L'un d'eux lui disait un jour en présence de témoins : « Je viens d'interroger plusieurs individus : c'est comique, je ne trouvais pas de quoi les faire guillotiner; mais là..... vous m'entendez..... par des détours que je leur ai donnés, je les ai si bien interloqués, que demain leur tête tombera..... C'est f..... » Cette horrible bouffonnerie fit beaucoup rire J. Lebon et sa *digne épouse*.

L'un de ses juges préparait sa défense, si jamais il était mis en jugement; il affirmait qu'il était prêt à déclarer que « Lebon leur donnait une liste la veille pour guillotiner le lendemain, et qu'au moment où le tribunal a été suspendu, il existait encore une autre liste, tant à Cambrai qu'à Arras, qui contenait plus de cent personnes. »

C'était sans doute pour composer des listes de ce genre qu'un arrêté signé Lebon, le 14 ventôse, de l'an II, exigeait la liste exacte des principaux contribuables de chaque commune.

Nos despotes, convaincus qu'ils ne pouvaient conserver le pouvoir qu'en *fomentant* l'anarchie, appelée gouvernement révolutionnaire, travaillaient sans relâche à soulever les masses contre les riches, les nobles, les hommes à talent. C'est ce qui ressort de l'aveu d'un agent de Lebon, déclarant, dans un moment d'expansion, que les jurés des commissions et tribunaux révolutionnaires avaient deux espèces d'instructions, les unes secrètes, les autres publiques. *Les publiques* consistaient à exterminer les ennemis de la république, à empêcher l'aristocratie et les *crapauds* de lever la tête, etc. etc.....; par *les secrètes*, il était ordonné aux jurés de faire guillotiner tous les riches, tous les nobles, tous les prêtres, tous les ex-constituants, qui seraient tombés au pouvoir du tribunal révolutionnaire, à moins qu'il n'y ait eu un ordre contraire. Cette maxime se trouve clairement professée dans un passage d'une lettre signée par Joseph Lebon. « Du courage donc, dit-il, de *l'énergie*, il en est plus besoin que jamais; *ne laissez-en liberté* AUCUN RICHE, AUCUN HOMME D'ESPRIT, qui ne se soit prononcé fortement et de bonne heure pour la révolution. »

Afin de se conformer à cette invitation, la société montagnarde de St-Omer répond : « Nous ne nous bornerons point à vous exposer les ravages du *fanatisme de la religion*, sans vous parler du *fanatisme de la royauté*, DU FANATISME DES RICHESSES, et enfin de tous les fanatismes qui ont ravagé l'espèce humaine. Vous avez le remède qui convient à ces maux épidémiques, et ce remède, c'est la *guillotine;* elle encourage les faibles, soutient ceux qui chancèlent, et n'est effrayante que pour le crime; elle sera d'ailleurs ici en pleine activité, et le tribunal de notre district a de quoi l'alimenter pendant quelques décades.

» Nous espérons, citoyen représentant, que vous nous enverrez sous peu une section du tribunal révolutionnaire, afin de réveiller les indifférents et imprimer à tous le caractère révolutionnaire. »

Salut et fraternité.

(Suivent les signatures.)

Dans la discussion il fut question de cent têtes par décades; tout était prévu : ne trouvant pas assez de fanatiques de religion et de royauté, les patriotes étaient convenus de compléter le nombre en prenant des à-comptes sur les fanatiques de richesses.

Déjà nous avons remarqué que Lebon ne veut pas souffrir de réclamations en faveur de ceux qu'il pousse à la mort; c'est du sang qu'il lui faut. Un homme de cœur s'efforce-t-il d'arrêter l'effusion du sang innocent? le sien coulera en châtiment de tant d'audace. Le gardien des maisons d'arrêt vient demander la permission de faire raser les prisonniers; « *Ce sont des scélérats,* répond Lebon, *je leur ferai faire la barbe par le rasoir national.* » On l'invite à visiter les papiers d'où résulte l'innocence d'un prévenu. «*Je n'ai pas besoin de preuves,* dit-il, *je m'en rapporte à ce qu'on m'a dit : il faut qu'il y passe.*» Un homme est faussement accusé d'avoir supposé l'enterrement de son enfant, il vient pour se justifier; Lebon souffre que ses jurés, ses juges et ses gardes chassent ce citoyen avec menace et injures. Il s'impatiente, il trépigne, il insulte le médecin des prisons de Cambrai, parce qu'il n'a pas laissé mourir sans secours les détenus malades et parce qu'il les a envoyés à l'hôpital. Il menace de la prison le comité de surveillance de la même ville parce qu'en vertu de la loi sur les cultivateurs, ils voulaient en mettre en liberté huit du Nouvion, qui avaient des certificats de civisme. Nous avons eu occasion déjà de constater comment il avilissait les autorités constituées. Il ne respectait pas davantage ce peuple, qu'il flagornait cependant à tous propos. C'est ainsi, qu'environné de ses affreux complices, après avoir insulté avec Galand les officiers municipaux, il voulut chasser les citoyens de la séance publique; tout Cambrai en fut témoin. Un jour il voulut enfoncer son sabre dans le ventre d'un conscrit, engagé volontaire, qui lui portait les armes au lieu de les lui présenter. On a vu ses sbires accoster les femmes du peuple qui portaient des vêtements propres, les salir à dessein, les couper, mettre les mantelets en lanières. Lebon en rit avec sa digne épouse. On a vu celle-ci provoquer l'arrestation de femmes qu'elle rencontrait dans la rue, et son cher époux souscrire plus d'une fois à ses réquisitions : — « *Tiens m'nami, regarde donc ch'elle là, elle a une f...... figure, ch'est eune aristocrate. — Oui, mimie, tu as raison, laisse-moi faire, je vais arranger cette bougresse là; oh! elle a une mine à guillotiner. — Qui es tu femme? Suis moi.....* » et puis les pauvres femmes étaient incarcérées parce qu'elles avaient déplu à madame Lebon.

Si l'on ne saluait pas notre sire sans-culottes, on manquait à la représentation nationale; *incarcéré*. Si l'on ne le saluait qu'en tremblant: *tu n'oses pas me regarder, c'est par flatterie que tu me salues*, ARISTOCRATE, *incarcéré*.

SINGULIER TÉMOIN A CHARGE.

On a vu ses assassins à gages, dans le but de faire condamner une pauvre fille du peuple, une ancienne femme de chambre, assigner gravement et à plusieurs reprises devant leur tribunal un singulier dénonciateur; à chaque audience, ce terrible témoin à charge est, non pas conduit, mais apporté par un gendarme. C'est un perroquet qui, selon l'acte d'accusation, perverti par la malheureuse, avait l'habitude de faire du royalisme en disant *vive le roi!* Mais le malin, malgré les agaceries des jurés et des juges, ne voulut jamais se compromettre, quoiqu'on lui répétât souvent, *Jacot, dis donc vive le roi!*.... Chaque fois *il siffla* les souffleurs de la mort. Cependant madame Lebon prit le perroquet chez elle pour faire son éducation républicaine et lui apprendre à crier: *vive la nation!* C'est par cette allégation qu'elle a cherché à s'excuser d'avoir près d'elle un perroquet royaliste.

DILAPIDATIONS. — ORGIES. — NOUVEAUX PROJETS DE MASSACRE.

C'était sans doute pour des motifs aussi louables que son mari allait, avec deux de ses jurés, faire lever plusieurs fois les scellés chez Mme *Fauvel* de Cambrai; que des bijoux, des objets rares, du linge fin disparaissaient de cette maison, et qu'on disait ensuite aux concierges qu'ils pouvaient prendre leur part parce que la tête de cette femme tomberait sous peu de jours; c'était de la fraternité avec de l'économie. On se souvient de la joie excessive que fit éclater Lebon à la nouvelle d'*une trouvaille* de vieux vin chez M. de *Santenay*, émigré. On se souvient encore de sa réquisition au préposé des subsistances militaires et au directeur de l'hôpital militaire. Ils devaient fournir, à lui et à ses satellites, habituellement 60 rations de pain et 60 rations de viande pour deux jours; de plus, quelques mesures de fine fleur pour sa pâtisserie, tandis que, vu la disette, la pâtisserie était interdite à Cambrai, dont les habitants se trouvaient réduits à une demi-livre de pain d'orge et d'avoine, appelé *pain égalitaire*.

Entre temps, tout ce qui se passait dans les conciliabules privés, dans ce repaire d'égorgeurs, transpirait toujours au dehors. Les conjurés, naturellement vantards, n'étaient pas toujours également discrets, surtout après boire. On sait ainsi que, dans une de ces réunions présidée par Lebon, on parlait de la multiplicité des détenus, de l'embarras de s'en défaire en détail, et *des moyens de s'en faire quitte*, on a dit : « Nous voilà bien embarrassés ; eh! f....., il n'y a qu'à leur f..... UNE GAMELLE DE VERT-DE-GRIS!.... Non, dit un autre, il faut leur faire la soupe dans une grande chaudière de cuivre; on y laissera, comme par mégarde, venir du vert-de-gris. » Cet affreux projet a percé, car les prisonniers qu'il concernait l'ont connu.

Les misérables se préparaient à se baigner dans le sang en se vautrant dans l'ivresse et en multipliant leurs orgies. Outre le vin que Lebon laissait voler chez les détenus et chez les condamnés, il est prouvé par le mémoire d'un marchand, qu'en six semaines, la compagnie a bu 2,500 bouteilles. A Bourlon, chez M. Limelette, dont nous avons rapporté l'arrestation, Lebon et onze des siens ont vidé une demi pièce de vin en une seule séance.

C'était avec son autorisation que la plupart de ses jurés s'appropriaient les dépouilles, les bijoux, les assignats, les provisions des détenus et des condamnés. Des informations faites à Cambrai ont prouvé que ces jurés spéculaient sur ces dépouilles, puisqu'ils conseillaient à ceux qu'ils arrêtaient de prendre leurs plus beaux habits, leurs bijoux, leurs montres, leurs tabatières; ils ont injurié un condamné parce qu'il avait donné sa montre. Nous avons dit leurs arrangements avec le bourreau.

Au milieu de leurs excès et de leurs dilapidations, les brigands n'abandonnent pas un instant leur plan d'extermination. Lebon, tout en se grisant, prend des arrêtés qui décident de la liberté, de la vie et de la mort de nos concitoyens. Il s'écrie parfois, au milieu de ses orgies: « Le comité de salut public m'a reproché d'avoir été trop mou, trop modéré; on va voir, on va voir, f....., si je ne suis pas à la hauteur. »

Puis il se rend à la société populaire, et il prêche ouvertement *le massacre en masse des prisonniers :* « Les instants sont critiques, s'écrie-t-il en hérissant sa chevelure: oui, l'aristocratie lève la tête..... Que sait-on, ajoute-t-il, en mettant la main à la poignée de son sabre, il viendra peut-être un instant où il faudra agir vigoureusement, et peut-être ce moment n'est-il pas éloigné où il faudra tomber sur les prisons (il tire son sabre) et égorger tous les scélérats qu'elles renferment!..... Oui, citoyens, on conspire dans les prisons, etc., etc............ »

LEBON SE FAIT APPLAUDIR ET ENCOURAGER PAR LE COMITÉ.

Le système général du comité de salut public était de supposer partout des délits, des conspirations, des émeutes. Il appelait nos départements une *petite Vendée,* afin de justifier les crimes de ses agents. Lebon, avec *ses blanchisseurs* du comité, répétait qu'en révolution il faut tâter un peu des formes acerbes ; Billaud-Varennes et Collot d'Herbois lui écrivaient le 30 nivôse au nom de ce comité : « Il est des circonstances où l'humanité consiste à prendre, *des mesures extraordinaires et promptes.* Ce Billaud disait en parlant des *noyades* commandées à Nantes par Carrier. « Bon, c'est une déportation verticale. » En brumaire, il écrit seul à Lebon ce qui suit :

« Le comité de salut public applaudit *aux mesures* que vous avez prises; il vous observe que les autorisations que vous demandez seraient surabondantes. Toutes les mesures vous sont, non-seulement permises, mais commandées par votre mission; rien ne doit faire obstacle à votre marche révolutionnaire; abandonnez-vous à votre énergie, vos pouvoirs sont illimités; tout ce que vous jugez convenable au salut de la chose publique, vous pouvez, vous devez le faire sur le champ.

» Nous vous adressons un arrêté qui étend votre mission aux départements voisins.

» Armé de ces moyens, de votre énergie, continuez à renverser sur eux-mêmes les projets des ennemis de la république. »

Salut et fraternité,

BILLAUD-VARENNES.

En voilà bien assez pour tranquilliser un tel camarade et dissiper ses restes de scrupules ; le remède fut efficace : voici dans quel style écrivait Lebon aux représentants du peuple à propos d'une alerte imaginaire.

« *La guillotine attend impatiemment son gibier:* les juges sont en plein ouvrage; des milliers de témoins que j'ai requis hier, dans une proclamation solennelle, de venir déposer tout ce qu'ils savaient, *sous peine d'être traités comme complices*, inondent les avenues du tribunal ; l'exemple sera tel qu'il intimidera les pervers et les aristocrates jusqu'à la vingtième génération....... JOSEPH LEBON.

Ses alguazils, formés à une telle école, le remplaçaient dignement pendant son absence. Le délégataire général de ses pouvoirs à Cambrai, écrivait au vice-président du district d'Arras: « La guillotine et la fusillade vont toujours leur train. Nous attendons le retour de Lebon pour frapper avec une nouvelle vigueur. »

Ils connaissent et peuvent prédire d'avance les dispositions féroces de leur chef. En effet, on l'a vu bondir, on l'a entendu rugir comme un tigre auquel on vient d'enlever sa proie, lorsqu'il apprit que quatre de ses victimes venaient d'être rendues à la liberté: écoutons plutôt les hurlements de sa fureur.

« Cambrai, le 20 prairial.

» *Joseph Lebon à son collègue Lebas.*

» Quoi ! des conspirateurs seraient mis en liberté

par le comité de salut public, parce qu'en revenant de Cambrai, prêt à être cerné, tu m'as obligé à différer les informations sur leur compte? Je ne puis le croire, ou tous les principes établis dans les rapports de Saint-Just, Robespierre etc. sont anéantis....... Il faut bien que j'aie dix mille fois raison pour n'avoir pas été massacré, après toutes les manœuvres de ces pervers...... J'avais cru jusqu'à ce moment qu'il valait mieux sauver Cambray et cette frontière que de m'occuper à répondre aux fureurs....... Salut et fraternité,

JOSEPH LEBON.

On se demande encore aujourd'hui ce qu'a fait Lebon à cette époque pour sauver Cambrai et notre frontière. On sait très bien au contraire que la plus terrible des invasions ne serait jamais un fléau comparable à son passage parmi nous.

En vain Robespierre et compagnie chercheront-ils à calmer la colère de leur complice en lui mandant qu'ils ont gagné des amis à la république et à lui-même, en élargissant ces prévenus; en vain, ceux-ci pour lui plaire, seront-ils forcés de lui faire une espèce d'amende honorable; Lebon, comme un enfant gâté, ne voudra entendre raison que quand le comité aura rapporté son arrêté qui avait mis ces quatre prévenus en liberté. C'est en effet ce qu'il fit le 24 prairial. Mais avant d'apprendre cette bonne nouvelle, Lebon est dans une mortelle inquiétude sur l'issue de cette affaire et sur le sort de l'exprès qu'il a expédié il y a trois jours pour la traiter. Ecoutons l'expression de ses soucis, et le cri de cette âme torturée par le besoin de nouveaux crimes.

« Cambrai, le 25 prairial, 7 heures 1/2 du soir.

» *Joseph Lebon à ses collègues P. H. Lebas.*

» As-tu vu Darthé qui est parti d'ici, décadi après midi, et qui a dû arriver chez toi, primidi dans la matinée? Je suis, ainsi que *mes camarades de travail*, dans la plus grande inquiétude sur son compte. Réponds-moi sur le champ et mande moi ce qui se passe de *si extraordinaire* pour que cela puisse t'empêcher de nous rassurer sur son sort.

Salut et fraternité,

JOSEPH LEBON. »

Qui ne voit dans cette lettre la sombre agitation d'un tyran qui craint d'avoir manqué son but, qui tremble que ses satellites n'aient été arrêtés par une main plus puissante. La mise en liberté de ses victimes lui a fait craindre un retour à la justice de la part de ses complices de Paris. C'est pourquoi il demande *ce qui se passe de si extraordinaire;* c'est pourquoi il est dans la plus grande inquiétude avec *ses camarades de travail;* il compte les minutes qui retardent les effets de sa rage impatiente; il date l'heure où il écrit sa lettre; il faut lui répondre *sur le champ* pour le tranquilliser. Il trouve extraordinaire qu'on n'égorge pas *sur-le-champ* à la voix de son ambassadeur-bourreau. Quel sort pouvait-il craindre pour lui? Ne l'avait-il pas adressé directement à la caverne centrale, où il devait se trouver à l'aise avec *les frères et amis?* Eh! quoi, cette conscience qui semblait à l'abri derrière un double rempart de forfaits, est encore accessible à l'agitation et à la crainte? O jugement de Dieu!

Nous avons montré Joseph Lebon dans son cadre, c'est-à-dire dans son entourage, afin de donner plus d'animation à sa physionomie, et de faire ressortir davantage les traits de son caractère. Maintenant nous allons examiner plus directement quelques-unes des curiosités qui composent cet entourage, nous voulons parler de la femme de Lebon, de ses complices, juges et jurés.

LA FEMME DE LEBON.

La femme de Lebon était fille d'un nommé Régnier, aubergiste. L'indignation publique s'est autant prononcée contre elle que contre son mari. On assure qu'elle avait l'âme encore plus noire que celle de Lebon. C'était elle qui souvent le portait à ses actes de violence; elle travaillait avec lui dans le cabinet où s'élaboraient les accusations et les massacres.

A peine arrivée à Arras, elle dit à l'accusateur public avec le ton d'une mégère : «*Ah ça, il faut qu'il tombe ici cinq mille têtes.* — Diable, répond-il, je serais bien embarrassé s'il m'en fallait indiquer cinq *quarterons* pour tout le département. — Eh! bien, dit-elle, *si tu n'en indiques pas cinq mille, la tienne tombera.*—Voyons, reprend Lebon, combien crois-tu qu'il y en a dans le district de Bapaume?...... — *Je n'en connais pas à faire tomber :* il y a bien des gens qui ne sont pas très républicains, mais il n'y a pas de contre-révolutionnaires. — Je vois bien que tu ne veux pas parler, mais mon petit *canarien* m'en indiquera.» Ce petit *canarien*, c'était Remy, ainsi désigné parce qu'il portait un habit jaune. On le regardait comme le plus atroce des jurés. Nous le reverrons.

Cette femme, aidée de quelques gamins, ouvrait les lettres et faisait ensuite des gorges chaudes avec sa cour d'assassins.

Elle servait, au besoin, de témoin pour provoquer des condamnations. Duquesnoy, dont nous parlerons plus loin, écrit à la commission de sang, *dite épuratoire des détenus* « que la femme de son collègue Lebon pourra donner des renseignements sur les Mathieu qu'il a toujours regardés comme les ennemis de l'égalité. » Ainsi, sur la déposition de cette femme, toute une famille pourra être mise à mort.

Déjà nous l'avons vue riant avec son mari aux pasquinades de Caubrières, qui racontait comment il avait entortillé par ses paroles des détenus pour les trouver coupables, surtout quand il ajoutait : *c'est f....,* en se passant le doigt sur le cou.

Nous l'avons vue faisant arrêter des personnes qui lui déplaisaient, et qu'elle avait jugées aristocrates, rien qu'à la mine.

Nous l'avons vue présente aux débats du tribunal où elle se plaçait, comme son mari, en face des jurés et leur faisait signe d'avoir à condamner, en se passant le doigt transversalement sur le cou. Nous ajouterons qu'un juré a déclaré qu'il a vu plusieurs fois quelques-uns de ses collègues voter la mort en public, après avoir émis une opinion différente dans le conseil.

Elle se chargeait d'endoctriner elle-même les

jurés pour les accoutumer à condamner. Elle savait se les attacher en leur remettant les pièces de conviction ou les dénonciations à leur charge, comme elle fit au nommé Tournould de Cambrai, à qui elle remit une dénonciation faite contre lui, pour le récompenser d'avoir porté à Paris l'adresse mendiée en faveur de son mari.

Elle n'était pas la seule femme siégeant au tribunal; elle était entourée des dénonceuses, leur *tricot* à la main, comme lorsqu'elles assistaient aux séances du club; celles-ci n'étaient pas les dernières à vociférer, à trépigner au besoin, à provoquer des sentences de mort.

Une femme de Cambrai se présente un jour apportant des pièces en faveur de son mari détenu. Mme Lebon la voit entrer, elle entend son infernale clique bafouer cette malheureuse; elle-même fait chorus avec ces monstres et dit très haut, d'un ton de fille publique : « *Qu'est-ce que c'est que ça ? Qu'est-ce qu'elle veut ? J'avais défendu de laisser entrer, mettez cela à la porte.* »

On se rappelle encore son insolence et sa morgue quand elle se rendait au temple de la Raison, faisant porter son enfant avec étalage, comme pour présenter le poupon à l'admiration publique. On se rappelle le ton avec lequel elle voyageait, l'espionage qu'elle exerçait et celui qu'elle voulait exercer en allant à Lille. C'était sans doute pour essayer d'y préparer les logements, car le projet de traiter Lille comme Arras et Cambrai était parti du comité de salut public, qui voulait y envoyer Lebon. Les énergiques avaient déjà dit que bientôt ils iraient révolutionner Lille, et que dans cette ville, *il leur fallait au moins quatre mille têtes.*

Mme Lebon, comme son mari, vivait de la substance des malades de l'hospice de Cambrai ; pendant un mois elle se fit livrer chaque jour un demi-pot de crême, et souvent deux et trois pots de lait provenant des vaches de l'hospice ; bien entendu qu'il ne fut jamais question de payer.

Nous ne parlons pas des jambons enlevés ailleurs, ni de plusieurs aunes de linon et de mousselines portées chez une couturière de la ville. Ces faits sont rapportés par le troisième et par le vingt-neuvième témoin de l'information du 3 fructidor.

La digne épouse accompagnait son époux et sa bande quand ils allaient la nuit se livrer à leurs orgies dans les maisons des détenus.

La maison de Mme Dechy était à la convenance de Mme Lebon. Ce caprice fut sans doute une fatalité qui pesa dans la balance de la justice révolutionnaire; toute la ville accusait Lebon et sa femme d'avoir fait égorger cette malheureuse pour se loger chez elle avec les coupe-jarrets et le bourreau. Quoiqu'il en soit, écoutons un témoin oculaire parlant des dilapidations de ces bandits, en cette occasion, dans la neuvième déclaration du cahier dressé le 22 thermidor:

« Dans la maison de la femme *Dechy*, où le déclarant était gardien, il vint un groupe de jurés qui, après avoir parcouru la maison de cette femme, y trouvèrent des provisions en vins, jambons, sucre et volaille, ils témoignèrent avec effusion leur allégresse de trouver dans cette maison ce qui pouvait servir au maintien de leur vie sybarite, et après s'en être emparé, leur curiosité ou plutôt leur cupidité rapace les porta à rompre des scellés apposés. Le nommé Galand et autres s'emparèrent aussitôt de ce qui pouvait flatter leur goût. Ils démembrèrent la bibliothèque. On reprit une canne à pomme d'or ou de similor dans les mains du nommé *Galand* qui l'emportait. — *Galand* dressa pour cela procès-verbal de résistance. — Ils ont réitéré ces scènes.... A plusieurs reprises, le déclarant a entendu les agents de Lebon manifester, en faisant guillotiner la femme Dechy, leur joie de ce que, disaient-ils, ils avaient acquis la propriété de la maison qu'ils habitaient alors, ce dont ils se réjouissaient avec impudeur. Que lesdits agents dirent maintes et maintes fois au déclarant qu'ils n'en voulaient pas aux ouvriers comme lui, mais bien aux gens riches pour avoir leur bien. »

Voilà Mme Lebon installée dans la demeure qu'elle convoitait; ainsi, cette femme qui s'était donné à Arras le plaisir de voir guillotiner en se plaçant au balcon de la comédie, à deux pas de l'échafaud, et qui, avec son mari, insultait les victimes marchant à la mort, cette femme, ou plutôt cette hyène s'applaudira d'avoir encore son balcon si bien disposé à Cambrai. « *D'ici*, disait-elle, *nous pourrons voir les abricots tomber*, et on devine ce qu'elle entendait par ce mot, surtout quand on se rappellera que de la maison de Mme Dechy on pouvait apercevoir la guillotine.

Quelle ricanerie sardonique, quel cynisme dans cette femme! Elle l'emporte même sur son infâme compagnon par l'horreur des expressions.

Du reste, ce jargon infernal prévalut chez les courtisans du despote. On les voyait, quand l'heure des exécutions sonnait, sortir de chez eux en habits de fête; ils regardaient en souriant leurs voisins tremblants, et leur disaient avec une affectation marquée: *Nous allons voir les abricots tomber*, au-

jourd'hui il y en a dix, vingt, quarante, et cela sur le même ton qu'on dirait : nous allons voir passer la revue, ou bien nous allons voir le feu d'artifice. Avec quels hommes et dans quel temps il fallait vivre alors !

Madame la représentante
Qui voulait voir le sang couler,

selon une chanson de l'époque, demandait à son ami, quand elle n'avait pu l'accompagner au tribunal, *combien avons-nous aujourd'hui de têtes de veaux?* Et la valetaille de s'emparer aussitôt de l'atroce propos pour en assaisonner son langage ! c'était le mot d'ordre à la mode parmi les flagorneurs, c'était comme le salut qu'ils se donnaient, c'était leur *bon jour* quand ils se rencontraient ; c'étaient pour eux le synonime de *quelle nouvelle ?*

Avec de pareilles idées il fallait bien chercher à donner aux exécutions comme un air de fête; aussi la représentation nationale les présidait, les autorités civiles et militaires y assistaient; nos concitoyens, la mort dans l'âme, étaient obligés de contempler avec l'apparence du calme ces spectacles d'horreurs.

Ils étaient tous annoncés à grandes volées. Qui pourrait raconter les frayeurs, les angoisses des honnêtes gens au fond de leurs demeures, lorsqu'ils entendaient tout-à-coup retentir ce nouveau glas de la mort, ces trépas sonnés pour des victimes qui les entendent au milieu de leur agonie, et dont la dernière heure est annoncée sur un ton de joie comme s'annoncent des victoires?

C'était le triste emploi de ce majestueux bourdon, appelé cloche du roi, et dont on entend toujours, sans se lasser, la voix grave et harmonieuse. Quelle étrange histoire que la sienne si elle était écrite? Ses états de service seraient le résumé de toutes nos vicissitudes politiques, de toute notre histoire locale, de toutes nos joies et de tous nos malheurs.

DUQUESNOY.

Duquesnoy, représentant du peuple à l'armée du Nord, est l'un des complices les plus féroces de J. Lebon. Celui-ci, à peine arrivé à Cambrai, écrit à son intime ami une lettre qui nous fait voir qu'il ne perdait pas de vue les malheureuses proies laissées à Arras.

« *J. Lebon à son collègue Duquesnoy.*

» Je viens de recevoir les pièces relatives à *Durasnel et à Beeck* (deux cultivateurs), « leur affaire ne tardera pas à être instrumentée. »(On sait *qu'instrumenter*, dans leur langage, c'est guillotiner.)

» Tu me demandes des détails; le temps ne m'en permet aucun dans cette commune (Cambrai), où je suis depuis quatre jours, avec une section du tribunal révolutionnaire d'Arras, et d'après la réquisition de St Just et Lebas; la guillotine continue de rouler à toute force à Arras: on m'en annonce aujourd'hui vingt-huit de St-Pol expédiés hier, elle va primidi prochain commencer ici (à Cambrai) ses exploits.

« En partant d'Arras, j'ai fait provisoirement transférer dans une des maisons d'arrêt de Paris, *Demeulier, Beugniet, Leblond*, ex-membres du comité de surveillance, prévenus de manœuvres en faveur de l'aristocratie, » (*ces manœuvres étaient un acte de justice*) et Leblond, l'adjudant général, pour m'avoir traité de *gueux et de coquin* (c'était bien doux) dans une commune de campagne et pour avoir cherché à y exciter un soulèvement. » (*Ceci est faux: les témoins, liés et garottés comme des criminels n'ont rien déposé contre cet officier.*)

« L'affaire de ce dernier est toute instruite, mais comme elle tient à celle des trois autres qui s'instruit maintenant et même à celle de *Douchez*, je n'ai pu encore adresser les pièces à l'accusateur public. »

Salut : J. Lebon.

La tactique de Lebon était de faire parfois semblant d'hésiter dans sa route. Duquesnoy est là pour le rassurer, il lui écrit un jour : « J'étais à dîner avec Robespierre quand il a reçu ta lettre; nous avons ri: va ton train et ne t'inquiète de rien; la guillotine doit marcher plus que jamais. » Lebon fit lecture de cette lettre à la société d'Arras.

On voit par là la complicité de ces hommes avec Robespierre et sa bande ; ils ne s'étaient emparé de la souveraineté que pour établir sur la France le despotisme le plus épouvantable, pour organiser la tyrannie individuelle de trois cent mille fripons, pour régulariser le vol, le pillage, tous les genres de brigandage, pour égorger la vertu et les talents, pour dégrader la loyauté française, pour faire régner les scélérats et les bourreaux, pour tuer jusqu'à la pensée dans la conscience de l'homme.

Duquesnoy et Lebon, le 17 nivôse, rendent compte au foyer de cet exécrable pouvoir de leurs actes, ils avouent *que leur ouvrage est imparfait, qu'ils vont confisquer des biens et des têtes.*

Lebon dit qu'il a appelé le collègue Duquesnoy pour« l'aider et vous sentez que nous prendrons des mesures en conséquence. *Laissez-moi faire.* » « Le terrible Lebon, ajoute l'autre sur la même lettre, est indispensable pour terrasser le fanatisme......

laissez-le faire, laissez-le à même de porter le dernier coup. Nous avons à nous plaindre, ajoutent-ils, des élargissements considérables que nos collègues Isoré et Laurent ont ordonnés; ce n'était pas la peine que j'aie dans le temps sué sang et eau pour délivrer le département du Nord de *ces scélérats.* »

Ce langage était celui de tous les énergiques; *c'est un scélérat*, disaient-ils, en parlant de ceux qu'ils voulaient perdre. « *Laissez-là ça, c'est un scélérat.* » On commençait d'abord par crier : *c'est un aristocrate, c'est un homme suspect*, pour parvenir à l'incarcérer; et une fois incarcérés les détenus étaient des scélérats qui chercheraient à nous perdre s'ils étaient libres. Sur cette accusation on s'écriait : — A la guillotine ! à la guillotine ! Après quoi la farce était jouée. C'était un principe de mettre en arrestation quiconque était dénoncé, n'importe par qui; on se jouait ainsi de la fortune, de la liberté, de la vie des citoyens; tout dénonciateur était accueilli avec avidité, tandis que les parents et les amis des dénoncés ne pouvaient les défendre sans devenir suspects, sans s'exposer à être mis eux-mêmes en arrestation; des municipalités tout entières se sont vues dans ce cas, en allant réclamer des innocents. Ce Duquesnoy a fait traduire ainsi à la barre du district une municipalité qui invoquait la justice. Il renvoie à un autre jour une pauvre femme qui demande la liberté de son mari ; elle se présente au jour dit en rappelant la parole donnée. « *Tu en as menti, lui dit-il, et si l'autre jour je t'ai parlé de revenir ici, c'était pour me débarrasser de toi.* » Une autre vient lui demander des explications sur un arrêté qu'il a pris de son autorité privée et qui ordonne de réincarcérer tous les cultivateurs que la loi du 21 messidor avait rendus à la liberté. Il ne lui donne pas le temps de s'expliquer.

« *Qu'est-ce que tu viens f..... ici, lui dit-il avec colère ? Je n'ai que f..... d'aristocrates et de contre-révolutionnaires dans ma maison,* » et il tombe sur elle en lui donnant des soufflets et des coups de poing sur la tête, en criant d'une voix horrible à cette malheureuse et à son neveu qui l'accompagnait : *f..... moi le camp;* il frappe toujours, cette femme tombe, il la terrasse à coups de poing et à coups de pied en vociférant. *F..... moi le camp, sac... aristocrates, f..... moi le camp.* Il sort et rentre bientôt avec un énorme bâton en les menaçant de nouveau. Cette scène se passait devant témoins. Quelle dignité dans la représentation nationale !

Lebon disait à Cambrai que cette loi, qui mettait les cultivateurs en liberté, était l'œuvre des contre-révolutionnaires et qu'il aurait voulu, suivant le système général, couper le cou aux riches cultivateurs et aux fermiers que Duquesnoy, son compère, traquait avec une violence imperturbable. Plus de cinq cents de ces hommes utiles et honorables crurent prudent de s'expatrier; et cette conduite n'en fut pas moins regardée comme un crime.

Cinquante-sept de ces villageois, tous pères de famille, sont arrachés par ordre du dictateur, de leurs domiciles livrés ensuite au pillage; ils sont entassés sur trois chariots et garottés comme des criminels, pour être envoyés à la boucherie de Paris. Dans le trajet, ils sont exposés aux railleries de la populace des villes par lesquelles on les fait passer, les toiles qui couvrent les chariots sont enlevées par une pluie battante. Pendant la route, on les fait camper, en les parquant comme du bétail. Des vieillards des deux sexes, des femmes malades, une entre autres à qui on a enlevé son enfant nouveau né, et que son lait est sur le point de faire mourir, ne peuvent émouvoir les tigres que Duquesnoy a commis à leur garde et qui savourent froidement ces douleurs en calculant déjà les moyens de commettre sur d'autres de nouvelles scélératesses.

Pendant que ces cruelles avanies se passaient, les enfants du féroce proconsul allaient ravager les jardins de quelques-unes des victimes, et disaient en cueillant leurs fruits qu'elles n'en mangeraient plus. Des étangs furent mis par eux à sec et tout le poisson emporté.

L'humeur sympathique de Lebon et de Duquesnoy se manifeste de plus en plus. Lisons :

Le vingt floréal, l'an II de la république une et indivisible.

« *Duquesnoy à son collègue Lebon.*

» J'ai reçu, mon cher collègue, la copie de ta lettre que tu as adressée au comité de salut public le trois de ce mois. J'applaudis *aux mesures vigoureuses* que tu as prises. Continuons à dévoiler les hypocrites qui n'ont pris le masque du patriotisme que pour mieux nous tromper. »

Pour extrait conforme, Joseph Lebon.

Nous savons maintenant que *prendre des mesures vigoureuses, dévoiler, réprimer avec énergie,* c'était, dans le jargon révolutionnaire, guillotiner, guillotiner encore, guillotiner toujours.

Lebon ajoute au bas de la copie de cette lettre :
« Ce que m'écrit à cette époque Duquesnoy n'est pas surprenant, puisqu'il a été témoin de la procédure infâme où les vieilles bigotes ont péri (avec justice cependant) et où Douchez, le dix mille fois contre-révolutionnaire Douchez, prévenu du même délit et de la même manière, ensemble de plusieurs autres crimes, a été acquitté, grâce aux soins de Leblond, Danten, etc. Dès le même soir, Duquesnoy voulait que, de concert avec lui, j'arrêtasse Leblond, tant les intrigues de ce dernier étaient révoltantes. »

Les grands coupables, dont il est ici question, c'étaient vingt-quatre personnes, dont les noms avaient été trouvés inscrits sur une liste de charité. Lebon et Duquesnoy s'étaient placés ostensiblement pendant les débats en face des jurés, en leur faisant des signes pour les engager à condamner. Ce Leblond, malgré leurs vociférations, avait voté selon sa conscience et contre leurs désirs. Duquesnoy l'avait rencontré le même jour, et après de sanglants reproches, il lui avait dit, avec les accents d'une rage concentrée: « es-tu convaincu?.... es-tu convaincu à présent? »

Lebon, de son côté, disait à ce juré *qu'il devait être convaincu, puisque son arrêté indiquait ceux qu'il fallait frapper, et qu'il fallait voler comme les autres.* Duquesnoy reprenait ensuite en disant à Lebon, *fais-moi f..... dedans tous ces bougres là, sinon je me brouille avec toi; si Douchez a échappé ici, il n'échappera pas à Paris.*

Tout ceci se passait au mileu d'un dîner auquel assistaient juges et jurés, qui bafouaient Leblond à propos de son vote. Sur la fin du repas, Duquesnoy, voyant Lebon très agité, de très mauvaise humeur (sa férocité lui paraissait peut-être tremblante alors) il lui dit : « Courage, Lebon, va toujours ferme, nous reviendrons ces jours-ci avec St-Just et Lebas et *ça ira* bien plus raide. »

Il est de notoriété publique qu'il existait entre ces deux hommes un commerce d'égorgement. Avoir déplu à l'un d'eux, que dis-je? l'avoir même obligé dans des circonstances difficiles était un titre qui exposait le bienfaiteur à leur haine implacable. En voici un exemple entre mille : nous citons celui-ci de préférence parce qu'il regarde le frère d'un Cambresien bien connu, M. Hoyer, ancien horloger et employé autrefois en cette qualité à la métropole. « M. Hoyer d'Arras, aussi horloger, dit un auteur contemporain, fut accusé de quelques petits traits d'aristocratie, excités par l'opinion et la mauvaise humeur; on ne sait pas trop sur quelle dénonciation il fut arrêté et traduit au tribunal de Lebon où l'on était traîné, si on avait le malheur de déplaire aux messalines de ces messieurs. Hoyer donc, fut mis en jugement : il y a apparence que Lebon et ses tueurs ne trouvaient pas assez de prétextes pour l'assommer. Lebon écrivit à Duquesnoy que tel jour Hoyer devait passer au tribunal révolutionnaire. — Duquesnoy arriva en effet à Arras exprès pour déposer contre Hoyer, et cet horloger fut condamné par les jurés qu'on avait su préparer et influencer par sa présence. — On assure que cet Hoyer est l'homme qui avait sauvé Duquesnoy de la corde quelques années auparavant : aussi cet homme dit à *Petit Pierre* lorsqu'il le liait sur la planche : ce que je regrette le plus c'est que celui qui me fait mourir aujourd'hui est celui à qui j'ai sauvé la vie. »

Voilà les dernières paroles de cet homme victime de la vengeance et de la plus noire des ingratitudes. Duquesnoy, comme Robespierre et complices, brisait les instruments dont il s'était servi, *il coupait* la parole à ceux qui pouvaient révéler ses forfaits.

Tel était le pacte de brigands qui existait entre tous les anthropophages révolutionnaires, TUE POUR MOI, JE TUERAI POUR TOI.

Ici c'est Duquesnoy qui vient en aide à son complice pour obtenir un arrêt de mort contre l'homme généreux qui fut son bienfaiteur et son sauveur. Dans une autre rencontre, nous l'avons vu, c'est Mme Lebon qui sera appelée à prêter son concours à ce monstre pour l'aider, par son témoignage, à faire massacrer toute une famille qu'il accuse de n'avoir pour amis que des aristocrates et la *moinerie*, et d'avoir rompu avec les patriotes. « Ceux qui ne sont pas pour la révolution sont contre, disait-il, en parlant de ces personnes et, à plus forte raison, ceux qui n'ont rien fait pour elle. »

C'est à J. Lebon et à sa bande, agissant de concert avec Duquesnoy, que l'on dut l'invention et l'établissement de ces chambres de meurtre, appelées pompeusement *commissions pour l'épuration des détenus*. Leur entreprise était une industrie dont il fallait bien chercher à exploiter les produits. On l'a vue fonctionner à Cambrai cette machine épuratoire qui *instrumentait* si promptement et qui exterminait avec une apparence de forme. Les entrepreneurs se faisaient ainsi de brillantes affaires, comme nous l'avons déjà constaté. Cet expédient était plus politique, et tout aussi productif que celui proposé d'abord par Lebon et qui consistait à *organiser des feux de file et des feux de peloton*.

Nos proconsuls semblaient lutter d'astuce à qui des deux traquerait le plus de *gibier* selon leur atroce expression; ils lançaient à l'envi leurs limiers de bourreau dans cette horrible chasse qu'ils s'étaient réservée.

Mais ce qui distinguait surtout Duquesnoy, ce qui était pour ainsi dire sa spécialité, c'étaient les vexations de tout genre qu'il aimait à exercer envers les militaires de tout grade de nos armées, dont il était le représentant. Il s'était flatté, devant son état-major, que le plus beau de ses priviléges était de pouvoir déchirer les épaulettes d'un colonel, le destituer et le remplacer à son gré. Il s'attachait à décourager des officiers de talent et d'expérience, pour les remplacer par des hommes tarés et ignorants à qui on avait fait croire que le titre de sans-culottes révolutionnaires tenait lieu de la science, si difficile et si nécessaire, pour enseigner aux hommes le métier des armes, et surtout pour ménager leur sang en les conduisant au combat.

Il pousse l'impudence jusqu'à faire un général de son frère, homme perdu de mœurs, incapable de commander l'exercice à une compagnie ou de conduire une patrouille et dont on n'avait point voulu comme simple gendarme.

Sur la seule déposition de cet ivrogne, Duquesnoy faisait incarcérer, fusiller ou guillotiner les généraux qui avaient eu le malheur de lui déplaire. L'incarcération ou la guillotine enchaînaient ou ensevelissaient bien des vérités. Il importait de fermer la bouche d'une manière efficace à des témoins intègres, qui connaissaient tant de dilapidations, tant d'actes de brigandages et tant de soustractions criardes que nous n'avons pas à énumérer ici.

Selon le ministre *Bouchotte*, on faisait passer dans l'armée les mauvais journaux afin *d'empêcher les soldats de s'engouer* des généraux. On se rappelle les fréquentes députations de plusieurs régiments, indignés des calomnies grossières inventées contre leurs chefs. A propos des feuilles *du père Duchène* et d'autres, ils faisaient ce dilemme : Ou ces généraux qu'on a choisis sont bons, ou ils sont mauvais; s'ils sont bons, pourquoi les dénigrer et chercher à leur ôter la confiance du soldat? — S'ils sont mauvais, pourquoi le comité de salut public leur laisse-t-il le commandement, pourquoi expose-t-il, par une conduite aussi imprudente, le salut de la république?

Un jour, Duquesnoy quittant Paris, se vante qu'il va faire guillotiner des généraux. Au nombre de ceux-ci, nous devons distinguer deux hommes de talent, Gillet et Rochette, que le tyran immola aux vils sentiments de la plus basse vengeance. Le premier est dénoncé et arrêté comme suspect; il est jeté dans un affreux cachot. Le motif véritable de cette première rigueur, c'est que dix jours après son admission à la division du général Duquesnoy, il a donné des renseignements directs au général en chef, ce qui provoqua la mauvaise humeur et la vengeance de ce Duquesnoy. Gillet subira la peine de mort. Le même sort attend son collègue, le général Rochette, alors commandant temporaire de la place d'Avesnes. Voici en deux mots son histoire: Duquesnoy le fait appeler, et l'interrogeant avec le ton d'un despote : « Est-ce vous, lui dit-il, qui avez mis à part cet officier autrichien qui a été conduit ici il y a deux jours. Rochette fait observer qu'il n'est là qu'en sous ordre, qu'il n'a pu qu'indiquer au général Schaelher, présent à cette entrevue, une auberge dans laquelle il a fait porter ce prisonnier grièvement blessé. (Il mourut trois jours après.) »—*Ah! vous avez indiqué.......* s'écrie le représentant en colère, *vous êtes un f.... gueux, un f.... coquin.....* Allez-en prison, ajoute-il en se levant précipitamment, *allez-en prison et je vous f....... quelque part.* — Mais citoyen représentant, connaissez-vous mes principes? — *Allez, si vous dites un mot, je vous f....... cent coups de pied dans le ventre.* Rochette, qui connaît toute la sévérité de la discipline militaire, sauve-garde de l'armée, supporte d'un air tranquille ce traitement atroce, parce qu'il lui est fait par un supérieur. Admirable conduite que l'ignare et fougueux despote ne comprit pas. En effet, le sang froid du général lui attira un autre genre de reproches. — *Vous êtes un homme fier, un ambitieux,* — et les menaces, toujours faites sur le ton le plus ignoble, l'accompagnèrent jusqu'à la porte.

Le général a obéi, il s'est rendu à l'ordre, tout inique qu'il est et qui lui inflige une punition; mais maintenant il croit devoir à sa dignité de faire entendre, du fond de sa prison, une énergique protestation qu'il termine en disant: « *Je demande justice parce que je ne sais point transiger entre la mort et la liberté.* » Aux raisonnemens sans réplique de Rochette, que répondait Duquesnoy?...... La MORT.

Ces actes de férocité étaient toujours précédés, accompagnés ou suivis d'actes d'ivresse.

En effet Duquesnoy savait, comme les jurés de Lebon et avec eux, faire sauter les scellés des caves des détenus, boire leur vin, et s'arranger pour en emporter. Ce qui n'empêchait pas le représentant du peuple de descendre fréquemment, comme un simple *mortel*, dans le premier cabaret venu. Un jour, un envoyé de Paris le cherche, il apprend qu'il est à Bergues, dans une auberge : il s'y rend pour le trouver. Rien ne lui annonce la présence d'un député; c'est un vacarme épouvantable. Il approche, il voit, parmi une vingtaine de citoyens et d'officiers ivres à ne pouvoir se tenir, *un gros homme* qui trinque et qui crie à tue-tête : vive la république ! C'est Duquesnoy. Mais cette auberge n'est pas la sienne ; il en sort pour se rendre chez lui; il devient la risée de la populace qui le voit dans cet état de dégradation. A peine a-t-il fait quelques pas, qu'il tombe comme une masse, incapable de se soutenir. On s'empresse pour le relever, on fait semblant de demander quel est cet homme afin de le porter chez lui. Il balbutie avec l'accent de l'ivresse le plus prononcé : « M'zamis..... m'zamis..... dou-cement..... ne m'faites pas d'mal..... ne m'faites pas de mal..... j'suis Du....ques.....noy..... j'suis Du.....ques..... noy, représentant du peuple..... ne m'faites pas d'mal. »

C'est encore au milieu des bouteilles et des verres, attablé chez un marchand de bonnets rouges, son ami, que l'on trouve notre Duquesnoy en compagnie de quatre administrateurs du district. Ils crient tous ensemble, ils boivent à la santé de la sainte guillotine, ils veulent tous à la fois dicter des noms avec une joie bruyante; c'est une liste de proscription qu'ils dressent à l'envi et pour satisfaire chacun sa haine personnelle. Le travail terminé, l'un deux s'écrie: « Nous sommes de f....... bêtes, nous n'avons pas mis de *ci-devant* sur la liste, f....., prenons garde à nous, ça serait trop vulgaire. » La remarque est accueillie et l'omission réparée.

Un écrivain de l'époque a comparé Duquesnoy à Verrès. C'est trop honorer l'un aux dépens de l'autre, car si le premier imita le second dans ses violences, ses injustices et ses exactions, il n'eut pas comme lui le bon esprit de s'expatrier sans attendre le jugement qu'il méritait. Jamais d'ailleurs notre tribun de bas étage, cet agitateur des carrefours et de l'orgie, ne mérita de rencontrer, comme le préteur romain, un Cicéron pour adversaire.

Nous en avons dit assez pour faire connaître le plus ardent démagogue qui se soit chargé de tailler de la besogne à Joseph Lebon, tout en s'acquittant de la sienne. L'histoire complète de ses exploits nous mènerait trop loin. Qu'il nous suffise d'ajouter que ce Duquesnoy et la femme Lebon animaient et secondaient au besoin les complices subalternes poursuivis, comme eux, par la vindicte publique.

Nous pouvons, sans inconvénient, en signaler quelques-uns. Les faits à leurs charges sont consignés dans une foule de déclarations authentiques recueillies de la bouche des victimes elles-mêmes, ou de témoins qui demandaient le jugement de ces dilapidateurs de la fortune des particuliers; de ces égorgeurs en sous-ordre ; ils sont heureusement étrangers à la ville de Cambrai.

CÉLESTIN LEFETZ.

Célestin Lefetz, ex-genovefin de Liége, devint électeur, administrateur du district, enfin agent de confiance de J. Lebon et le grand délégataire de ses pouvoirs. Il signait, *chargé de pouvoirs du représentant du peuple Lebon;* il prenait des arrêtés en cette qualité.

Il allait la nuit dans les maisons des condamnés ou des détenus, en compagnie de Lebon, de sa femme et de quelques frères et amis. Les fripons craignent la lumière. C'est ce Lefetz qui, usant en dictateur de ses prétendus pouvoirs, semait la terreur et la mort dans les prisons, s'y annonçait la nuit avec fracas, faisait transférer les prisonniers d'une maison à l'autre au son du tambour et voulait qu'on mît sur des charettes, par la pluie, des vieillards malades et mourants. C'est encore lui qui, avec d'autres filous, fouillait les détenus et pillait leurs effets. Nous ne pouvons entrer dans le détail d'une multitude de soustractions soit en numéraire, soit en objets précieux, qui lui sont imputées. Tous les scellés apposés par lui et les siens, ont été brisés, presque tout ce qu'ils devaient sauvegarder a disparu.

Il nous est encore plus impossible de suivre, dans leurs dépositions circonstanciées, trois témoins qui racontent la violence indécente, l'infamie dégoutante et l'horrible manière avec lesquelles ce misérable voulut fouiller trois jeunes personnes, dont une était religieuse clarisse. Le monstre, pour faciliter son opération, s'était fait aider de deux fusiliers qui présentaient la baïonnette vis-à-vis la poitrine de ces infortunées éplorées.

Ce Lefetz, intime ami de Duquesnoy, l'aidait puissamment dans les persécutions que ce dernier aimait à exercer envers les militaires.

Enfin ce qui achève le tableau de cet *alter ego* de J. Lebon, c'est qu'en digne disciple du comité de salut public, pour imiter les commissions populaires et le tribunal de Paris, il avait des témoins à gages et cherchait à suborner des gens simples pour en faire des *moutons*.

HIDOUX.

Ce Célestin Lefetz ne pouvait pas s'allier plus dignement que dans la famille d'un officier municipal nommé *Hidoux* dont il épousa la fille.

Il trouva dans son beau-père un de ces révolutionnaires qui savent calculer le profit du bouleversement et qui se plairaient, pour cette raison, à bouleverser jusqu'à la fin des siècles.

Cet *Hidoux* est nommé par son gendre, par J. Lebon, par le district, par le comité révolutionnaire pour suivre les arrestations. Il exerce ces fonctions avec un caractère de brigandage qui ne saurait se décrire. Il procède, avec sa clique de pillards, à ses opérations; il ne fait jamais d'inventaire en présence des parties intéressées. Toutes les maisons où il a paru ont été dilapidées; une multitude d'effets ont disparu; il brise les scellés, pille les caves et va faire des orgies réglées chez les détenus, après avoir chassé, avec la violence et les outrages les plus révoltants, leurs femmes, leurs enfants et même leurs gardiens. Il insulte avec impudeur la souffrance, et enlève une femme malade depuis huit ans, l'injurie, empêche qu'on ne prenne aucune précaution pour la transporter; il traine lui-même cette femme, perclue de ses membres, sur un matelas le long de l'escalier, en lui disant: « *crève, vieille g...., nous aurons bientôt ton bien.*» Elle n'avait rien pris depuis la veille, il la fait jeter dans un fiacre et il mange ensuite le bouillon destiné à cette infirme, tout en proférant des injures contre elle. Enfin, il se vante hautement de sa conduite atroce; il se glorifie d'avoir fait guillotiner soixante personnes pour sa part; il dit que son propre neveu est mort à temps, qu'il l'aurait fait guillotiner avec son père et sa servante. Ce qui prouve sa complicité avec Lebon, c'est qu'il tient un registre sur lequel sont inscrits ceux qui doivent être mis en arrestation.

NICOLAS LEFETZ.

Nicolas Lefetz, marchand de vin, jouit tout à coup d'une belle fortune depuis que son frère Célestin l'a nommé commissaire aux inventaires. Ses vexations chez les détenus, ses vols, ses ivrogneries sont aussi constatés par plusieurs témoins. Ce fougueux révolutionnaire conserve encore toute sa morgue et ses instincts de carnage, lors même qu'il se voit jeté dans la prison à Paris. En écrivant à sa femme il fait allusion à l'expression d'un jacobin qui venait de s'écrier au milieu du club : « les crapauds du marais lèvent la tête ; tant mieux, *on l'écrasera plus tôt.* »

Laissons parler Nicolas Lefetz. « Ce qui me console, c'est que cette arrestation ne fera qu'ajouter un nouveau brillant à mon patriotisme. Les aristocrates, les modérés, les intrigants et les fripons coalisés avaient cru remporter une grande victoire en faisant incarcérer *les plus chauds patriotes.* Les imbéciles, dans leur fourberie, n'ont pas senti que comme *les crapauds ils montraient leur tête hideuse pour être plus tôt écrasés.* Ah ! que j'aurai du plaisir, lorsque sous peu nous les verrons rentrer dans leurs trous avec des mines allongées de six pouces..... Lis les mesures vigoureuses que la Convention prend contre ces reptiles.... J'ai appris que *Hidoux, Giles,* les trois *Carraut* et autres étaient en arrestation ; je n'en serais pas surpris, il suffisait d'être patriote, pour être persécuté.

» Cette secousse s'est fait sentir dans tous les coins de la république : les plus zélés patriotes de Lyon et de Valence sont dans la même maison d'arrêt que nous, c'est ce qui nous console dans nos peines momentanées..... Sois ferme, ne faiblis jamais devant de pareils monstres, je te le répète, il ne tardera pas qu'on les fera rentrer à coups de triques dans leurs trous. »

Quels hommes! quel langage jusque sous les verrous! Toujours ces mêmes cris de vautours: les aristocrates, les modérés, les fripons coalisés, ou bien les prêtres, les marquis, les comtes, les nobles, les instruments de la contre-révolution, les alarmistes, les agents *de Pitt et Cobourg*; toujours ces stupides vociférations, que les tigres redoublent à travers leurs grilles, parce qu'on les sépare des victimes qu'ils ont immolées. S'ils n'avaient point ces mots d'ordre donnés aux égorgeurs, ces éternels refrains à faire retentir d'un bout de la France à l'autre, nos révolutionnaires seraient restés muets comme des poissons pour ne conserver que l'instinct des requins.

COMMISSAIRES AUX INVENTAIRES.

Gamot, Lefebvre, Taffin-Bruyan, Béru sont quatre affidés de J. Lebon, et commissaires aux inventaires des meubles et papiers des émigrés et des détenus. Déjà notés comme des ivrognes et des ignorants, ils sont les objets de l'animadversion publique dès qu'on les voit devenus les instruments actifs de Lebon. Ils sont bientôt montés comme *des ci-devant*, pour nous servir de leur expression; ils portent avec effronterie des bijoux tels qu'ils n'en avaient jamais eus. Leur maître leur avait tant de fois répété que tout était en commun parmi les hommes, qu'ils se sont empressés de s'approprier tout ce qui leur convenait.

GAMOT.

Gamot, en buvant les vins exquis, insulte publiquement la pudeur en se livrant aux violences les plus atroces envers des femmes détenues. Familiarisé avec la tyrannie, il avance que si l'on est embarrassé pour trouver des papiers à la charge des accusés, il saura bien, lui, en trouver.

TAFFIN-BRUYAN.

Taffin-Bruyan, lévrier de guillotine pour Lebon, se signale comme les autres par ses déprédations, et cherche de plus à arracher les secrets des familles en décachetant les testaments. Il tombe sur celui d'une veuve mise en arrestation : « *Tiens*, dit-il, *voilà le testament de* cette vielle g.... » Puis un moment après, retournant les papiers avec humeur : « *Je ne trouverai donc rien pour faire couper le cou à cette vieille g....* »

Comme ses camarades, il se fournit de vins choisis, enlevés chez les détenus, quand il traite ses consors. Un gardien refuse de boire avec lui et ses complices, il est accusé par eux d'aristocratie, ils l'insultent grossièrement en lui disant qu'il sent l'évêché et la prêtraille.

BÉRU.

Béru, ivrogne, forcené révolutionnaire, enrichi par la révolution, ne s'est pas fait plus de scrupule que les autres de briser les scellés, les serrures, les malles, de dilapider les biens des particuliers. Il ajoutait à son industrie une spécialité en faveur de sa dame et de celles de ses associés; il recueillait le linge fin, les dentelles, la mousseline, etc., etc., ce qui n'empêchait pas les soins particuliers pour les espèces, les boîtes en or, les montres, les bijoux, les argenteries, etc. Non-seulement ces maris complaisants s'occupaient de remplumer leurs compagnes aux dépens des détenus, mais encore ils avaient soin de monter surabondamment leurs ménages de toute espèce de provisions. Faisons grâce au lecteur des détails.

LEFEBVRE.

Ce que nous avons dit des autres s'applique de tout point à cet homme borné, ivrogne, jadis pauvre par défaut d'ordre et d'économie, mais aujourd'hui fort à l'aise et très bien meublé. Ses inventaires des biens saisis chez les détenus et les victimes ressemblent beaucoup au relevé de quelques misérables épaves échappées à un naufrage. A en juger par celui qu'il a dressé chez Mme de Monaldy, à Cambrai, cette vénérable marquise, qui occupait un bel hôtel, ne devait avoir qu'un mobilier composé du plus strict nécessaire pour garnir la demeure d'un portier consigne.

M. Victor Delattre possède, dans sa riche collection l'original de cet inventaire dressé et signé de la main de ce Lefebvre; l'importance de la vente s'élève à 220 francs; quelle amère dérision!

WARNIER, ANSART ET RÉGNIER.

Warnier et Ansart se montrent les exécuteurs fidèles des ordres et des perfides desseins de J. Lebon; ex-oratoriens comme lui, ils affichent un *sans-culotisme* extravagant. Le premir fut le secrétaire intime du tribun qui lui montra toute sa confiance. Il en usa largement; il fut accusé d'avoir crocheté des portes et de plusieurs autres méfaits. Ces deux êtres s'étaient faits les esclaves du tyran.

Régnier, parent de la femme Lebon, faisait partie de la bande; il fut désigné par les autorités d'Arras au comité de sûreté générale qui le fit arrêter.

BACQUEVILLE.

Bacqueville, meûnier, ne sait ni lire ni écrire; il se signale aussi par un patriotisme bouillant; il devient un instrument aveugle entre les mains des intrigants; étant juré, il a toujours voté la mort. Il confisque à son profit tout le vin qui tombe sous sa main, même le vin de Tinto qui sert à soulager les femmes en travail d'enfant.

Il fait le métier de suborneur de témoins dans

l'affaire de Payen de Neuville; il se plaît, comme Lebon, aux massacres; il se vante que s'il avait voulu, *telles et telles têtes seraient tombées*. Enfin on parle devant lui à la société populaire des détenus et de l'embarras que cause leur grand nombre : « *Il n'y a pas tant d'affaires,* dit-il, il faut tout guillotiner. »

DUPONCHEL.

Duponchel, qui fut maire d'Arras, n'était pas capable de lire une dépêche. Il avait bien de la peine à vivre; mais une fois admis dans la société, après s'être divorcé d'avec une femme estimable, il eut bientôt une maison brillamment montée et valant plus de cent mille francs. Il avait été commissaire pour dévaliser les églises. Au sortir de ses excès de débauche dans la maison des détenus, il outrage publiquement les mœurs avec ses compagnons, il se livre aux dernières infamies à l'égard d'une jeune personne de dix-sept ans, tout en la menaçant de la guillotine. Nous ne pouvons pas rapporter les déclarations faites à ce sujet les 13, 14 et 22 frimaire.

Luttant *d'énergie* avec Lebon, il s'écrie : « Il y a une vingtaine d'aristocrates à l'Hôtel-Dieu, il n'y a aucun fait à leur charge, pourquoi donc ça ? Il faut que les sans-culottes dénoncent hardiment, parce que le moindre fait suffira pour les faire guillotiner. »

Il parle de la déportation des prêtres devant Lebon; celui-ci répond qu'il enverra à la Convention leur extrait mortuaire et que cela vaudra mieux.

C'est à ce Duponchel qu'est dû l'idée de faire périr les prisonniers en masse : « qu'on me demande ma signature, dit-il, pour fusiller tous les détenus, je suis prêt à la donner, car c'est un tas de gueux. »

CARLIER.

Carlier ne dépare pas ce cercle infernal dont il est membre; il ne sait pas lire, c'est Lebon qui lui apprend à griffonner son nom, puis le fait président du comité de surveillance et commissaire aux inventaires. En cette qualité il se rend coupable d'une multitude *d'abus d'autorité*, comme dit l'enquête, ce qui signifie d'un grand nombre de vols que nous voyons indiqués par les témoins. C'est ce même Carlier qui, ivre-mort, et dormant pendant les débats, s'éveille parce qu'on le pousse, et s'écrie, par un mouvement machinal, en mettant la main sur la poitrine : *J'en suis sûr*. C'est encore un juré qui a toujours voté la mort. On l'entend un jour vociférer contre les jurés qui viennent de prononcer un acquittement, les traitant d'imbéciles et levant le poing, frappant avec force et s'écriant : « des jurés !.... des jurés !.... acquittent un scélérat comme cela. »

Il convient ensuite avec Lebon d'assembler, le même soir à sept heures, tous les jurés, afin de faire donner la démission à ceux d'entre eux qui ne se sentiront pas assez forts pour juger à mort. La malheureuse victime qui avait été acquittée fut reprise et condamnée par un autre jury, devant le même tribunal révolutionnaire. C'était M. Lallart, chef d'une famille justement estimée ; son crime, c'était qu'un ou deux de ses parents étaient émigrés, c'était encore et principalement de se trouver dans un état d'aisance qui provoquait la cupidité de ses accusateurs. C'est pourquoi le tribunal condamne non-seulement Lallart, mais encore Berlette, son beau père, le frère aîné de sa femme, trois tantes, un oncle et quatre cousines. Son aïeul, Bon Lallart, âgé de quatre-vingt-deux ans, son oncle, âgé de soixante-quinze ans et deux de ses nièces, mis en arrestation, dans un état de maladie désespéré, sont morts dans les maisons de détention; quinze victimes dans une même famille.

M. Lallart ne pouvait échapper ; Lebon avait prédit et résolu son supplice. Quelques faux assignats (il en circulait une multitude) tombés par hasard dans les mains de ce Lallart, étaient un heureux prétexte..... on s'en sert..... On le met en jugement comme distributeur de faux assignats; l'accusé est d'abord acquitté. Lebon jure, tempête et monte à la tribune aux harangues; il demande la tête de Lallart, il prophétise sa mort, il prend un arrêté en conséquence. Indépendamment de l'accusation toute calomnieuse d'avoir distribué de faux assignats, Lebon avait trouvé le moyen d'aggraver la position du prévenu d'un autre chef d'accusation.

Quel était son nouveau crime? D'avoir eu chez lui un seul (un seul) exemplaire de la gazette extraordinaire et du manifeste de Brunswick, publié et envoyé par tous les journaux patriotes.

La mort de cet infortuné était tellement arrêtée, que le conseil qui l'avait défendu une première fois avec un courage et un zèle héroïques se condamna au silence la seconde fois, tant il était certain d'avance que ses efforts généreux eussent été impuissants, et tant il craignait de se perdre, sans pouvoir sauver sa malheureuse victime.

Lallart, remis en jugement sous de nouveaux jurés soigneusement élus, périt sur l'échafaud deux jours après s'y être soustrait, deux jours après avoir été acquitté.

Mme Lallart et Mme Dufour de Douai avaient péri le même jour sur l'échafaud, parce qu'on avait trouvé chez elles un exemplaire d'une chanson dont le sens était amphibologique. Mais revenons à Carlier.

Carlier, comme Lebon, est cruel. Une mère lui demande en grâce d'avoir près d'elle en prison ses enfants en bas âge; elle embrasse les genoux du tigre; il la repousse avec violence: *retire-toi, coquine, g...., p....* La malheureuse, éplorée, insiste, elle tombe trois fois sans connaissance; la femme qui soignait ses enfants engage Carlier à l'aider à placer sur son lit cette femme évanouie. « Va, répond-il, le pavé est trop bon pour elle; si elle m'avait mis en arrestation, f....., elle m'aurait poignardé sur-le-champ..... je ne veux pas m'avilir au point de la toucher, je ne veux pas salir mes mains, s...... »

Ce furibond, dépositaire de la foudre de Lebon, se rend un jour, après boire, le sabre à la main, au spectacle; il y fait un *bacchanal* épouvantable en s'écriant: « Il y a ici des muscadins et des muscadines, il y a ici des gens qui croient aller coucher dans leurs lits; je vais faire fermer les portes de la salle; on verra, on verra. » Enfin, il épouvante tellement tout le monde, que deux femmes accouchent de frayeur avant terme.

Un jour Carlier et Galand, le sabre nu, forcent un ouvrier, nommé Vallet, *dit Picquart,* de s'asseoir et de se mettre *en mesure pour être décollé.*

Enfin Carlier, revenu un jour de Paris, monte à la tribune dans le temple de la raison et dit :

«Bientôt, bientôt, Robespierre découvrira un pâté, tous les modérés seront pris en masse, etc., etc. »

Mais à cette époque, on commençait à oser murmurer un peu plus haut contre les brigands de cette troupe d'assassins. Nous tenons d'un assistant à ces diatribes, que des voix se firent entendre dans le temple en criant à plusieurs reprises : à bas!.... à bas!.... Carlier.

GALAND.

Galand, complice de Lebon, tant à Cambrai qu'à Arras, était la principale cheville ouvrière de ses machinations, quand il s'agissait de chercher de faux témoins. Il fit guillotiner un prisonnier qui n'avait point voulu accepter cet indigne rôle.

Galand, comme son maître, avait souvent le sabre à la main en disant : « Ces bougres-là ne vont pas, je vous f...... à la hauteur; à la guillotine, ces matins-là. » Une fois secrétaire du département, il fut si forcené qu'il marcha sur son habit de garde national et voulut le brûler. Il se proposait ensuite de faire guillotiner les témoins de ce fait.

Galand accompagnait le despote proconsul à son entrée au conseil municipal de Cambrai; il voulut imposer silence à un membre, Leroy du Pouce-d'Or qui, par une malice adroite, avait pris le nom *Unité*. Galand, comme son maître, méprisa le peuple, il insulta, comme lui, les magistrats. Il voulut seconder la fureur de Lebon en sautant sur une table pour l'aider à briser le lustre de la salle du conseil; on se rappelle cette scène dont nous avons parlé précédemment; il affectait de montrer un des morceaux de cristal qu'il prétendait, à tort, être une fleur de lys.

On demande compte à Galand de quatre pièces d'or de 24 livres, venant d'un habitant de Douai, guillotiné à Cambrai, et de 80 livres en assignats enlevées à Florence Gargan, aussi guillotinée avec sa famille pour satisfaire Lebas, et par ordre de son camarade St-Just.

Galand, disent les habitants de Cambrai, est un

scélérat assez connu pour n'en pas parler. On a toujours attendu la restitution qu'il avait promise d'une traite de huit mille livres qui appartenait à un nommé Vallet-Lesoing.

A Cambrai, il n'est pas sorte d'horreurs que Galand ne se soit permises dans la maison d'une femme de soixante-quinze ans qu'il a été arrêter à deux heures de la nuit, en compagnie de plusieurs alguazils, au milieu de grands fracas et avec surcroît de violences.

Il dit à cette femme malade, qu'un enfant aurait fait trembler et qui était couchée, il lui dit d'un ton terrible : *où sont tes poches ?* — Au pied du lit. — Il s'en empare, en tire un porte-feuille, y prend les assignats, les distribue à la garde et en rejette le contenant; puis il s'empare d'un cachet en argent, brise à coups de sabre un crucifix garni d'argent et en emporte la garniture, il se fait donner une bouteille d'eau-de-vie, en boit, donne le reste à la garde et part.

Il sait sans doute ce que sont devenues deux montres en or, qui étaient attachées à la cheminée de la dame Ronse, lorsqu'il entra chez elle, et qui ne s'y trouvaient plus après sa visite; il doit d'autant plus le savoir qu'il est toujours resté dans la chambre où se trouvaient ces objets, tandis que les officiers municipaux de Cambrai étaient dans une autre pièce à examiner des papiers.

Nous avons parlé de sa joie et de celle de ses complices à la nouvelle d'une trouvaille de vins fins et de liqueurs dans la maison d'un condamné à Cambrai. Nous avons notamment rappelé la conduite de Galand chez Mme Dechy.

Il joignait la théorie à la pratique; il avait enseigné la rapine à sa fille. Celle-ci se présente dans un magasin de Cambrai pour acheter un ruban; elle donne en paiement un billet de cinquante sous si sale qu'à peine peut-on distinguer s'il est vrai ou faux. Sur l'observation qu'on lui fait, *êtes-vous sûre que ce billet soit bon?* Elle répond qu'il est bon, parce que son père, l'ayant vu tomber de la poche d'un citoyen, rue des Liniers, et l'ayant ramassé, il aurait fait arrêter la personne, s'il eût été trouvé faux.

Galand, en arrêtant le nommé Delabre, brasseur à Cambrai, lui met à chaque instant le sabre sur la poitrine; il réitère les mêmes violences envers une autre personne malade et couchée dans son lit.

Il rencontre un soir trois bourgeois de Cambrai, les nommés Boniface, Dehollain et Daigremont qui se promenaient sur le haut de l'Esplanade: « Que faites-vous là, leur dit-il avec insolence, vous m'avez l'air de trois conspirateurs, on ne s'écarte pas ainsi sans l'être; vous avez la mine de trois aristocrates.....» et il s'en va en les menaçant de les faire arrêter, malgré l'attestation des élèves de la patrie, parmi lesquels se trouvaient les enfants de ces trois cambresiens.

Si nos concitoyens avaient fait payer à Galand son audace, en lui raclant les épaules avec leurs cannes, ils auraient été guillotinés pour avoir porté obstacle au gouvernement révolutionnaire.

En arrêtant M. Viennet, dont nous avons parlé, Galand voit un de ses complices emporter douze volumes en disant qu'il les emprunte ; lui-même jette avec fureur deux volumes à la tête de Melle Viennet, tandis qu'on emmène son père. Le frère de celui-ci est malade dans son lit, Galand va le trouver et lui met son sabre nu sur la gorge. Il paie à coups de sabre le serrurier Devaux qui vient réclamer ce qui lui est dû.

A la prison des Anglaises, un enfant apportait le souper d'un détenu; Galand le voit et lui dit d'un ton épouvantable: « *Qu'apportes-tu là?*—J'apporte dans ce panier à souper à.......» Galand renverse le panier avec son sabre, brise, casse tout ce qui s'y trouve, donne un coup de plat de sabre à l'enfant et le jette hors du guichet.

Afin de recruter des victimes, ces barbares insultaient les femmes et les filles; leur perfidie allait jusqu'à tenir des propos aristocratiques pour surprendre une parole dont ils auraient pu abuser ensuite. Les mères et leurs filles, sous peine d'être guillotinées, devaient assister aux bals de ces coquins et danser avec eux. Un jour, Galand faisait l'attentif auprès d'une jeune personne et l'engageait à lui dire si ceux qui passaient étaient aristocrates, que, sur sa déclaration il les ferait arrêter et qu'ils ne coucheraient pas dans leur lit. Puis prenant un autre ton, il lui dit, en parlant de la ceinture tricolore qu'elle portait : « *Va, tu portes là de jolies couleurs, voilà quelque chose de propre; tu crois que cela t'embellit.....* » Si par malheur cette jeune personne avait paru suivre la mode plutôt que son goût, elle aurait été incarcérée et probablement guillotinée.

Ce Galand était avec Carlier lorsque l'ouvrier Vallet faillit être décapité; le premier avait saisi au collet le malheureux en lui disant: « Tu te souviendras de boire avec des patriotes, tout à l'heure je vais te décoller. » Il lui portait un pistolet sous la gorge en le terrassant. Ce fut alors que Carlier arriva pour seconder son complice. Ils firent asseoir Vallet et lui dirent : « *Mets-toi là pour être décollé.* »

On parvint heureusement à soustraire le pauvre ouvrier à la rage de ses bourreaux.

JOUY.

Jouy, fils d'un brasseur et juré du tribunal de Lebon, a, comme tous les autres, une foule d'actes arbitraires qui l'accusent : bris de scellés, vols, dilapidations, gaspillages, tout crie contre lui. Il participe au dépouillement inique des prisonniers d'Arras. Il ravage tout ce qu'il rencontre avec sa bande dans les maisons des détenus; une invasion de cosaques n'aurait pas causé tant de désolations.

Robespierre avait voulu confier le commandement de la place de Cambrai à ce Jouy; et cependant, cet homme, étant officier de garde nationale, avait désorganisé son bataillon et plusieurs autres, tandis que notre armée était à Liége; il avait voulu persuader à ses hommes que, d'après la loi, leur service était fini et qu'on pouvait quitter les drapeaux ; lui-même donna l'exemple, il aima mieux revenir pour terrifier son pays.

Il serait trop long de parcourir les exactions et les actes arbitraires de Jouy à Cambrai. Nous n'en développerons que les principaux. Dans une affaire de vol commis chez le payeur de notre ville, on fait observer à Lebon, qui voulait faire guillotiner les coupables, que le vol n'est pas du ressort du tribunal révolutionnaire ; Jouy répond « qu'il ne faut pas tant tourner, qu'une demi-preuve suffit, et moins encore, pour son tribunal. » C'est lui qui s'étudie à fomenter la discorde parmi nous, à exciter les mauvaises passions du peuple, à rendre nos concitoyens ennemis les uns les autres, à semer la terreur en provoquant les dénonciations, en voulant qu'on procède pendant la nuit à l'arrestation des Cambresiens qui lui auront paru suspects pendant le jour.

Le nommé Lecot, officier du 10ᵉ régiment de dragons, traduit au tribunal révolutionnaire de Cambrai, est acquitté. Jouy rencontre ensuite un des jurés et lui dit : « Les jurés de Cambrai sont des f... *poltrons* d'avoir voté l'acquittement de cet officier. » Le juré répond : « J'ai voté suivant ma conscience. » Jouy réplique : « Vous êtes un tas de f..... *poltrons*; mais le juré de Cambrai lui ferma la bouche en lui disant que s'il récidivait ces propos, il lui f....... son sabre dans le ventre. » Nous avons conservé les propres expressions de ce collègue, seulement nous avons substitué le mot *poltrons* à son synonyme beaucoup plus populaire.

Jouy annonce publiquement qu'il a la liste de

tous ceux qui doivent être guillotinés, et qu'au retour de Lebon, la machine va reprendre sa première vigueur. Furieux en apprenant l'arrestation de Robespierre, il propose de se porter aux maisons d'arrêt pour y assassiner et égorger tous les prisonniers, parce que c'est des prisons, dit-il, que sortent les conspirateurs.

DANEL.

Danel, chirurgien et juré de la tuerie de Lebon, est appelé Caméléon en friponnerie ; il se signale parmi nos imperturbables égorgeurs et contribue avec eux à révolutionner tellement les départements du Nord et du Pas-de-Calais, qu'il sème l'épouvante, même parmi les cultivateurs et les paisibles ouvriers de nos campagnes, qui crurent prudent de prendre la fuite au nombre d'environ sept mille. Ce Danel est un de ceux que Lebon a rencontrés tout façonnés pour voter toujours la mort.

Il avait trouvé moyen de se faire donner un poste dans les hôpitaux militaires. A la série de questions que lui envoie la commission de santé, il ne répond qu'en se louant lui-même, faisant observer qu'il tient sa commission de Joseph Lebon; il a l'impudeur d'avancer qu'il n'y a plus de chirurgien à Arras, que cette ville n'en possédait qu'un seul capable, que lui venait de le faire guillotiner, et il termine sa lettre par une plaisanterie de corps de garde.

Un jeune débauché se plaint devant lui d'avoir été insulté par un détenu: « C'est bon, dit Danel, j'en tiendrai note et je le ferai passer sous peu à mon tribunal, *je le ferai guillotiner.* » *Faire guillotiner*, c'était une spéculation, une jouissance pour l'horrible camarilla.

Au directeur de l'hôpital qui lui répondait qu'il ne pouvait ni ne devait lui donner le traitement qu'il demandait, Danel dit : « Eh bien ! je vais aller trouver Joseph Lebon, je gagnerai davantage à faire guillotiner. » Ceci est attesté et signé par trois patriotes, Nicolas Erallo, Simencourt et Solon. Guillotin, le directeur, ne les a pas contredits.

DAILLET, PRÉSIDENT DU TRIBUNAL.

Daillet, dont le nom n'a rien de commun avec ses homonymes de Cambrai, était un jeune homme orgueilleux, très froid, qui ne riait jamais franchement; il vivait dans l'intimité avec Lebon, il assistait aux conférences qui préparaient les opérations, c'est-à-dire les *boucheries* appelées jugements. On sait que le proconsul exigeait que toutes les procédures criminelles lui fussent préalablement communiquées.

Pour satisfaire sa soif de sang, ce président se présentait dans les prisons de notre ville pour y dresser des listes de détenus ; il les outrageait indignement en leur montrant, à chaque instant, la mort en perspective.

Un de ses complices ne craint pas de lui rendre l'hommage suivant, dans une information authentique : il affirme que Daillet, Caubrières, Jouy et Carlier, qui composaient le conseil secret de Lebon, sont quatre scélérats. Daillet avait acquis la confiance de Robespierre, parce qu'il avait le talent de lui nouer convenablement sa cravate, ce qui n'était pas facile, paraît-il.

Aussitôt que Daillet eut appris la tentative d'assassinat, dont son intime fut l'objet, il lui écrivit de Cambrai le 8 prairial de l'an II de la république, la lettre suivante :

« *Daillet à Robespierre*.

« Nous avons été saisis d'effroi et d'indignation, en lisant, dans les papiers publics, qu'un vil assassin avait voulu porter atteinte à tes jours et à ceux de *Collot-d'Herbois* ; mais le génie qui veille sur la

France lui a épargné la douleur de pleurer sur deux des plus ardents amis de la révolution.

» C'est ici le lieu de te reprocher ton imprudence ordinaire. A quoi a-t-il tenu que la liberté ne perdît en ce jour *le plus constant* de ses défenseurs ! Si tu étais sorti avec un compagnon, que tu as l'habitude de laisser toujours derrière, quand il te prend fantaisie de courir, ce monstre t'eût frappé avant qu'il n'ait pu te porter aucun secours. Ne dis pas que ta destinée eût été digne d'envie, puisque tu serais mort pour la patrie : la patrie a déjà perdu trop d'hommes vertueux ! L'homme de bien ne devrait jamais mourir; et lorsque nous voulons faire succéder au plus affreux des systèmes la pratique des vertus républicaines et l'amour de la divinité, il faut au moins que ceux qui ont proclamé ces vérités éternelles, et dont la conduite ne s'est jamais démentie, demeurent pour donner l'exemple. Ainsi donc, mon ami, sois plus circonspect que jamais; que ta chambre soit inaccessible à d'autres qu'à tes amis, et ne crains point que l'on impute cette conduite à la morgue ou à la hauteur; elle est justifiée par l'attentat qu'on avait médité, et d'ailleurs n'a-t-on pas toujours la voie des lettres pour se faire entendre..........

Signé: Daillet, ton ami.

C'est bien là le commis qui, pour devenir quelque chose et capter la bienveillance du tyran, lui avait fait si assidûment la cour à Paris, l'accompagnait alors partout, et couchait par terre dans son antichambre. Il pouvait parler à Robespierre de ses habitudes, il les connaissait.

Aussi c'était encore à son *fashionable* patron, à ce despote en chef, que notre président s'adressait quand, dans sa soif de sang, il craignait de se voir enlever les victimes qu'il aimait tant à immoler. Ecoutons sa curieuse réclamation à ce sujet :

« Arras, le 29 germinal, an II de la République une et indivisible.

« *Daillet à Robespierre.*

» Je viens de lire dans les papiers publics que tous les conspirateurs seraient traduits, de tous les points de la République, au tribunal révolutionnaire à Paris : ce décret est très sage, mais la commune d'Arras est peut-être la seule qui pourrait en être exceptée.

» Voici mes motifs : Tu connais notre énergie, nous ne faisons grâce à personne; nous frappons à coup sûr, par ce que nous connaissons la moralité de chaque individu, et que nous sommes convaincus que, si les aristocrates n'ont pas pris une part active et ostensible dans les dernières conspirations, ils n'en ont pas moins appelé chaque jour la contre révolution dans leur cœur et par leurs vœux, et qu'ils ont concouru, chacun selon leurs moyens personnels, à renverser la république; au lieu que toutes ces connaissances locales échapperont à un juré éloigné. Je t'engage à examiner s'il ne serait pas plus utile de nous conserver notre tribunal révolutionnaire avec son attribution. Tu recevras cette lettre par un courrier extraordinaire que Lebon adresse à Lebas. Je t'embrasse. »

DAILLET.

Lebon avait demandé la même faveur aux membres du comité de salut public; voici la réponse, elle est de nature à satisfaire nos deux cannibales :

« Le comité de salut public, instruit, par le représentant du peuple Lebon, des circonstances importantes qui rendent nécessaire le tribunal institué à Arras, pour réprimer les conspirateurs, arrête que ledit tribunal continuera l'exercice de ses fonctions.

» Signé : C. A. PRIEUR, ROBESPIERRE, B. BARÈRE, BILLAUD-VARENNE. »

C'est Danel qui nous rend compte de la conduite

de Daillet après l'arrestation de son ami Robespierre. « Daillet, dit-il, jeune ambitieux, se sert d'une lettre de Lequinio pour faire sentir au peuple que la Convention, en faisant tomber la tête de nouveaux tyrans, avait commis une injustice et voici ses propres termes : « Je suis loin d'imiter ces lâches qui, la veille vantaient Robespierre, et l'ont déchiré le lendemain. Si je ne craignais d'être mis hors la loi, je parlerais... Si je suis traduit au tribunal révolutionnaire, eh bien ! j'ai assez vécu pour mourir vertueux ; si je suis trompé, j'ai plus de droit que tout autre de descendre dans la tombe de Robespierre et d'en retirer les restes. »

CAUBRIÈRES, ACCUSATEUR PUBLIC.

Caubrières, juré et accusateur public, bouffon par habitude, était l'homme le plus propre à corrompre toutes les idées morales; il trouvait moyen, dans son cœur de glace, de faire rire sur toutes les atrocités. Dénonciateur, commissaire, juré, accusateur public presque toujours dans la même affaire, il méditait, en badinant, la mort de ses semblables; on a déjà vu plus haut qu'il avait fait rire *de bon cœur* Lebon et sa femme, en leur contant, d'une manière enjouée, comment il était parvenu à attenter à la vie des citoyens, contre lesquels il n'avait aucun grief ; il faisait des *carmagnoles*.

A Cambrai, comme à Arras, Caubrières faisait toujours le valet de bourreau, il enchérissait sur toutes les monstruosités. Tandis que Lebon et ses satellites se livraient à tous les excès, dans la société des comédiennes réunies pêle mêle à la même table avec les jurés et le bourreau, des mères de familles, des femmes éplorées gémissaient et attendaient, au fond de la cour, des journées entières, l'heureux moment d'être entendues; une d'entre elles saisit par le pan de l'habit le directeur du spectacle qu'un ordre menaçant venait de sommer à comparaître devant sa hautesse. Cette femme lui dit d'un ton à fendre le cœur: « Intercédez pour moi; c'est la cause d'un innocent que je veux plaider ; *si le représentant m'entendait, il me rendrait justice.* » Quelle confiance dans le loup de la part de l'agneau.

Cependant le visiteur rend compte à Lebon de ce qu'il vient d'entendre. Le sultan, pour toute réponse, se retourne et dit: « *Caubrières* va et délivre moi de toutes ces femmes ; qu'elles f...... le camp, ou incarcérées. »

L'esclave obéit ; l'infortunée est éconduite, ou en arrestation ; Caubrières rentre triomphant, se frotte les mains en souriant et dit : « C'est la femme de ce gueux qui sera guillotiné demain. » Tous ses jurés étaient présents ; il n'auront pas eu de peine à s'écrier le lendemain : Le fait est constant.

Caubrières rencontre ce même directeur, le témoin qui vient de raconter cette scène ; il lui fait un compliment de guillotine : « Remercie le ciel, lui dit-il, de n'avoir pas été à mon tribunal, sans quoi, ta tête tombait ; tu as gagné cent mille francs dans ta direction, je vais lancer contre toi un mandat d'arrêt, car aussi bien tu n'es pas de la première couvée des patriotes ; la République profitera de ton bien. » Pauvre comédien ! Celui-ci à coup sûr n'était ni prêtre, ni noble, ni même aristocrate, quoique de *la seconde couvée* ; mais il est soupçonné avoir de l'argent ! Cela suffit.

Les épurateurs des détenus accusaient un jour une jeune fille de crime *anticivique* parce qu'elle n'avait pas été danser à leur bal, c'était pour une bonne raison, elle était en prison. Alors, deux d'entre eux lui demandent si elle veut se marier.— « Avec qui ?—Peu importe, tu ne le sauras pas, épouse toujours »—Elle refuse.—« Tu ne crains donc pas la guillotine ? lui dit Caubrières. — Non. — Nous le verrons, réplique Dupanchel, car tu seras guillotinée dans trois jours. « Bacqueville lui demande si elle veut sortir d'arrestation ; elle y consent, pourvu que ses parents sortent avec elle; Duponchel lui apprend qu'elle n'aura bientôt plus de parents. Les monstres tiennent alors les propos les plus obscènes à cette jeune martyre de la piété filiale (elle n'avait que 17 ans) leur infâme conversation fait rougir cette vierge candide. « Tu rougis, lui dit un nommé Forgeois. « Caubrières ajoute : « *elle a de la pudeur.* » C'est du fanatisme, répond Blondel, médecin........

Il nous est impossible de continuer le récit de leur exécrable inquisition à l'égard de cette intéressante victime.

Une heure avant le prononcé du jugement d'un accusé, Caubrières disait déjà : « Qu'il ne fallait pas lésiner sur des chandelles, que la République gagnait quatre-vingt-dix mille francs de rente par la condamnation de ce malheureux. » C'était un nommé Béthune.

La fortune de cet homme estimable faisait tout son crime; on avait bien cherché à l'accuser d'avoir émigré; mais le département avait déclaré le contraire; il est au moins prévenu de complicité d'émigration; il paraît comme tel au tribunal criminel; il est d'abord acquitté; tout le monde s'en félicite; Lebon tempête..... il crie..... il écume de rage..... il veut tout immoler, même tous ses élus, si on ne lui immole pas dans le jour la personne de Béthune.

Deux lâches, vendus à Lebon, déclarent Béthune émigré..... vainement celui-ci présente-il ses certificats de résidence; il faut que sa tête tombe; elle tombe en effet à dix heures du soir (à la lueur du flambeau). Ses enfants, à l'exception d'un seul, suivent leur père à l'échafaud, et son défenseur officieux est incarcéré.

DARTHÉ, AUTRE ACCUSATEUR PUBLIC.

Darthé est l'un des accusateurs publics des tribunaux de Cambrai et d'Arras. Il partage la violence et l'immoralité des autres, l'effronterie et la férocité de Lebon, dont il devient bientôt l'un des plus intimes confidents. Il s'est annoncé cependant avec hardiesse comme un ami du peuple. C'est toujours sous ce masque que se présentent les révolutionnaires de tous les temps et de tous les pays. Tout en se mettant à la hauteur de la bande, en trempant avec elle ses mains dans le sang, il s'attache, comme Lebon, à se faire remarquer et à se rendre nécessaire en excitant sans cesse le trouble, en supposant des délits, et en inventant des conspirations; c'est afin de pouvoir propager la terreur, promener la guillotine, incarcérer et égorger sans cesse.

Il fallait bien imiter ses maîtres, imaginer des crimes, faire croire à une seconde Vendée pour faire couler le sang, porter la désolation non seulement à Cambrai, comme à Arras, mais encore dans toute la contrée. On alla même, pour dissiper des rassemblements imaginaires, jusqu'à envoyer de divers endroits des colonnes qui, sans direction possible, firent feu les unes sur les autres, tandis que les habitans des lieux où se passait le carnage fuyaient épouvantés et traqués par la fusillade jusque dans les bois. C'est ainsi que nos anthropophages se plaisaient à répandre le sang des hommes, des femmes, des enfants, et comme Carrier, dans la Vendée, ils ne voyaient que des races de brigands, des femmes et des enfants de brigands. Lebon ne feignait-il pas de ne voir chez nous, comme ailleurs, que des aristocrates révoltés? Sans ces stratagèmes, comment aurait-on pu jurer, pérorer, persécuter et tuer?

Darthé, qui avait monté avec les meneurs l'horrible alerte dont nous venons de parler, fut chargé par Lebon de faire le rapport de cette affaire et de présider la commission à cet effet. Ce rapport ne pouvait manquer d'être exact ; l'un des complices, qui connaissait le mystère, eut la franchise de déclarer à Lebon que cette prétendue conspiration n'était qu'une intrigue.

Comme Caron, autre accusateur public, Darthé avait le talent de faire dresser un acte d'accusation sur le seul mot d'aristocrate, sans pièces, sans preuves ni faits même allégués.

Un des juges du tribunal de Cambrai, appelé pour juger à la commission de Lebon, s'explique ainsi dans la quarante-huitième déclaration faite à Cambrai, le 22 thermidor et jours suivants.

« Un seul fait prouve l'immoralité et la férocité des accusateurs publics et des jurés de Lebon, le voici: le nommé Darthé vint un jour trouver les juges à la fin de la séance et au moment où les condamnés se retiraient pour aller subir leur jugement, il leur dit d'un air triomphant et qui prouvait que son âme atroce se dilatait par l'effusion du sang.

» Eh bien! ces individus sont condamnés, je n'avais cependant pas le moindre renseignement, ni aucune pièce contre eux, autre que l'interrogatoire que je leur ai donné.

» Le comparant (déclare en outre) avoir remarqué que dans la plupart des affaires auxquelles il a assisté, il était impossible que le juré pût se former une conviction. »

Une telle déclaration, sortie de la bouche d'un tel témoin, ne saurait être suspecte; mais ce juge, avec les sentiments qu'il manifeste ici, *qu'allait-il donc faire dans cette galère?*

Le membre d'un district cherche à faire changer Darthé de système. Celui-ci se fâche, et répond avec fureur : « Le district est composé de s...... modérés..... les détenus ont l'esprit aigri..... On ne peut ramener ces sortes de gens à l'amour de la république; il faut qu'ils pourissent dans les prisons. »

Darthé dit froidement en public à un accusé acquitté le matin : « *Si cela avait dépendu de moi, ta tête serait tombée.* » Cette férocité avait sans doute pour but d'exaspérer le malheureux; s'il avait répondu par une insulte, il eût été repris et guillotiné.

Le coupe-gorge, dans une lettre à Lebas, ne parle que des nobles qu'il a envoyés à la mort; il passe sous silence les simples particuliers persécutés en grand nombre. N'avait-on pas vu cependant des journaliers de la campagne, de pauvres ouvriers, n'ayant que leur veste et leur bêche, fuyant par centaines la guillotine et les fureurs de Darthé et compagnie, s'en allant chercher un asile à Tournai, à Valenciennes, afin d'avoir au moins la vie sauve.

Darthé, pour le plaisir de voir couler le sang, ne voulut pas faire doubler de cuir, ou de fer blanc, le panier qui recevait les cadavres des suppliciés ; à celui qui lui donnait ce conseil il répondit *qu'il n'était pas à la hauteur.*

Pour être à la hauteur il fallait s'enivrer de sang ; c'est ce que fit un des amis de Darthé, il a trempé ses deux mains dans le sang des victimes en s'écriant : *oh ! que c'est beau !* Si la foudre n'a pas écrasé ce monstre, c'est que la justice divine lui réservait un autre châtiment. On a vu ces mêmes cannibales, pendant qu'on exécutait une trentaine d'innocents, se tenir dans un cabaret, à quelques pas de l'échafaud, et boire un verre de vin à chaque tête qu'ils faisaient tomber.

L'épouvantable accusateur nous peint toute la noirceur de son âme dans une autre de ses lettres à Lebas. Nous en citerons quelques passsages : « Je vais te donner, cher ami, quelques détails sur ce qui se passe ici : Lebon est revenu de Paris, transporté d'une sainte fureur contre l'inertie qui entravait les mesures révolutionnaires, tout de suite un jury terrible, à l'instar de celui de Paris, a été adapté au tribunal révolutionnaire, ce jury est composé de soixante *bougres à poil.*

« Un arrêté vigoureux a fait claquemurer les femmes aristocrates dont les maris sont incarcérés, et les maris dont les femmes le sont.................

« La guillotine, depuis ce moment, *ne désempare pas* ; les ducs, les marquis, les comtes, les barons, mâles et femelles, tombent comme grêle............

« Le tribunal ne peut plus y suffire, aussi Lebon vient-il d'y adjoindre une seconde section. L'esprit public est monté au plus haut degré...............

« Lebon n'est occupé qu'à rédiger des actes d'accusation, et nous, cinq à six à interroger, à faire des visites domiciliaires, dans lesquelles nous faisons toujours des découvertes précieuses. Nous ne dormons plus. » . . . .

Darthé, après avoir cité plusieurs hommes honorables qu'il appelle de gros aristocrates, ajoute dans la même lettre : « Il n'y a pas un de ces coquins-là qui n'ait mérité *d'éternuer dans la besace*. Tu imagines bien qu'il a fallu donner quelques coups de fouet; je lance d'ici nos sans-culottes et leur mets le feu sous le ventre.

«Nous l'avons juré aussi; la Convention a déclaré qu'elle sauverait le peuple; nous la seconderons de tout notre pouvoir. Les rapports de St-Just ont embrâsé toutes les âmes. » . . . .

Enfin l'infatigable accusateur écrivait de Cambrai à la même adresse : « *Le comité de salut public* a dit à Lebon qu'il espérait que nous irions tous les jours de *mieux en mieux*. Robespierre voudrait que chacun de nous pût former seul un tribunal et empoigner chacun une ville de la frontière. La vertu et la probité sont plus que jamais à l'ordre du jour. » Nous nous en doutions déjà; mais continuons, nous allons en être convaincus.

Darthé est encore accusé d'avoir sacrifié à sa haine, à son animosité, à une rivalité de talents une famille toute entière, la famille Thellier, de St-Pol; un seul membre reste encore entre les mains du monstre; c'est une jeune fille, qu'il vient de rendre orpheline, il l'outrage de la manière la plus indigne. Les sévices dont il se rend coupables envers les personnes du sexe qu'il interroge, ne peuvent être racontées.

Parmi les nombreuses rapines dont on le rend solidaire avec ses complices, nous ne mentionnerons qu'une montre, ayant appartenue à un accusé nommé Delbarre, et qui fut remise à Cambrai entre les mains de cet accusateur *vertueux* ; il a oublié de rendre compte de ce dépôt.

LEMIRE.

Lemire, juré du tribunal sanguinaire, est un des plus fougueux terroristes de l'escorte de Lebon; du reste, il y a émulation entre ces tigres, c'est à qui surpassera son collègue en atrocité. Lemire est à bonne école; son caractère est *à la hauteur*. A son début, étant de garde, il aperçoit un vieillard qui lui déplait : « *te voilà vieux j... f.....,* lui dit-il, *tu n'es pas encore en arrestation?* » Et après avoir vomi des turpitudes à l'adresse de sa femme, il ajoute : *je suis surpris que tu n'es pas encore guillotiné; prends garde, il ne tient qu'à moi de te faire condamner.* »

Il se vante un jour d'avoir rencontré Lebon qui lui dit qu'il avait un fricot à lui donner, et qu'en effet il lui fit boire de grands coups de vin. C'est par l'ivresse de vin qu'on entretient l'ivresse de sang. Aussi c'est entre les bouteilles et les verres que Lemire se décide à dénoncer une dame et ses filles, anges de vertu, qui avaient l'habitude de toucher le piano pour distraire leur père malade. Mais malheureusement, leur maison tient à une auberge, où est descendu Custines, qu'on avait vu saluant un jour ces jeunes personnes. C'en est assez pour les accuser d'aristocratie et les déclarer guillotinables. Lemire, dit en parlant d'elles à des individus qui lui demandaient combien il y avait ce jour-là d'arrestations : « *Toute la s..... sequelle y passe.* » — Mais tu étais quelque chose là dedans? — J'étais leur accusateur. — Mais tu restes, dit-on, chez elles. — Oui, je reste chez elles, je boirai encore leur vin et je les ferai guillotiner après : tu ne sais donc pas, mon cher, que nous sommes payés pour cela par Joseph Lebon. »

Une femme de confiance qui se trouvait depuis trente ans dans cette famille, fut condamnée avec elle « *parce qu'elle avait soufflé la chandelle au moment où on allait tenir un discours contre-révolutionnaire.* » Ce sont les termes même du jugement.

Lemire, comme les autres, prédisait toujours à l'avance l'issue des débats. « Je viens, racontait-il un jour, je viens de déjeûner avec Joseph Lebon; il m'a dit : « *Il y en a onze à passer au tribunal, je suis sûr qu'il y en a dix à guillotiner.* » La conscience du juré était formée. »

On avait eu tort, disait Lemire, de suspendre son activité, si on l'avait encore laissé aller trois mois, on aurait commencé à être tranquille; je le crois bien, avec des amants si passionnés de la liberté, quand on leur laisse faire tout ce qu'ils veulent, une effrayante tranquillité est bientôt établie..... c'est le silence des tombeaux.

ANDRÉ.

André, était huissier au tribunal révolutionnaire.

Nous avons déjà raconté quelques-unes de ses prouesses; voyons celles que nous avons à ajouter dans cette revue. On ne pouvait pas trouver un plus grand scélérat dans un plus petit corps. La noirceur de son caractère pétulant le fit appeler le *cerbère de Joseph Lebon*.

Cet huissier fut chargé de la surveillance des maisons de détentions, devenues pires que des cachots. L'anxiété, la douleur, la mort présentées par les tyrans, étaient le tableau mobile qu'on offrait à chaque instant aux nombreux innocents renfermés dans ces lieux d'horreur.

Chacun des juges, des jurés, des accusateurs publics, le président de l'infâme tribunal se faisaient un barbare plaisir d'ajouter de nouveaux supplices aux tourments des captifs. Les frères de Lebon et sa femme, compagnons des bourreaux, avec lesquels ils fréquentaient les cabarets, allaient, conduits par cet effroyable André, tourmenter journellement les malheureux détenus.

On ne saurait imaginer toutes les tortures employées par ce barbare inspecteur des maisons d'arrêt. Il insultait les prisonniers, les menaçait de la guillotine et tenait toujours son sabre levé sur la tête de ceux à qui il parlait.

Il chasse un jour à coups de pied, une mère qui

attendait son enfant qu'elle avait conduit à son mari en prison. (47e déclaration du cahier dressé à Cambrai.) Souvent seul et quelquefois avec Daillet, président du tribunal, il fait lever les prisonniers pendant la nuit, les fait ranger en ligne dans la cour, il les passe en revue ; il dresse des listes pour désigner ceux qu'il enverra chercher le lendemain pour comparaître devant le tribunal.

Lorsque Jouy et Lebon voulurent faire expédier les vingt-six condamnés du district de Bapaume, André, la veille, vers neuf heures du soir, signifia six ou sept actes d'accusation, contenant chacun une dizaine de ligne pour tous les prévenus, et leur dit : « *Retirez-vous, prenez chacun dans ces actes ce qui vous concerne, et résumez ce que vous aurez à dire.* »

Les faits qui précèdent se trouvent relatés dans les déclarations 5, 8, 41 et 48 du cahier du 5 fructidor, recueillies à Cambrai; on y lit en outre : « André avait défendu à la garde du Jardin (de la prison des Anglaises) de donner de l'eau du puits d'iceluy, ce que la garde avait coutume de faire humainement au travers d'une fenêtre grillée de barreaux de fer. » Laissons parler à ce sujet un témoin irrécusable.

« Je soussigné, membre du conseil général de

la commune de Cambray, et commissaire aux maisons d'arrêt, déclare que le nommé André, huissier au tribunal révolutionnaire séant à Cambray, porteur de pouvoirs du représentant Joseph Lebon, venait dans les maisons d'arrêt plusieurs fois, tant le jour que la nuit, et le plus souvent ivre, y commettait les plus grandes vexations envers les personnes qui y étaient détenues; leur présentant la mort sous les formes les plus hideuses à chaque instant: empêchant qu'on ne fournisse aux détenus les objets les plus nécessaires à la vie, *et notamment de l'eau saine* d'un puits qui existait dans le jardin de ladite maison d'arrêt, et empêchant les gardiens de leur en donner, ordonnant impérieusement auxdits gardiens de ne leur laisser prendre que celle provenant d'un puits existant dans la cour, et dans lequel les latrines de la maison regorgeaient, en disant que c'était encore trop bon pour de pareils scélérats, toutes têtes à guillotiner. »

« Fait à Cambray, le 21 thermidor, 2e année de la république française une et indivisible.

« Adetosse CHOZLE,
« *notable et commissaire aux maisons d'arrêt.* »

On voit par là que si cet André ne surpassait pas ses compagnons en férocité, il les égalait au moins. Il était loin de leur céder aussi le pas en fait d'exploits de rapacité.

En allant chercher le nommé Limelette, de Bourlon, dont nous avons rappelé la condamnation, il lui fit clairement entendre, en le conduisant au tribunal, qu'il allait être condamné, car s'étant aperçu que Limelette n'avait plus sa montre, il le traita de coquin, de scélérat en lui disant : « Qu'as-tu fait de ta montre? Voyez-vous ces coquins d'aristocrates, ils sont voleurs jusque sur l'échafaud..... » Il s'approche ensuite d'un nommé *Lévêque,* aussi détenu de Bourlon: C'est toi, lui dit-il, qui a pris la montre de Limelette...... » A l'instant il le fouille, il trouve la montre dans la poche de Lévêque, où Limelette l'avait mise à l'insu de ce dernier. Nous l'avons déjà vu, ces hommes spéculaient sur les dépouilles de leurs victimes, et le bourreau trouvait des acheteurs anticipés.

En effet, lorsque M. *Lécluzelle* de Cambrai, rue de la Clochette, fut arrêté, les brigands, en bonnets rouges, contraignirent cet homme à se revêtir de ses plus beaux habits, et à prendre sa montre ; ils lui demandèrent même s'il usait de tabac, qu'en ce cas il eût à se munir de sa plus belle tabatière. M. Lécluzelle fut traduit au *tribunal solidaire* de St-Just, Lebas, Lebon, Barrère, Billaud, Collot, Robespierre, sans les pièces qui lui étaient relatives; le comité de surveillance les fit remettre sur le bureau pendant l'examen, personne ne songea à y jeter les yeux et le malheureux fut condamné à la peine de mort. Le tout est constaté par la 23e déclaration du cahier rédigé à Cambrai, le 22 thermidor et jours suivants.

RÉMY.

Rémy était secrétaire du district de Bapaume et l'un des jurés du tribunal révolutionnaire d'Arras et de Cambrai. C'était le favori de Joseph Lebon qui l'appelait son canarien, comme nous l'avons déjà dit. Dès son arrivée, son protecteur l'établit le pourvoyeur de ses *terribles amies*, sa femme et la guillotine. Ce Rémy a dénoncé et fait exécuter trente ou quarante pères de famille pour sa part, tous citoyens aisés, et la majeure partie cultivateurs, contre lesquels il ne pouvait pas même exister l'ombre d'un grief. «*As-tu été à la messe des prêtres constitutionnels?*» C'était la principale et souvent la première question d'usage au tribunal de sang. — « NON... — Fanatique, perturbateur, aristocrate, guillotiné. »

Rémy affiche le plus insolent despotisme, il menace de la guillotine ceux qui lui déplaisent, ou qui le contrarient. Un certain Boniface lui parle d'un parent détenu, Rémy l'empoigne, le menace de le faire f..... dedans, et comme Lebon, il répète avec arrogance : « Quiconque m'approche pour me parler d'aucune personne, je le fais f..... dedans, retire-toi dans l'instant, car vous êtes une bande de gueux. »

Cette qualification aurait bien mieux convenue à celui qui l'employait, car il avait fait ses preuves avant d'être admis parmi les collaborateurs de Lebon : en effet, les cahiers de dénonciations rédigés à Cambrai nous apprennent que, deux ans auparavant, dans le bois de *Vaux*, Rémy a demandé au cinquante-troisième témoin *la bourse ou la vie* ; que cet homme, plus fort que lui, voulut l'obliger à le suivre chez le maire du lieu, que Rémy s'y refusa, ne voulant point avoir de démêlé avec la justice et pour cause ; qu'alors le voyageur lui lâcha un grand coup de fouet sur la tête et le jeta à bas de son cheval..... Depuis lors il paraît que Rémy n'a fait que changer de théâtre ; des bois il est venu dans les grandes villes exercer son industrie. Aussi était-il appelé à Cambrai le premier juré du tribunal révolutionnaire.

Cette perle des jurés de Cambrai, obligé naguère de vendre les serrures de ses portes pour vivre, a su corriger la fortune; depuis qu'il est sans-culottes il affecte un luxe insolent. Jadis personne ne voulait lui vendre à crédit; sous le patronage de Lebon, il trouva moyen d'insinuer *la confiance* à coups de guillotine, c'est pourquoi il fit exécuter *Boucher*, marchand à Bapaume, qui craignait de perdre en lui vendant à crédit. Le sang de ce malheureux fumait encore, que Rémy eut la scélératesse d'insulter à la douleur de ses filles, en leur faisant publiquement la cour et en forçant l'une d'elles à danser avec lui.

Il commandait sans détour le faux témoignage: « Je sais, dit-il à un individu, que tu connais quelque chose contre Défossés, si tu ne le dis pas, je te déclare que je te ferai incarcérer, non ici, mais à Bapaume. » Il avait fait venir le témoin à Cambrai, comptant sur l'efficacité de la vue de la guillotine.

GILLES, BARBEAU, BAILLY.

On accuse encore un horloger, nommé Gilles, de mille cruautés commises dans les prisons et de détournements de fonds. Barbeau, demeurant à Beaurain, fut nommé par Lebon, juge-de-paix; il fit égorger un nommé Manier, et incarcérer plusieurs citoyens. C'était le plus chaud partisan de la coupe à *blanche taille*. Voulant un jour honorer dignement le tyran, il propose publiquement à ses concitoyens d'abattre quatre têtes en présence de Lebon, qui allait venir présider la Société. Chez quel peuple barbare faudrait-il aller pour rencontrer des exemples d'une pareille adulation ?

Bailly juré à Cambrai n'est guères connu que pour son adresse à souffler les tabatières précieuses, tout en partageant cependant avec les autres le butin que l'on faisait au profit de la brigade. Il aurait de plus regardé comme sien un superbe manteau bleu et une canne à pommeau d'argent.

PLANÈS, CARON, POTTIER, MIENNÉ.

Planès, tout en imitant les autres, tout en se donnant pour un véritable démocrate, affiche cependant un souverain mépris pour le peuple ; il a dit que c'était un animal à museler. Pourquoi faut-il que le peuple se laisse prendre aux paroles mielleuses de tels hommes, qui ne le flattent que pour l'exploiter.

Caron, ex-accusateur public, mérite de figurer dans la bande d'égorgeurs, c'est lui qui faisait des signes aux jurés, soit pour innocenter soit pour condamner.

C'était lui qui prenait des tons différents et convenus; c'était lui qui bâtissait toute une accusation capitale sur le seul mot *aristocrate*.

Voici un échantillon de son éloquence et de ses réquisitoires, que les informations nous font connaître.

« Les aristocrates triomphent, disait-il, quand la guillotine chomait seulement pendant deux jours, il y aura demain tel, tel et tel dont je connais les affaires, un nommé *Monroy*, que je ne connais pas : j'invite les citoyens à venir faire leurs dénonciations. Ceux que je connais, quand ils se défendraient une journée entière, ils ne peuvent pas l'éviter. »

Un autre jour il parla ainsi : « Citoyens, les maisons d'arrêt regorgent de détenus, mais il n'y a pas lieu à les traduire au tribunal; venez donc déposer contre eux tout ce que vous pourrez nous rapporter; vous verrez que le tribunal ira son train. Demain il y en a sept; il n'en échappera pas un. »

Le lendemain il disait aux jurés : « Citoyens jurés vous venez d'entendre les moyens de défense des accusés; eh bien ! moi je vous assure que c'est autant de mensonges, que ce sont autant de conspirateurs, que vous êtes sûrement assez convaincus, et que vous seriez des lâches vous-mêmes, si vous laissiez de pareils monstres sur la terre. Allez!!! »

L'arrêt de mort fut prononcé.

Pottier, étant aussi accusateur public, se vantait d'être maintenant un grand seigneur, puisqu'il avait le plaisir d'offrir tous les jours, entre une et deux heures, un beau plat de guillotine au public. Il se rendit à Paris pour prendre langue, dit-il, et retourner ensuite dans le département.

Mienné, dit *guérit-tout*, s'est rendu complice de toutes les horreurs commises à Cambrai et à Arras; il a battu et a voulu étrangler un juré qui n'avait pas comme lui voté la mort. Un autre juré, dépositaire des argenteries des églises, après avoir remis au district, dont il était membre, partie de cette argenterie reprise en un procès-verbal qui laissait croire que c'était tout le dépôt, a été trouvé nanti d'une quantité de ces mêmes objets cachés au-dessus et au-dessous des garde-robes et armoires de sa maison.

GOULIART ET DUHAUTPAS.

Gouliart, jeune homme immoral, favori de Lebon, juré aux tribunaux révolutionnaires de Cambrai et d'Arras, tenait, au sortir d'une audience, ce propos révoltant qui peint le monstre d'un seul trait : «*Encore cent mille têtes en bas, et tout ira bien.*

L'insolent démagogue, de concert avec ses complices, se joue de la vie des citoyens, les condamne avec une impudente légèreté, et parle, dans ses lettres, des actes de sa férocité sur le ton d'un héros qui raconterait ses exploits. Prouvons notre dire par les deux pièces suivantes :

« Je soussigné déclare, qu'étant allé en commission à Cambrai, je fus invité à déjeûner par le citoyen Gouliart, juré du tribunal de Cambrai, il se trouvait sept ou huit jurés de la partie. Un d'eux ayant tiré sa montre et *ayant observé* qu'il était neuf heures et qu'ils avaient autant de têtes (trente) à faire tomber pour midi, un autre répondit qu'ils avaient assez de temps et que pour cette heure toutes les têtes désignées seraient tombées.

En foi de quoi j'ai signé le cinq pluviose, 3ᵉ année républicaine.   FLAMAND. »

« Cambrai, 2ᵉ année républicaine.

« *Gouliart..... salut et fraternité.*

« C'est à la fin d'une course nocturne que je me

dispose à vous écrire; cette nuit fut le coup de mort pour tous les aristocrates de cette commune : les pères, mères, femmes, frères et sœurs, oncles, tantes, parents et amis des émigrés, ont été par nous arrêtés; je vous assure qu'ils sont en bon nombre et en bonnes mains. Demain le tribunal tient sa première séance sous le titre de la première section du tribunal révolutionnaire établi à Arras; trente-sept seront mis en cause, pour commencer.

« Nous allons faire en sorte de détruire tous les scélérats qui fourmillent dans les prisons de cette ville........

« Il n'est pas nécessaire de vous recommander que cette lettre ne doit pas être lue en public. Adieu, je ne puis m'entretenir plus longtemps avec vous. Vous connaissez l'activité du représentant; nous sommes tout à la fois, officiers municipaux, district, comité de surveillance, gendarmes, enfin, plus mauvais que tous les diables ensemble ne l'étaient autrefois. A demain.   GOULIART. »

Son digne collègue Duhautpas, tient un langage plus cynique encore en parlant de ses nombreuses victimes qu'il trouve douées de toutes les *qualités guillotinables*.

Ne citons qu'une de ses lettres, dans laquelle il est question de Cambrai.

« 19 floréal, 2ᵉ année de la république.

« *Duhautpas à ses collègues.*

« On dit que *ça ira*, et moi je dis que *ça va ;* les journées des 17 et 18 vous en sont garantes. Celle d'aujourd'hui, quoique moins fertile à Arras, vaut, dit-on, autant à Cambrai que les précédentes à Arras; trente-cinq ont été au tribunal révolutionnaire nouvellement établi dans cette première commune, et il y a lieu de croire que le glaive de la loi aura atteint le crime des contre révolutionnaires de cette partie de la république, depuis si longtemps impunie.

« Je viens d'écrire à notre collègue Gouliart en l'invitant à me faire part de tout ce qui se passe à Cambrai, pour vous le transmettre ensuite.

« Voici les noms de ceux qui ont subi la peine due à leur scélératesse...... (Suivent les noms de plusieurs habitants de St-Omer, de Boulogne etc., etc.)

« Salut et fraternité.

« Duhautpas. »

Le misérable semble vouloir épuiser le vocabulaire de l'outrage, de l'insulte, du mépris en parlant de ses innocentes victimes, afin, s'il est possible, de les faire considérer comme criminelles aux yeux de tous. Ce sont, selon lui, des traîtres, des scélérats, une clique infernale, etc. etc.

« Je vous écris, dit-il à ses pareils, du tribunal où nous sommes, *après les carcasses* de trente-deux de St-Pol, comptez sur mon exactitude à vous faire connaître les noms des guillotinés d'entre eux. »

Il ajoute dans une autre lettre : « Il y a deux jours, je vous faisais part de mes craintes sur l'enrouillement de la guillotine ; les journées d'hier et d'aujourd'hui les ont dissipées : sur dix accusés qui ont été traduits au tribunal révolutionnaire, cinq ont fait la bascule, et les autres ont joué des jambes; la première des cinq, qui a désiré que ses pieds fussent de niveau avec sa tête, est une scélérate dont il me serait impossible de vous tracer les sentiments contre-révolutionnaires........ »

CATTÉ.

L'un des plus connus de ces affidés de Lebon, parmi nous, était un nommé Catté. A tous ses exploits de concert avec les autres, il joignait les fonctions de crieur public en annonçant au coin des rues les nouvelles plus ou moins importantes. C'était du moins lui qui présidait souvent dans ces circonstances, au milieu d'un appareil et d'une escorte toujours en harmonie avec le terrorisme. On regardait en silence le cortége démagogique traverser nos rues, et n'entraînant après lui que quelques vagabonds, comme un égout qui entraîne les immondices après l'orage. Catté, revêtu de sa carmagnole, un chapeau relevé sur le devant avec un panache tricolore, un énorme sabre à la main, et monté sur un grand cheval, s'arrêtait de temps en temps pour faire ses publications, dont voici un échantillon :

« Braves patriotes, je viens vous annoncer une nouvelle qui va combler de joie tous les francs républicains. Demain notre bon père Lebon sera de retour dans nos murs : réjouissez-vous donc, l'âge d'or va commencer ; il n'y aura plus ni pauvres, ni malheureux parmi le peuple..... Vive notre bon père Lebon ! »

Et la cohorte d'élite de répéter en chœur, en vociférant sur tous les tons : Vive notre bon père Lebon !

Catté terminait presque toujours ses harangues en entonnant quelques chansons républicaines de sa composition et qui, dans leur genre, étaient assez bien tournées; leur auteur était instruit.

En ce temps-là, les honnêtes gens avaient aussi leurs chansons ; ils se les passaient en cachette ; ils les chantaient même à demi voix dans leurs appartements les plus reculés. Que le Français est étonnant! il chante au milieu des ruines, sous l'empire de la terreur et à deux pas de l'échafaud!

C'était ordinairement sous la même présidence, et à peu près avec le même entourage, que s'annonçaient les victoires républicaines. Seulement, pour donner plus de pompe à la cérémonie, la cloche du beffroy sonnait à toute volée; puis, afin de faire plus d'impression et ne pas laisser sommeiller l'esprit patriotique, ces annonces se faisaient le plus souvent au milieu de la nuit et à la lueur des flambleaux, ce qui n'empêchait pas *l'armée noire* de crier à tue-tête, en passant dans les rues: *chandelles aux fenêtres!* et alors tous les habitans de se réveiller en sursaut, d'exhiber bien vite leurs luminaires, et d'accourir ensuite au coin de leurs rues pour entendre l'heureuse nouvelle. C'était toujours une victoire importante pour laquelle nous n'avions perdu que deux ou trois hommes, et quelquefois un caporal, tandis que l'ennemi avait essuyé des pertes énormes.

En attendant, nonobstant ces annonces toujours aussi belles qu'un prospectus, nos gouvernants ne cessaient de nous demander des hommes et de l'argent; le sang français coulait au dedans sur les échafauds, et au dehors sur les champs de bataille.

JUGES ET JURÉS CHOISIS DANS CAMBRAI.

Cependant Lebon seul, avec sa bande, n'aurait pu faire égorger tant d'innocents à Cambrai, s'il n'avait rencontré dans cette ville huit partisans, sur lesquels il existe des notes et des pièces aussi fortes que celles que nous avons rapportées sur leurs complices. Nous taisons la plupart des noms de ces hommes, la terreur de nos concitoyens et l'opprobre de l'humanité. Rapines, vexations, corruption des mœurs publiques, complicité avec les juges et les jurés d'Arras ci-dessus signalés, efforts pour étouffer les réclamations de la généralité de leurs compatriotes contre Lebon, menaces et oppressions, rédaction d'adresses qui devaient, au son du tambour, en faveur et en présence de l'infâme proconsul, être prônées et colportées par plusieurs d'entre eux à travers le département ; tels furent les actes de ces êtres appelés de bons patriotes par les meneurs, qui les relachèrent après une première arrestation.

Le retour subit de ces personnages dans notre ville fera fuir de paisibles habitans ; la garde nationale, décidée à ne plus faire le service avec ces hommes abhorrés, les exclura de son sein. Mais n'anticipons pas.

ARRAS ET CAMBRAI.

Nous avons parcouru presque toute la galerie des assassins et des vandales amenés à Cambrai par Lebon, pour composer son tribunal de sang. En racontant les exploits de ces monstres d'une énergie éprouvée, comme les voulait leur maître, nous avons dû nécessairement toucher à des faits qui regardent Arras, car cette ville et la nôtre se sont trouvées presque en même temps à la merci des mêmes brigands. N'avons-nous pas vu le tigre, les griffes étendues sur nos deux malheureuses cités, se jouant avec les proies qu'il avait saisies, et les lançant d'un lieu à l'autre pour finir par les égorger plus à son aise ?

Notre pensée a été rendue d'une autre manière par une gravure du temps, dont un exemplaire se voit encore dans la riche collection de M. V. Delattre, notre receveur municipal. Cette gravure représente deux guillotines placées en face l'une de l'autre ; sur chacune d'elles se trouve le corps d'un supplicié étendu sur la planche fatale ; le sang jaillit de ce corps décapité. Au bas de chaque échafaud s'élève un monceau de cadavres mutilés ; monté sur cet horrible théâtre, Joseph Lebon, les bras retroussés, la chevelure hérissée, dans un débraillé complet et l'attitude d'une furie, tient une coupe à chaque main, buvant de l'une le sang qu'il vient de recueillir à droite, tandis que, de l'autre, il recueille le sang qui coule à gauche.

Sur le côté de cette scène affreuse on remarque un groupe de nouvelles victimes éperdues, échevelées et étendant les bras vers la Convention qui plane dans l'air sous l'emblème d'une femme...... mais hélas! ce n'était qu'une marâtre!

DÉMORALISATION DE LA JEUNESSE.

Avec des maîtres tels que nous venons de les dépeindre, la jeunesse fut bientôt entraînée dans la perversité et l'immoralité la plus lamentable.

La femme de Lebon se servait de son jeune frère *Abraham* pour espion. Son mari employait en la même qualité, un enfant très malicieux, âgé de treize ans et nommé *Damiens*. Il l'avait chargé d'ouvrir les lettres, et les municipaux étaient obligés de le recevoir dans leurs séances, même dans leurs délibérations secrètes de police. Ce gamin écrivait aux jeunes gens de son âge et leur demandait ce que disaient leurs parents sur tel et tel évènement.

Quand les parents corrigeaient leurs enfants, ceux-ci, pour se venger, les menaçaient de les aller dénoncer à Lebon dont les expressions étaient passées sur leurs lèvres pour insulter les auteurs de leurs jours, qu'ils appelaient s.... aristocrates, etc., etc.

Les enfants devenaient cruels comme Lebon; ils s'habituaient à égorger comme Lebon. Les mêmes leçons avaient produit les mêmes résultats à Cambrai et Arras.

Quand les autorités osèrent enfin ouvrir les yeux pour considérer les ravages causés, elles s'aperçurent que dans presque tous les quartiers on voyait des enfants se promener avec des petites guillotines, guillotinant des oiseaux et des souris auxquels ils donnaient les noms de certaines personnes connues : nous allons guillotiner, disaient-ils, M. ou Mme X... qu'ils qualifiaient d'aristocrates. On dut s'empresser d'aviser au moyen d'arrêter les effrayants progrès de la corruption de cette génération naissante. A Arras, il fallut prendre un arrêté que nous allons rapporter.

« *Séance du 16 fructidor, 2e année républicaine.*

» Sur la dénonciation faite par un membre que des enfants de cette commune s'amusaient avec de petites guillotines de deux pieds environ de hauteur, l'assemblée a donné ordre aux soldats de police de les retirer des mains de ces enfants, et considérant que de pareils instruments, quoique leur servant d'amusement, auraient pu leur donner des idées de mort, éteindre par la suite en eux tout sentiment d'humanité et les rendre féroces et sanguinaires, a résolu de faire faire les plus exactes recherches pour s'assurer s'il existait encore de ces instruments et les saisir, ce qui a été fait, et les instruments brisés.

» Le conseil général, instruit par la voix publique que ces enfants s'amusaient à guillotiner des oiseaux et des souris avec ces machines, a en effet remarqué qu'à ces guillotines, il y avait de petites plumes enduites de sang, qui étaient restées attachées à la planche.

» Le conseil général attribue le germe de férocité qui, malheureusement aurait pu se développer dans ces enfans, aux éternelles et sanguinaires clameurs du tigre Joseph Lebon, qui tendaient à comprimer et à étouffer autour de lui les sentiments de l'humanité et de la justice.

» Ce germe de férocité, le conseil général l'attribue enfin à la joie féroce et barbare, avec laquelle ce nouveau tyran (*en aviez-vous déjà vu un sem-*

blable ?) « venait compter publiquement les têtes tombées dans le jour, et celles qui, le lendemain devaient tomber, et à la manière astucieuse avec laquelle il trompait, égarait le peuple, *en jugeant lui-même publiquement ceux qui n'avaient point encore paru au tribunal.* »

Pour copie conforme, témoin,

Le secrétaire-greffier de la commune, soussigné,
LEFRAN.

Comment pourrait-on contester les terrifiantes vérités consignées dans ce monument authentique, extrait d'un registre aux délibérations d'un conseil général? C'est lui qui constate officiellement et la grandeur et la cause de l'horrible contagion. Doit-il en être surpris? Quand il a été donné à la jeunesse de voir des juges qui ne se montraient que sous l'aspect de bourreaux dansants, qui donnaient occasion aux plus libertins d'afficher leur conduite immonde, qui se faisaient applaudir parce qu'ils travestissaient leurs crimes en fête, quand cette jeunesse en un mot s'aperçut que J. Lebon étalait impunément sa tyrannie, pouvait-elle, au milieu de tels exemples, s'arrêter d'elle-même sur les bords de cet abîme de la corruption? Hélas! pour un instant on la vit même rouler jusqu'au fond du précipice. En effet, aux traits de cette férocité précoce se mêlèrent bientôt les actes de la plus profonde immoralité.

Tous les jeunes garçons de Cambrai, depuis l'âge de treize ans jusqu'à dix-sept, composaient un bataillon dit du jeune Barra; un arrêté de la municipalité avait invité tous *les bons citoyens* à y faire incorporer leurs enfants. Cette invitation, on le comprend, équivalait à un ordre; les parents qui ne s'y seraient pas conformés auraient été regardés comme de *mauvais citoyens*, c'est-à-dire suspects et puis guillotinables. Ces volontaires imberbes étaient appelés les enfants de la patrie. « Ils portaient, disent les mémoires déjà cités, sur leur drapeaux : *Espoir de la patrie*. Armés de piques, campés sous une tente à droite de l'autel de la patrie, ces enfants allaient tous les jours à l'exercice à cinq heures du soir. Durant les exécutions à mort, on les faisait sortir de la tente, afin de leur apprendre à voir couler sans émotion le sang des aristocrates. Plusieurs d'entre eux, du reste, profitaient parfaitement de la leçon.

« Ces malheureux introduisaient la nuit, sous leur tente, des petites filles de leur âge, déjà vouées à la prostitution, et se livraient à tous les excès de la débauche.

» Ils avaient des repas de corps, où ils s'enivraient et chantaient des obscénités. Ils avaient aussi leur petite guillotine comme les enfants d'Arras.

Pendant la nuit ils avaient quelquefois la garde de la grande guillotine et s'amusaient à guillotiner des chats. Le lendemain, le bourreau, furieux, criait que les aristocrates avaient détraqué sa machine et portait son tranchant à aiguiser chez le taillandier.

Et l'on appelait ces enfants, l'espoir de la patrie.

Nous sommes pourtant forcés de les croire, ces faits, en lisant l'arrêté que nous avons cité plus haut, et la délibération de notre conseil, moins explicite à la vérité, mais qui se fait assez comprendre en décidant que le commandant de la garde nationale, avec un autre bourgeois, seront invités, au nom du bien public, à surveiller en tout la conduite du bataillon du jeune Barra, et à empêcher, autant qu'il sera en eux, tout ce qui pourrait tendre à l'indiscipline ou à la dissolution des mœurs.

Hélas! c'est bien malgré nous que nous évoquons de pareils souvenirs; il le faut bien, puisqu'à notre époque on rencontre des hommes qui ont le triste courage de chercher à excuser les horreurs révolutionnaires, et qui semblent avoir un intérêt à jeter le voile sur ces jours d'abominations. S'ils s'étaient encore prolongés quelque temps ces jours malheureux, la population de nos contrées aurait été corrompue pour toujours.

BALS, SPECTACLES.

Cependant l'épouvante ne cessait de planer sur notre malheureuse cité : Aux scandales se mêlaient les infamies, les brigandages succédaient aux persécutions, et les exécutions suivaient les emprisonnements. Au milieu de ce chaos infernal, Joseph Lebon organisait des bals et des spectacles.

Après avoir jeté la consternation et la douleur dans les familles, en ordonnant nominativement à leurs membres d'assister aux jeux sanglants qu'il faisait donner par le bourreau sur la place, il envoyait des invitations, ou plutôt des sommations aux mères pour les obliger, sous peine d'être regardées comme suspectes, à conduire leurs filles dans ces orgies, qu'il appelait des fêtes et des bals, et que la pudeur des honnêtes femmes redoutait plus que la mort.

Le tribun patriote se posait en monarque dans

les réunions, et lui qui déclamait si souvent contre le luxe des grands pour soulever le peuple, faisait alors servir avec profusion des glaces, des rafraîchissements, des liqueurs, des bocaux remplis de fruits à l'eau-de-vie, des pains de sucre, etc., etc., pris dans les maisons des détenus. On y voyait briller aussi leurs cristaux, leurs porcelaines, leurs vases les plus précieux. Là, en élégante bohémienne, Mme Lebon se pavanait, dominait, faisait porter son enfant avec affectation pour le faire admirer et provoquer les vivats à son adresse, de la part des adulateurs qu'elle rencontrait chez les affidés et les salariés, qui faisaient les honneurs de la fête.

Lebon était arrivé d'Arras à Cambrai traînant avec lui deux troupes destinées à le divertir alternativement; d'un côté, des comédiens qui avaient pris le titre de troupe révolutionnaire et un orchestre; de l'autre, une guillotine et des bourreaux. L'abominable saltimbanque!!! il lui fallait, pour s'étourdir lui-même et pour accoutumer le peuple à ses sanglantes représentations, un théâtre et un échafaud.

C'est lui-même qui se charge de censurer les pièces et de les corriger au besoin. Dans l'une, qui est pourtant de son goût, *l'époux républicain*, il fait retrancher avec soin cette phrase qui se trouve au second acte, quand le père soupçonnant son fils d'avoir quitté les drapeaux, dit : *Mes amis, ne jugez point vos frères sans les entendre.* Lebon n'est ici que l'écho du comité de salut public, qui *ne veut point qu'on le joue dans Timoléon*, et qui a défendu de représenter la tragédie de Brutus à cause de ces deux vers :

Arrêter en Romain sur de simples soupçons,
C'est agir en tyran, nous qui les punissons.

Et celle de Mahomet à cause de ce distique :

Grands dieux! exterminons de la terre où nous sommes,
Quiconque, avec plaisir, répand le sang des hommes.

Les assassins puristes allèrent même jusqu'à détester ces mots de *Graccus* : *des lois, et non du sang.*

Toutes les pièces de théâtre devaient donc être franchement républicaines et purgées de toute allusion capable de blesser la susceptibilité des sans-culottes. Lebon affectionnait et faisait souvent jouer une pièce montée tout exprès pour allumer le patriotisme dans l'âme des spectateurs; on y voyait figurer plusieurs corps de métier, des fileuses, des couturières, des forgerons, des meuniers. Ils chantaient, tout en travaillant sur la scène:

le refrain en chœur devait électriser la foule et enlever d'assaut l'enthousiasme ; le voici à peu près :

>Filons... cousons... forgeons... bien
>Soldats de la république
>Vous ne manquerez de rien ;
>Nous forgeons des piques
>Pour l'hiver qui vient......
>Notre moulin fait tique, tique
>Pour moudre votre grain :
>Soldats de la république
>Vous ne manquerez de rien, etc., etc.

Un jour dans une représentation, où des paysans chantaient en dansant :

>Mangeons à la gamelle,
>Vive le son, vive le son,
>Mangeons à la gamelle,
>Vive le son du canon !

Une servante de comédiens, âgée de 14 ans, sortit des coulisses et sauta sans réflexion sur l'avant scène avec son tablier de cuisine. En entendant répéter *mangeons*, elle croyait sans doute qu'elle devait se présenter pour servir.

Quoiqu'il en soit, cet incident produisit un immense scandale. La représentation nationale venait d'être insultée par le fait de cette jeune étourdie, et le fondé de pouvoir de Lebon porte à l'instant une *loi* dont l'article premier, statuant sur un délit imprévu, condamne la malheureuse à une détention qui ne pourra durer moins de huit jours. L'article quatrième dit que le directeur, ou en son absence, sa femme, qui aura laissé outrager et le peuple, et les mœurs, et la décence (à propos d'un tablier de cuisine) sera regardé comme suspect, et comme tel, mis en arrestation jusqu'à la paix (*sic*). Quelle sévérité pour une véritable niaiserie qui ne pouvait avoir d'autre conséquence que de faire rire le public. On voit que nos tyrans subalternes mettent en pratique la leçon de l'un de leurs potentats, de St-Just qui disait : « On fait trop de lois, trop peu d'exemples; vous ne punissez que des crimes saillants : *les crimes hypocrites sont impunis.* Faites punir un abus léger dans chaque partie, c'est le moyen d'effrayer les méchants. J'engage le comité à donner beaucoup d'éclat à la punition de toutes les fautes. Dans le gouvernement, vous n'aurez pas agi ainsi un mois, que vous aurez *éclairci* ce dédale dans lequel la contre-révolution et la révolution marchent ensemble. »

Si Lebon laissait ainsi punir des peccadiles d'enfant, il se permettait, lui, des inconvenances bien autrement étranges en pleine représentation. Un jour, il cesse tout-à-coup de lorgner les femmes, il sort de sa loge et se précipite à corps perdu, le sabre à la main, sur les acteurs occupés à réciter leur rôle; il les met en fuite et commence à pérorer, à critiquer un passage de la pièce, à censurer les acteurs. Puis sa fureur s'apaise, il sourit aux actrices, et finit par les comparer toutes successivement à quelque déesse de la fable pour leurs divers talents.

Une autre fois, à Cambrai, en arrivant au spectacle, il trouve, dans la loge qu'il voulait occuper, des femmes placées sur le devant, il s'avance furieux sur le théâtre et suspend la pièce pour faire lui-même une scène tragi-comique : « Voyez-vous, dit-il, voyez-vous ces b......... d'aristocrates, ces muscadines insolentes? je me présente dans cette loge, pas une n'a l'honnêteté de se lever pour *moi*, *Joseph Lebon*, représentant du peuple : oui, jadis, quand il se présentait un roi dans un spectacle, tout le monde se levait; oui, c'est avilir la représentation nationale.... Et! ne suis-je pas plus qu'un roi, moi, Joseph Lebon, représentant du peuple? »

Un jour, assis sur la scène, au milieu d'un cercle de commères, Lebon reçoit une lettre; on suspend la pièce, il lit, puis il s'écrie : Bah! c'est encore une pratique pour la guillotine, il s'agit d'un émigré, son affaire est faite, il ne peut échapper; alors toutes les harpies se lèvent et répètent à l'envi : « *Oh! qu'il est bon, c'est notre sauveur, le citoyen représentant, c'est notre père, notre bon père à tous.* » La farce est jouée; les comédiens reprennent leur rôle. Cette basse flatterie n'était qu'un coup préparé pour faire de l'effet, électriser les spectateurs et les habituer à entendre parler de massacres comme de choses fort ordinaires. Ceux qui jouaient n'étaient pas les seuls comédiens alors, ce n'étaient pas leur troupe qui était chargée des entractes.

Pendant l'exécution de ces pièces d'éducation populaire, dans lesquelles le cynisme se mêlait au grotesque, si son public applaudissait à contre temps, *taisez-vous tas de Jean F....,* vociférait Lebon en fureur, *vous n'êtes que des imbéciles, je vous apprendrai à avoir de l'intelligence....*

Quand le despote était satisfait, il se tenait assis sur le théâtre pour être vu de tous les spectateurs et multipliait ses applaudissements qu'il accompagnait d'extravagances impossibles à décrire.

Mais comment avait-on le courage d'assister aux scènes burlesques de ces bateleurs? Il le fallait bien, car J. Lebon avait le moyen d'attirer son monde à ses comédies-parades comme à ses bals ; sans parler de sa clique de vauriens qui avaient toujours les premières places, les honnêtes gens étaient bien obligés de s'y rendre, s'ils ne voulaient pas être regardés comme suspects ; chaque quartier de la ville avait son jour désigné pour cela, et des billets étaient distribués gratis dans les familles. La caisse municipale, toujours réduite aux expédients à cette époque, au milieu de l'âge d'or, dont on jouissait alors, devait encore payer et les danseurs et les violons.

Souvent Lebon, dans son costume débraillé, se tenait à la porte de la comédie pour espionner et regarder sous le nez tous ceux qui entraient. Cette circonstance faillit un jour être bien fatale à ma mère et à sa sœur, aveugle, qu'elle conduisait par la main, en se rendant à l'invitation qui, en forme de sommation, leur avait été envoyée.

Qu'on nous pardonne de raconter ici cet épisode de famille pendant la terreur; en contribuant, avec tant d'autres faits, à faire apprécier ce règne, il rappelle les précautions qu'il fallait prendre pour ne pas se compromettre, même dans les plus simples démarches.

Un ecclésiastique de nos parents, et dont la famille demeurait au village d'Anneux, avait laissé chez ma grand mère, en partant pour l'exil, tout son linge et divers objets, entre autres un petit manteau de cérémonie avec une ceinture et une custode en argent, destinée à porter les sacrements aux malades pendant la nuit. Le linge avait été démarqué avec soin, en cachette, le soir, au fond de la maison; puis cette opération faite, ma mère, profitant d'un jour où son frère était de garde à la porte Cantimpré, s'empressa d'aller conduire à destination tout le linge, caché comme une contrebande, sous la paille dans un chariot. Mais de sa vie, elle n'avait osé prendre avec elle ces objets dont la forme décelait l'usage, et qui portaient avec eux le cachet du *fanatisme*; ils sont encore là, quand arrive le tour de la section pour assister à la comédie; ne pas s'y rendre c'est se faire inscrire sur la liste des suspects; et puis on vient d'apprendre, par un hasard providentiel, que des visites domiciliaires vont avoir lieu la soirée même; peut-être a-t-on été dénoncé; que faire? Le temps presse... les expédients se heurtent et se croisent avec la rapidité de l'éclair dans l'imagination de la mère et de ses filles; cacher plus encore ces objets dans la maison, n'importe où, semble présenter des dangers. Enfin le parti est pris; ma tante met les pièces accusatrices en poche avec l'intention de les jeter dans un bras de l'Escaut, devant lequel on doit passer. Les deux sœurs sont en marche... Mais, ô fâcheux contretemps ! La clarté de la lune est si vive, les allants et venants sont si nombreux, que pour tout au monde on n'oserait exécuter le projet dans la crainte d'être remarqué; revenir sur ses pas, quitter les connaissances dont on est accosté, rencontrer face à face la foule qui suit et qui observe... tout cela ne paraît pas prudent; d'ailleurs, en pareil cas on n'est plus guère capable de prendre une résolution. Nos deux coupables, plus mortes que vives, arrivent donc forcément jusqu'à la porte du spectacle, ayant sur elles de quoi faire guillotiner une famille toute entière; pour comble de malheur, Lebon est là, sur le seuil, regardant fixement et d'un air farouche tous ceux qui entrent. Il aperçoit ma tante que sa sœur conduit par la main, et la saisissant par le bras, il l'examine attentivement et demande aussitôt: « Qu'a donc cette jeune personne ? — Elle est aveugle, dit la sœur. — Aveugle, répète-t-il, depuis quand ? — Depuis l'âge de trois ans. — Quel malheur, ajoute le féroce tribun, passe, citoyenne. Ce fut l'unique fois peut-être que le tigre éprouva quelques sentiments de compassion ; nous avons voulu le constater pour la rareté du fait. Cette pitié passagère aurait bientôt fait place à des accès de rage, si Lebon avait seulement flairé ce que portait sur elle la pauvre aveugle; ni elle ni sa sœur, on le conçoit, ne purent rien raconter, en rentrant, de la pièce à laquelle elles venaient d'assister.

LEBON EST ACCUSÉ. — IL EST DÉFENDU. — PÉTITION EN SA FAVEUR.

Les gémissements des victimes, les plaintes de nos concitoyens s'élevaient du sein de cette sanglante anarchie, et avaient déjà retenti plusieurs fois aux oreilles de la Convention; des accusations énergiques contre les crimes de Joseph Lebon avaient été adressées à nos gouvernants. C'était plaider la cause des agneaux devant les loups, qui ne manquèrent pas de prendre la défense de leur complice.

C'est Couthon qui commence, comme nous l'apprend un article du journal de la Montagne. « Couthon, y est-il dit, présente (dans la séance des Jacobins) quelques observations sur l'esprit de certains journalistes et se plaint de leurs inexactitudes..... Hier, par exemple, ajoute-t-il, le représentant du peuple, Lebon, fut dénoncé à la convention nationale; cependant, il paraît que Lebon a régénéré le département où il avait été en mission, et qu'il y a fait le plus grand bien...... « Plusieurs journaux ont rapporté avec une certaine affectation ce qui avait été dit contre Lebon. » Après avoir ainsi rappelé les journaux à l'ordre, et formé l'opinion publique, le régicide ajoute : « Nous avons beaucoup d'ennemis, vous en avez dans votre sein, mais nous avons pour nous l'instinct du patriotisme, et nous découvrirons tous les conspirateurs : il faut que la république arrive à son terme, et que nous prenions la résolution d'exterminer tous ceux qui ne veulent pas la république. »

Cette idée, propagée par la crête de la montagne, avait amené les assassins et quelques complices de la Convention à signer une déclaration contenant que *les énergiques* seuls voulaient la république. C'est donc un devoir pour les compères de défendre *l'énergique* Lebon.

C'est pourquoi nos fervents patriotes s'empressent de rédiger une adresse dans ce sens et décident qu'elle sera imprimée au nombre de douze cents in-quarto et six cents placards pour être distribués et affichés dans toutes les places des départements du Nord et du Pas-de-Calais, et envoyés à la Convention, aux comités de salut public et de sûreté générale, ainsi qu'aux Jacobins. Nous avons sous les yeux un de ces exemplaires; nous allons en donner les passages les plus saillants.

« LIBERTÉ, ÉGALITÉ, FRATERNITÉ, VÉRITÉ, IMPARTIALITÉ.

» *La société populaire et révolutionnaire de Cambrai à tous les bons citoyens, aux vrais républicains.*

» Frères et amis,

» Les tyrans coalisés, leurs vils suppots, tels que Pitt, Cobourg et autres scélérats de cette trempe, savent par expérience, que les Français libres sont invincibles... Voilà pourquoi les monstres s'agitent en tous sens pour semer parmi nous la division..... pour rendre suspects au peuple ses représentants les plus fermes, les montagnards les plus intrépides......

» C'est là le système de calomnie employé contre *Joseph Lebon*, dont la justice et la conduite révolutionnaire méritent toute la reconnaissance des vrais républicains......

» Les malveillants..... ont insinué sourdement, pendant un certain temps, que Joseph Lebon était un homme sanguinaire, sans principes, foulant aux pieds toutes les lois, ne suivant que ses caprices, son animosité, sa vengeance personnelle;

que le tribunal révolutionnaire qu'il a établi, et qu'ils disent *composé de ses créatures,* ne connaissait ni règles ni justice.....

» Aujourd'hui, enhardis par les progrès que ces assertions liberticides ont fait sur tous les hommes faibles, faciles à tromper, et même sur d'excellents patriotes, les monstres politiques, qui ne connaissent plus de frein, font entendre partout dans nos places fortes leurs vociférations..... contre J. Lebon.

» Ils ne savaient donc pas, ces calomniateurs impudents, que la société populaire de Cambrai, témoin de toute la conduite de J. Lebon, témoin de la justice révolutionnaire qui préside aux jugements rendus par le tribunal qu'il a établi, témoin de la conduite particulière et civique de tous les membres qui composent ce tribunal, ne garderait pas le silence, et qu'elle s'opposerait de tous ses moyens à tous les efforts faits pour avilir la Convention nationale, dans ses commissaires.....

» Oui, frères et amis, c'est pour rendre hommage à la vérité, c'est pour détruire le perfide système de nos ennemis, que nous nous empressons aujourd'hui de vous éclairer et de faire connaître toute l'atrocité de la dénonciation faite contre Lebon..... »

Ici le comité populaire rappelle sommairement les griefs soulevés contre la conduite de Lebon et s'évertue à les nier en ajoutant l'impudence au mensonge; elle cherche à faire de la sensibilité, en assurant qu'au jour de la fête de l'Etre-Suprême, le discours du tribun a pénétré toutes les âmes d'amour et de reconnaissance pour les travaux de la Montagne, et a fait couler les larmes les plus délicieuses.....

Comme la société, en défendant les agents de Lebon, se défend elle-même, elle-même a soin d'ajouter : « Il serait à souhaiter que tous les Français ressemblassent aux prétendues créatures de J. Lebon ! Bientôt la liberté serait affermie sur des bases inébranlables. Tous les membres du tribunal, amis chauds de la république, ont, dans toutes les circonstances, montré que le salut de la patrie et la justice étaient le mobile de toutes leurs actions..... »

Enfin cette curieuse apologie du crime se termine par ce remarquable paragraphe :

« Il fallait à la couronne civique de J. Lebon,

l'explication bien formelle de la haine que lui portent les méchants. Les fanatiques, les royalistes, les modérés, les intrigants sont faits pour le haïr et l'honorer par ce sentiment. Frères et amis, amis de la liberté, consolez-vous; Lebon n'est occupé qu'à venger ceux de vous qui ont été opprimés, et à punir les crimes de vos persécuteurs. Laissez ceux qui craignent à bon droit le couteau national se plaindre de celui qui les envoie à leur destination : les voleurs et les assassins ont toujours abhorré la justice, et les traîtres l'abhorrent encore davantage. En un mot, les créatures *de Pitt et de Cobourg* à l'agonie, font leurs derniers et inutiles efforts pour nous faire rétrograder. Consolez-vous, amis de la patrie, Lebon veut vous sauver en sauvant votre mère..... la patrie.....

Nous n'avons vu, sous ses auspices, frapper que des têtes scélérates; les méchants seuls en sont mécontents.......

Nous qui avons suivi les sentiers de la révolution depuis son aurore, qui avons toujours voulu *la liberté, l'égalité, une patrie dans la république une et indivisible*, nous vous jurons que J. Lebon a mis dans nos murs la vertu à l'ordre du jour, en immolant la scélératesse et en montrant constamment au peuple, au milieu duquel il est tous les jours, la sagesse à une distance égale du fanatisme et de l'athéisme.....

(Signatures) CATTÉ, *président;* B..., F... fils, J... fils, A. D..., L... et TILMAN dit CAILLAU, *secrétaires.*

Tel est le langage effronté de ces hommes qui seront plus tard contraints de chanter la palidonie, quand ils verront tomber des mains de leur maître les derniers lambeaux du pouvoir tyrannique qu'ils partageaient avec lui.

Dans le même temps, des agens de Lebon promenaient dans Cambrai des feuilles de papier blanc, sur lesquelles ils forçaient à signer sous peine d'être réputé suspect et guillotiné. Les signatures extorquées par toute espèce de stratagème, on leur accola une pétition dont voici la teneur :

La Société populaire, républicaine, montagnarde, révolutionnaire et régénérée de Cambrai, unie à un peuple immense,

A la Convention nationale et à son comité de salut public.

« Représentants,

» Le crime fait ses derniers efforts; longtemps les

poignards ont été levés sur la République, quelques-uns en ont été frappés; mais les assassins de Marat, Lepelletier et autres *pères* de la liberté, ont, par leur punition, fait renoncer les conspirateurs à ce mode de conspiration; il ont pris une nouvelle marche; elle consiste à fabriquer des crimes contre les vengeurs martyrs de la liberté et des patriotes opprimés. . . . .

» Sachez, *pères* du peuple, que depuis que Lebon est dans cette commune, il n'a point cessé de montrer au peuple la sagesse entre le fanatisme des prêtres et l'impiété des hébertistes; qu'il a revivifié le patriotisme et consolé les patriotes opprimés; qu'il n'a déployé les pouvoirs dont vous l'avez investi que sur des traîtres, des oppresseurs du peuple et des assassins des patriotes; en un mot, que le peuple, plus éclairé que jamais, depuis son arrivée, bénit sa présence, abhorre ses ennemis, et vous dénonce son dénonciateur.

» Pour copie conforme, P....... C...... »

Tel était la libre expression du vœu général obtenue par la force et la menace. Bientôt les principaux signataires nous en feront l'humble aveu en manifestant leur repentir.

Le 10 messidor, une députation des jacobins de Cambrai, munie de cette pétition, se présentait à la barre de la Convention, et venait demander, dit le journal de la Montagne, « que le représentant du peuple, Lebon, soit conservé dans sa mission, afin qu'il puisse achever d'opérer le bien qu'il a commencé dans cette commune et y affermir l'ordre qu'il a établi. »

Le lendemain, on voit arriver d'Arras deux intrigants, porteurs d'une adresse à la Convention dans le même but, et dressée dans les mêmes conditions que celle de Cambrai. Mais cette fois l'astucieux satrape avait été malheureux dans son choix ; ses envoyés étaient suspects à la Convention : on savait que l'un des deux avait dit *que le peuple était un animal qu'il fallait toujours museler*. Les deux égorgeurs, au lieu d'obtenir les honneurs de la séance, furent immédiatement traduits au comité de sûreté générale.

Cet échec, quoique momentané, fait tressaillir la Montagne; elle sait bien que sa cause est étroitement liée à celle de Lebon; elle charge aussitôt l'un de ses plus adroits discoureurs de chercher à parer le coup; une occasion favorable se présente : les meneurs du comité sont seuls autorisés à raconter les nouvelles de l'armée, quand ils le jugent à propos; quiconque, en dehors de la clique, oserait en parler, serait réputé de la faction des alarmistes. Barrère se hâte donc, séance tenante, de rendre compte à la Convention de succès obtenus par les armées du Nord et des Ardennes; puis il trouve artificieusement moyen d'associer Lebon à ces triomphes.

Nos concitoyens, qui n'avaient point perdu de vue le héros, furent bien surpris en apprenant cet admirable tour de force ; ils savaient que le sabre volé, qui se trouvait entre les mains de Lebon, était d'une belle longueur, mais ils ignoraient qu'il pouvait frapper à la fois, et à trente ou quarante lieues devant la pointe, les troupes de Cobourg, à Nivelles, à Jemmapes, à Gand et Audenarde.

Ecoutons l'orateur : après avoir raconté les victoires des Français, il ajoute : « Le représentant Joseph Lebon, tant calomnié, cet ennemi implacable de l'aristocratie, y a contribué aussi. Cambrai regorgeait de scélérats qui voulaient livrer la place, il y a fait la police révolutionnaire, a mis en arrestation les espions, et a fait guillotiner les intelligences de l'anglais...... le comité fera un rapport sur ce représentant. »

Bien trouvé et encore mieux amené. *La caverne* prend son temps pour aviser. Lebon sera appelé pour élaborer le rapport avec Barrère, que nous allons entendre dans la séance du 21 messidor. Il se présente à l'heure où il a l'habitude d'être applaudi; il vient, au nom du comité de salut public, exercer la suprématie qu'il s'est arrogée sur la Convention, faire son rapport promis et flatter avec impudeur son infâme complice.

Le sophiste diplomate paraît à la tribune, la tête penchée, la voix traînante et voilée, affectant dans son début un embarras que démentait la malignité de son regard.

« Citoyens, dit-il, c'est à regret que le comité vient vous entretenir de l'objet des pétitions faites à votre barre, et suggérées par *l'artificieuse aristocratie* contre un représentant du peuple qui lui a fait une guerre terrible à Arras et à Cambrai; c'est de Joseph Lebon que je suis chargé de vous parler, non pour l'improuver ou l'inculper, comme l'ont fait des libelles.

» L'homme qui terrasse les ennemis du peuple, fût-ce avec quelques excès de zèle ou de patriotisme, ne peut être inculpé devant vous; mais pour vous rendre compte seulement de l'opinion politique qu'a eue le comité sur cette affaire, qui n'aurait jamais dû donner lieu à des pétitions. Toutes les fois qu'il s'est agi des représentans du peuple envoyés dans les départements, ou près des armées, votre sage *prévoyance a tout renvoyé au comité de salut public,* non pour en obtenir des rapports détaillés et judiciaires, mais pour y faire statuer politiquement et par mesure de gouvernement et d'administration. C'est ainsi que plusieurs réclamations ont été discutées et terminées par des mesures prises par le comité.

» Vous avez pensé que la représentation nationale, contre laquelle se dirigent tous les complots de l'ennemi extérieur, les atrocités de l'étranger, les intrigues de l'ennemi intérieur, et les ruses de l'aristocratie, ou le froid poison du modérantisme, vous avez pensé, dis-je, que la représentation nationale méritait de tels égards que les opérations ne devaient pas donner lieu à des procès par écrit et à des récriminations amères, ou excitées par de viles passions, indignes de républicains. C'est le plan sage de la Convention, ce sont les vues *discrètes et politiques* que le comité a toujours suivies, et dont il a senti fortement le besoin de ne pas s'écarter dans l'affaire de Joseph Lebon.

» Ses accusateurs auraient désiré peut-être que c'eût été une occasion de discussions domestiques, ou d'altercations entre des représentants du peuple; d'autres malveillants auront pensé peut-être établir une sorte de jurisprudence litigieuse et divisante entre des hommes également attachés à la cause de la République, ou engager le comité à prendre parti.

» Mais, comme vous, le comité ne connaît que la République, il ne vise, comme vous, qu'à l'intérêt général; et cet intérêt consiste à abattre l'aristocratie, à la poursuivre dans toutes ses sinuosités, à défendre les patriotes, à soutenir, à seconder les opérations de la représentation nationale, en les dégageant de ce qu'elles peuvent avoir ou d'âpre, ou d'éxagéré dans les formes, ou d'erroné dans les moyens.

» D'après ces vues, un de vos décrets porte que toutes les réclamations élevées contre les représentants doivent être jugées dans le comité. C'est ce qu'il a fait ; et après avoir entendu les plaintes et les réponses des représentants, il les a rappelés ou maintenus, il les a renvoyés ou soutenus.

» Le comité doit-il agir, dans cette occasion, d'une manière différente ? il ne le pense pas. Il est plus utile, qu'on ne peut le penser, à la tranquillité des délibérations de la Convention, que sous la forme de pétition ou sous prétexte de bien public, des passions hideuses et des intérêts de localité ne viennent pas troubler les actes du gouvernement ou les délibérations des législateurs.

» Le résultat et les motifs de conduite, c'est ce

que nous recherchons, les motifs sont disparus. Le résultat est-il utile à la révolution ? profite-t-il à la liberté ? Les plaintes ne sont-elles que récriminatoires, ou que les cris vindicatifs de l'aristocratie ? c'est ce que le comité a vu dans cette affaire. **DES FORMES UN PEU ACERBES** ont été érigées en accusation. Mais ces formes ont détruit les pièges de l'aristocratie ; une sévérité outrée a été reprochée au représentant, mais il n'a démasqué que de faux patriotes, et pas un patriote n'a été frappé. Eh ! que n'est-il pas permis à la haine d'un républicain contre l'aristocratie, et combien de sentiments généreux un patriote ne trouve-t-il pas à couvrir ce qu'il peut y avoir d'acrimonieux dans la poursuite des ennemis du peuple ? Il ne faut parler de la révolution qu'avec respect, et des mesures révolutionnaires qu'avec égard. La liberté est une vierge dont on ne saurait, sans crime, soulever le voile. Il pourra venir un temps où le délit de ceux qui ont cherché à laisser respirer l'aristocratie pourrait être recherché ; mais Joseph Lebon, quoi qu'avec quelques formes que le comité a improuvées, a complètement battu les aristocrates. Il a comprimé les malveillants, et fait punir à Cambray, surtout les contre-révolutionnaires et les traîtres.

» Les mesures vigoureuses qu'il a prises ont

sauvé Cambray, couvert de trahison; ce service nous a paru assez décisif pour ne pas donner un triomphe à l'aristocratie. C'est moins Joseph Lebon que nous défendons, que l'aristocratie que nous poursuivons. Il ne doit pas être permis aux représentants de l'attaquer par des écrits polémiques, et de mettre en jugement les ressorts et les mouvements révolutionnaires. Cette méthode ressemble trop à la guerre que les ennemis de la liberté lui ont faite constamment. Le comité a pensé qu'il en était de cette affaire comme de toutes celles où il s'agit des représentants, et qui ont été sagement terminées par un décret qui passe à l'ordre du jour. »

La Convention, après avoir entendu le comité de salut public sur les pétitions faites contre les opérations de Joseph Lebon, représentant du peuple, passe à l'ordre du jour.

En effet, la Convention n'avait plus qu'à dire *Amen* et prendre son bonnet de nuit, après ce soporifique plaidoyer qui peut se résumer en quatre mots : laissez-nous faire, et allez-vous en coucher. Joseph Lebon notre enfant gâté, est un héros libérateur.

LEBON TRIOMPHE. — NOUVEAU PLAN DES ASSASSINS. — COMPLOT DE ROBESPIERRE.

Joseph Lebon revint à Cambrai comme un triomphateur, annonçant que Robespierre l'avait approuvé. Seulement, il paraît que les égorgeurs s'étaient entendus, par suite de leur système de centralisation, pour ne laisser subsister que la boucherie centrale de Paris. Sûrs de leurs infâmes jurés, sûrs de leur commission d'épuration, sûrs de la docilité de plusieurs membres du comité de sûreté générale d'alors, ils espéraient par là simplifier leurs plans de destruction et faire fonctionner plus promptement leur machine. Lebon aurait expédié désormais ses victimes, qui seraient mises en jugement sur le champ. C'est pourquoi il fut renvoyé à Cambrai avec la mission de rassembler tous les renseignements qu'il pourra sur les conspirateurs et les personnes qui auraient eu des correspondances avec l'ennemi; il devait faire passer le tout au comité de sûreté générale.

Le bras droit des exécuteurs atroces de cette épouvantable tyrannie, Lebon, n'est donc de retour parmi nous que pour aviser aux moyens d'alimenter leur férocité et porter la terreur jusqu'à son paroxisme.

A en juger par cette recrudescence de fureur, on dirait que ces hommes ont pressenti l'approche de la suprême justice. Les voleurs et les assassins redoublent d'activité dans leurs exploits, quand ils redoutent l'arrivée prochaine des gendarmes.

Une crise était imminente : Robespierre avait eu soin de fortifier son camp; il avait mis en place une multitude d'individus dont il s'était assuré. L'intime confident de sa scélératesse était rentré au poste avec le mot d'ordre, et les instructions qu'il reçut le 22 messidor. Il était informé des événements qui se préparaient; il savait que Robespierre, redoutant les restes du parti de Danton, son complice et son rival, qu'il avait envoyé à la mort, se préparait à frapper autour de lui de terribles coups. Lebon n'était pas sans inquiétude sur l'issue de l'infernal projet, auquel il se trouvait associé.

CHUTE DE ROBESPIERRE.

En effet, le complot est découvert et l'imminence du péril donne du courage aux plus timides. Les mécontents se réunissent aux partisans de Danton, et leur secret, se dévoilant dans une discussion inattendue, le 9 thermidor, ôte à Robespierre et à

ses affidés, Couthon et St-Just, tout moyen de défense. Le premier monte à la tribune, mais sa voix, étouffée par mille autres qui crient : *à bas le tyran !* ne peut parvenir à se faire entendre. Un mot, dit-il, écumant de rage, un mot, président des assassins...
— C'est le sang de Danton qui l'étouffe, s'écrie une autre voix. Décrété d'accusation, on le fait passer à la barre avec St-Just, Couthon, Robespierre le jeune et Lebas, c'est-à-dire les maîtres, les défenseurs de Lebon.

LEBON APPREND CETTE NOUVELLE.

Celui-ci, pendant que ces scènes se passent à Paris, pérore à Cambrai et continue à déraisonner dans le temple de la raison; il divague et va même jusqu'à offenser la morale publique, en prêchant ouvertement aux enfants la désobéissance à leurs parents. Les autorités constituées, réunies pour la fête de Barras et Viala, sont présentes; il les convoque pour le lendemain parce qu'il aurait, dit-il, des choses importantes à leur communiquer.....

Le lendemain donc, grande séance et grand bruit; ses alguazils montrent un surcroît d'insolence. Cependant, arrive la nouvelle de l'arrestation de Robespierre. Lebon, tout en sondant la profondeur de l'abîme qui s'ouvre sous ses pas, ne se déconcerte pas en apparence, il affecte l'assurance en se livrant à des considérations sur ce sujet. « On accuse, dit-il, Robespierre d'aspirer à la dictature; c'est un patriote intègre, je le défendrai, si je péris, ce sera là le crime qui m'aura conduit à l'échafaud. » Défendre Robespierre, serait sans doute un crime, mais tous ceux qui ont été commis sous son patronage, le misérable n'y pense même pas. Il termine en ajoutant qu'il part pour Paris, où il est mandé pour des choses qu'il croit devoir taire, que les intrigants veulent attaquer Robespierre, que les braves vont se réunir et que l'on verra beau jeu.

En passant par Arras il entend crier *vive la Convention*, à propos des victoires que les armées venaient de remporter; il ordonne de cesser cet enthousiasme en disant que les meilleurs patriotes de la Convention étaient en arrestation.

LEBON CHANGE DE TON.

De retour à Cambrai, Lebon assemble le peuple au temple de la Raison, devenu depuis peu, avec la permission et un décret de Robespierre, non pas le temple de Dieu (ce nom aurait été trop fanatique) mais le temple de l'Etre Suprême.

Ce jour là, l'apôtre de la terreur semble lui-même terrifié; c'est le jugement de tous ceux qui le voient. En effet, ce fougueux ordonnateur de tant de carnages semble avoir perdu presque toute son audace; il ne peut maîtriser les accès de son agitation intérieure; il est visiblement en proie à l'inquiétude et sous l'empire d'un trouble qu'il s'efforce en vain de dominer : son allure, sa voix, son geste, son regard, tout le trahit. Il annonce un changement dans la marche du gouvernement; il fait allusion au nouveau plan dont nous avons parlé plus haut; il laisse entendre que les exécutions désormais n'auraient plus lieu à Cambrai; que les prévenus seront conduits, jugés et exécutés dans la capitale, où il doit encore se rendre afin de s'entendre sur une nouvelle administration des affaires, après quoi il compte revenir; sa mission ne sera plus la même..... L'autorité sera modifiée..... Dans l'exercice de son pouvoir elle emploiera des formes moins sévères et plus en harmonie avec les circonstances..... Il va jusqu'à profaner les paroles de Jésus-Christ : « Ne craignez pas, s'écrie-t-il, je serai toujours avec vous. Soutenez-vous patriotes; dans les grands changements projetés, je ferai tout pour sauver la patrie..... adieu..... bons patriotes..... adieu..... » Il descend de la tribune..... il revient sur ses pas..... « Les armées triomphent, dit-il, de grands changements vont s'opérer.... Les mesures rigoureuses qu'on a dû prendre changeront..... » Il s'agite et se débat comme un convulsionnaire..... La nécessité où il se trouve de changer de langage fait son supplice ; c'est le tigre à la torture dans sa cage, parce que ses mouvements sont comprimés.

Dans cette entrevue, qui devait être la dernière, Lebon a pressenti l'abandon où vont le laisser ses suppôts à l'approche du danger ; mais c'est en vain qu'il cherche à les prémunir contre cette panique que lui-même éprouve en face du châtiment qui le menace ; pour ne point augmenter cette panique, il se garde bien de parler des envoyés de Cambrai et d'Arras qui dès le 14 thermidor se sont présentés à la barre de la Convention, pendant qu'il y était et l'ont accusé déjà d'avoir, comme Carrier à Nantes, employé tous les moyens pour provoquer un soulèvement parmi nous, et d'avoir fait entendre sans cesse, comme un vautour, son sinistre sifflement : *Il faut frapper sans pitié*.

LEBON EST ARRÊTÉ.

Cependant cette nouvelle apparition de Lebon

dans Cambrai avait glacé d'épouvante tous nos concitoyens ; cette consternation était partagée cette fois, même par nos démagogues. Un nouvel effort sera tenté pour fixer l'attention du gouvernement sur l'horrible conduite du monstre ; mais la terreur qu'il inspire est encore telle, qu'elle oblige à prendre les plus minutieuses précautions, afin d'assurer le succès de cette démarche. Un cambresien courageux se dévoue : c'est le nommé Mayeux, défenseur officieux des accusés au tribunal révolutionnaire ; il avait été contraint de ce cacher, (sans doute pour avoir trop bien parlé,) chez M. Poindrolle, employé des contributions indirectes. C'est de cette cachette que Mayeux s'échappe la nuit, escalade les palissades à la porte de la citadelle, et se jette furtivement dans une chaise-de-poste qui l'attend en dehors des faubourgs. Il court à la Convention, pour renouveler les dénonciations contre son représentant.

Celui-ci, de son côté, au milieu des soucis qui l'accablent, se met en route, comme il vient de l'annoncer. Nous tenons du postillon qui le conduisit quelques particularités de son voyage : Dans le trajet de Cambrai à Bonavis, Lebon, dont la mauvaise humeur aigrit le caractère déjà si furibond, rencontre quelques contradictions ; il en prend bonne note. Arrivé au premier relais, il ne trouve que la dame du maître de poste, qui lui dit qu'il faut attendre parce que les chevaux sont aux champs. Furieux de ce retard, Lebon se répand en invectives contre les auteurs d'un tel abus, qui va jusqu'à faire travailler les chevaux, que l'on doit toujours tenir prêts pour le service des représentants du peuple. Il prend le nom de la pauvre dame, et lui montre le poing en lui promettant qu'elle se souviendrait de lui et que son affaire serait bientôt faite.

Le misérable ! il est loin de se douter que cet empressement ne doit servir cette fois qu'à hâter sa chute.

La gendarmerie, disons mieux, la vengeance du Ciel qui dirige ses exécuteurs, l'attend près de Bapaume. Dieu vient de dire à cet épouvantable FLÉAU: *Tu n'iras pas plus loin*.

Lebon est arrêté au nom de cette même Convention qui avait lâché le tigre dans nos contrées pour y causer tant de ravages.

Laissons maintenant notre tribun captif méditer à son aise, pendant quelque temps, sur le terrible retour des choses d'ici-bas, et sur le néant des grandeurs révolutionnaires, tandis que nous considèrerons ce qui se passe parmi nous à cette mémorable époque.

LA PÉTITION EN FAVEUR DE LEBON EST RÉTRACTÉE.

La fraternité qui règne parmi les brigands ne dure que le temps de leur triomphe ; au moment du revers ils n'hésitent pas à sacrifier leur chef même, s'il le faut, pour détourner la tempête qui les menace. C'est ce qui se passe au sein de la société populaire de Cambrai dès qu'elle voit la tournure que prennent les affaires ; elle se sent plus compromise encore que le conseil municipal; aussi se hâte-t-elle de rétracter, avec plus d'énergie et de virulence, les éloges qu'elle faisait donner à Lebon, quinze jours auparavant, en employant la violence et les menaces; écoutons son langage, il ne peut plus être suspect. Elle appréciera les faits à son point de vue républicain sans doute, mais elle confirmera tout ce que nous avons dit jusqu'à présent des horreurs dont Lebon s'est rendu coupable dans notre ville. De pareils témoins méritent d'être crus. Voici leur manifeste :

« LIBERTÉ, ÉGALITÉ, LA RÉPUBLIQUE OU LA MORT.

La société populaire de Cambray
A la convention nationale.

« Citoyens représentants,

» Depuis deux mois et demi, la terreur et le

despotisme le plus affreux qui fut jamais étaient à l'ordre du jour dans cette commune. S'il est humiliant pour des républicains de s'être tus aussi longtemps et d'avoir adhéré aux adresses qui vous furent envoyées les 9 et 10 thermidor pour justifier la conduite de Joseph Lebon, qui n'est rien moins que les tableaux qui vous ont été remis, il est plus glorieux pour nous d'épancher notre cœur dans votre sein, de déchirer le voile de la terreur qui nous couvrait, de vous déclarer avec douleur que nous signâmes celle du 9 en blanc, parce que la guillotine, ou au moins les mandats d'arrêt menaçaient chacun de nous ; parce qu'on nous annonça que le refus que nous en ferions, serait une preuve d'aristocratie, qui devait conséquemment être punie des peines énoncées.

Représentants, nous avons toujours respecté la représentation nationale. Joseph Lebon devait nous traiter en frères, et non pas d'une manière aussi despotique; dès son arrivée il s'exprima ainsi: qu'aucun membre de la société populaire n'était son égal. Nous avons cru qu'il n'aurait pas consenti à des adresses aussi insidieuses et calomniatrices, provoquées et surprises au peuple par ses partisans.

« Cet homme sanguinaire dédaignait tellement

la société qu'il n'en parlait qu'avec le plus vif mépris, et se contentait d'envoyer ses vils suppôts pour espionner ce qui s'y passait, et y désigner les victimes qu'il voulait immoler à sa vengeance barbare; et à notre grand regret, mit en réquisition, bouleversa la salle de nos séances pour y établir son tribunal, où on insultait aux malheureux mis en jugement, placés sur un échafaudage élevé de quatorze pieds.

« C'est au milieu de nous qu'il discrédita les domaines nationaux (comme tous les autres) en menaçant et répétant sans cesse: nous les examinerons ces acquéreurs de domaines nationaux : la guillotine mettra au pas ceux qui d'entre eux seront riches.

« C'est au milieu de nous qu'il humilia, de la manière la plus scandaleuse, des citoyens sur qui la loi venait de prononcer. (Et ceux qui parlent ici l'ont laissé faire!)

« C'est au milieu de nous que, le jour de son départ, il prit le parti de Robespierre, tandis qu'à son arrivée à Paris il eut l'audace de dire à votre tribune qu'il avait failli être la victime de ce même Robespierre, il y a trois décades.

« C'est à votre tribune qu'il eut l'impudence de dire qu'il avait sauvé la commune de Cambray, disant qu'elle était vendue à l'ennemi, lorsque trois cent mille républicains le forçaient de se retirer.

« C'est avec cette même impudence qu'il a osé vous avancer à votre même tribune, en peignant Cambray comme un foyer d'aristocrates et de contre-révolutionnaires, le mensonge insigne conçu en ces termes : *qu'il est arrivé en la commune de Cambray au moment où elle était cernée, et qu'il en a essuyé tous les événements.* Qu'il vous dise donc, Législateurs, qui avait vendu cette commune? Ignore-t-il qu'au mois d'août 1793, (*vieux style*) Cambray, presque sans garnison, sut en imposer, par sa ferme constance, à l'ennemi qui l'entourait?

« Il suffirait de nous interroger tous individuellement pour connaître davantage tous les forfaits et les crimes qu'il a commis. Nos campagnes, déjà dévastées par nos féroces ennemis, l'ont été davantage par la terreur qu'inspirait son tribunal sanguinaire à ces pauvres habitants, dont les bras sont nécessaires à la moisson. Il chercha tellement à opérer la contre-révolution (mais ces victimes étaient selon lui des contre-révolutionnaires) dans nos contrées, qu'il fit mourir une infinité d'agriculteurs, dont les enfants sont aux frontières ; les uns, par la seule raison qu'ils étaient riches et acquéreurs de domaines nationaux, les autres pour n'avoir pas assisté à la messe des prêtres *imposteurs*, et particulièrement à la sienne : question que son tribunal ne manquait jamais de faire aux accusés.

« Citoyens représentants, c'est au milieu de la société populaire, librement et légalement assemblée, que nous jurons de ne connaître pour point de ralliement que la Convention, et qu'à l'instant nous frappons ce scélérat du poignard avec lequel la justice nationale va venger le sang humain qu'il a fait couler.

« Fait et arrêté en la séance du 2 fructidor, l'an 11 de la république. »

Pour copie conforme....

(*Suivent les signatures.*)

Nous ne croyons pas devoir reproduire ces signatures. On comprend pourquoi. Nos lecteurs comprendront aussi l'importance de cette pièce authentique que nous avons voulu donner *in extenso*.

Cette société populaire, dont l'audace et le pouvoir avaient pesé jusqu'alors sur le conseil municipal, porte aujourd'hui la déférence et la courtoisie jusqu'à venir lui communiquer cette pièce ; les fiers républicains savent au besoin devenir rampants.

LE CONSEIL MUNICIPAL ACCUSE LEBON.

Le glaive de la loi est enfin suspendu sur la tête de nos Néron modernes; c'est seulement alors que l'autorité de Cambrai se décide à rompre le mutisme, auquel elle s'était condamnée en face du desposte et au milieu de ses forfaits. Cependant, un reste de terreur, qui la domine encore, l'obligera à des réticences sur les crimes les plus révoltants du coupable; peut-être aussi se trouve-t-elle embarrassée pour parler de ces horribles faits, qu'il était de son devoir d'arrêter, et que son silence semble avoir autorisés. Le lecteur va en juger.

« ADRESSE A LA CONVENTION NATIONALE ET A SES COMITÉS DE SURETÉ GÉNÉRALE ET DE SALUT PUBLIC.

LIBERTÉ, ÉGALITÉ, LA RÉPUBLIQUE OU LA MORT.

« *Le conseil général de la commune de Cambrai au comité de salut public de la Convention nationale.*

« Citoyens représentants,

« Il ne faut voir que la patrie et non les individus. C'est une vérité que prouve le nouveau triomphe qui vient d'être remporté sur la faction la plus liberticide qui ait existé. Nous l'avons juré, citoyens représentants, jamais nous n'aurons d'autres points de ralliement que la Convention. Jamais nous ne verrons que la patrie. Nous serions *indignes d'être libres*, nous deviendrions criminels si nous taisions des faits qui ont excité nos *inquiétudes*. (Quoi! rien que des inquiétudes?) Le salut de la patrie nous fait un devoir suprême de les faire connaître. (Hélas c'est un peu tard!)

« C'est à vous qui tenez le chaînon des trames liberticides, qui viennent d'être heureusement déjouées, c'est à vous de juger des *propos* (Quoi! pas plus que des propos?) dont nous devons compte à la représentation nationale.

« C'est au milieu d'une partie du peuple et des autorités constituées, réunies, convoquées par lui dans le temple de l'Être Suprême, le 11 thermidor après-midi, que le représentant Joseph Lebon, après avoir annoncé qu'il était rappelé à Paris pour des motifs qu'il ne pouvait pas dire, s'exprima, dix minutes, virtuellement en ces termes : « Des intrigants, des contre-révolutionnaires se remuent encore; ils accusent de nouveau Robespierre d'aspirer à la dictature; mais les braves vont se réunir pour déjouer ces traîtres, etc. etc... Nous les arrangerons, nous les arrangerons. »

« Oui, représentants, ces propos bien expressifs

par eux-mêmes, ces propos, rapprochés des autres par lui tenus antécédemment, nous ont donné lieu de soupçonner qu'il pouvait être l'un des agents de l'horrible conjuration qui vient d'être anéantie.

« Comment concevoir d'ailleurs que celui, dont la conduite dans nos murs a surpassé celle que tiendrait le despote le plus forcené de l'Asie, n'ait point été un agent de Robespierre? Comment concevoir que celui qui a, par ses propos, cherché à avilir aux yeux du peuple les autorités constituées, (c'est-à-dire ceux qui parlent ici. Quel aveu!) que celui qui par ses discours discrédita les domaines nationaux, que celui qui disposait des fonds publics pour se faire des créatures (et vous y donniez la main!), que celui qui se fit compter de fortes sommes pour dépenses secrètes, qui prit un ton despotique au milieu de la société populaire (mais elle était son bras droit!), que celui qui avait au spectacle une place à part, et qui se mit dans une fureur outrée parce qu'une femme s'y était placée, et insulta à ce sujet à tout un public; que celui qui mettait tout en réquisition pour sa table et celle de ses satellites, qui menaçait d'incarcérer un républicain en faction, parce qu'il ne lui avait point présenté les armes, lorsqu'il ne l'avait point probablement aperçu; comment concevoir enfin que celui qui, par la terreur et la consternation, abâtardit l'esprit public à tel point qu'il n'y avait plus dans cette commune d'autre volonté que la sienne ou celle de ses affidés, ne soit point l'apôtre de la tyrannie et l'un de ses plus zélés partisans ?

« Voilà, citoyens représentants, le tableau raccourci de sa conduite. *Ces détails seraient innombrables, ils seraient INCROYABLES* pour ceux qui, heureusement, n'en furent point les témoins spectateurs.

« Oui, représentants, c'est avec l'amertume dont ont été abreuvées des âmes pénétrées de l'amour de la liberté, que nous vous transmettons des détails dont nous gémissons encore.

« Nous l'avouons, la tyrannie seule la plus outrée a pu jusqu'à ce moment comprimer nos âmes, et nous faire dissimuler ces vérités.

« Comment, d'ailleurs, aurions-nous pu les faire parvenir ?

« Nous vous le disons, législateurs, avec le caractère véridique qui nous anime, et l'énergie qu'ont naturellement des cœurs trop longtemps *affaissés par la stupeur*.

« L'adresse sortie en sa faveur de la cohue, rassemblée au son de la caisse en la salle de la société populaire, n'a été que l'enfant de l'erreur et de la subreption qui y régnait. Ce fut l'ouvrage de ses créatures : *La crainte du supplice* dont on menaça les citoyens dirigea les mains d'un grand nombre de signataires.

« Outre cette crainte, plusieurs ne se décidèrent que parce qu'ils aperçurent que la moindre résistance serait la source d'une scène dont il était difficile de calculer les suites.

« Presque tous ont ignoré le contenu de ce qu'ils ont signé, jusque là même que les envoyés de la société populaire arrivés à Paris, pour ne point s'exposer à se faire incarcérer, durent changer la teneur de l'adresse qu'avaient faite les créatures de Lebon, notamment les nommés ***, qui furent les principaux instigateurs, etc., etc., etc.

« Citoyens représentants, aucun autre esprit ne nous anime que celui de la vérité et du maintien de la république *une et indivisible*, que nous soutiendrons *jusqu'à la mort*, comme nous l'avons juré.

« Qu'on interroge les citoyens de cette commune, tous confirmeront les faits dont nous donnons le précis, soit en général, soit en détail, si l'on excepte quelques créatures que Joseph Lebon s'est faites et qu'il eut soin de placer, ou replacer dans les autorités constituées pour les contenir ou leur forcer les mains au besoin.

« Nous ne pouvons le dissimuler, plusieurs de ces créatures usent encore, en quelque manière, sur certains, d'un reste de pouvoir dont Lebon a tant abusé.

« Cambrai le 18 thermidor an 11me de la République une et indivisible.

Salut, fraternité.

(*Suivent les signatures.*)

Dans la discussion très animée de cette adresse plusieurs membres voulaient y insérer d'autres faits à la charge de Lebon ; on s'y opposa sous prétexte que ce n'était là qu'un précis, et qu'il était impossible d'entrer dans le détail des actes arbitraires et tyranniques de la bande; qu'il faudrait pour cela *un temps infini*, et un volume in-folio. C'est vrai, mais pourquoi ne pas dire un seul mot sur cette multitude de victimes immolées par le tribunal révolutionnaire? C'est que le conseil hésite encore à se déjuger, lui qui, quelque temps auparavant, à propos de la mare de sang laissée sous la guillotine, n'avait vu là qu'un *sang impur*.

Cette adresse du conseil, quoique rédigée quelques jours d'avance, ne partit qu'avec celle de la société populaire.

LE CONSEIL S'OCCUPE DES AGENTS DE LEBON.

Cependant le conseil ne s'en tiendra pas là : Après cet acte de courage, après s'être publiquement félicité de la chute de Robespierre, de ses complices, de ces *nouveaux Cromwel*, de ces modernes Catilina, après avoir décrété à l'unanimité et avec enthousiasme que cette importante nouvelle sera annoncée au peuple avec pompe, il s'occupe maintenant des agents de Joseph Lebon; il reconnaît que ceux qui l'ont suivi à Cambrai et qui s'y trouvent encore doivent être mis en arrestation et demande que les scellés soient apposés sur leurs papiers et effets.

Un autre motif qui l'oblige de délibérer ainsi, c'est que la voix publique accuse plusieurs de ces individus d'enlèvement et de soustraction d'effets nationaux provenant des émigrés ou des *guillotinés*, ce qu'il est essentiel de constater, dit toujours la délibération. Une commission est établie pour rechercher et entendre par écrit tous les citoyens qui auraient des faits à la charge des membres qui composaient le tribunal et jury révolutionnaire établi par Joseph Lebon.

JOIE DU CONSEIL.

Le conseil municipal, plus libre dans sa marche, après l'heureuse issue des derniers événements, avait répondu en ces termes à une adresse de la Convention :

« Représentants du peuple, vous témoigner notre joie et notre reconnaissance lorsque vous écrasâtes le tyran audacieux (Robespierre) qui voulut dominer la France, et s'élever *un nouveau trône dont il délayait le ciment dans le sang humain,* fut un besoin pressant pour nous.

« Ce n'en est point un moins cher à nos cœurs d'applaudir aujourd'hui aux principes développés dans votre adresse au peuple Français; elle est l'heureux présage du bonheur, dont vous voulez efficacement le faire jouir. — Continuez à mettre en action les sentiments d'équité qui vous animent, et vous serez couverts des applaudissements de ce même peuple, dont la masse est pure et vertueuse.

« Achevez de terrasser ces ambitieux, ces fripons, ces anarchistes, ces hommes de sang, en un mot, ces continuateurs de Robespierre, qui ne virent avec plaisir la destruction de nos anciens tyrans que pour prendre leur place et les surpasser........

(*Nos anciens tyrans!!!* entre autres Louis XVI sans doute, qui s'était rendu odieux aux yeux de nos démagogues en ne signalant les commencements de son règne que par des bienfaits, et en aimant mieux, plus tard, se laisser égorger pour ses sujets que de répandre une seule goutte de leur sang.)

« Les vifs applaudissements, ajoute l'adresse, prouvent que le peuple pense comme le conseil.

« Précédé de caisses militaires, et d'une musique harmonieuse, le conseil se rend au local de la société populaire.

« Après y avoir lu l'adresse, il se met en marche pour la publier dans toute la commune.

« Partout elle est entendue avec le plus grand plaisir; le peuple y donne les plus vifs applaudissements, et fait retentir *la voûte azurée* des expressions : Vive la République, vive la Convention. »

LA COMPLICITÉ DES AGENTS DE LEBON EST RECONNUE.

Enfin les plaintes sorties de Cambrai et d'Arras ont été prises au sérieux par le gouvernement : Prouvons-le en rapportant l'arrêté que prit à ce sujet, le 30 nivôse de l'an III, le comité de sûreté générale. « Vu les notes et pièces de dénonciations particulières, ensemble les pétitions et adresses manuscrites et imprimées des sociétés populaires de Cambrai et d'Arras, renvoyées au comité par la Convention nationale, appuyées sur les informations faites par la commission nommée *ad hoc*, et par le comité révolutionnaire, en conséquence d'arrêtés des représentants du peuple, Florent Guyot et Berlier, et sur la demande de plusieurs membres du Pas-de-Calais, desquels il résulte que les nommés Tournould, Célestin Lefetz, Nicolas Lefetz, Taffin Bruyan, Duponchel, etc...., etc...., etc...., prévenus d'être complices des délits imputés à Joseph Lebon, pour l'avoir aidé à propager et à réaliser dans les départements du Pas-de-Calais et du Nord, et notamment dans les districts et les communes d'Arras et de Bapaume, le système de terreur qui a pesé sur toute la république, sous le régime de Robespierre et de ses complices existants et punis, qu'ils ont porté le deuil et l'épouvante dans l'âme des citoyens paisibles, et des cultivateurs, qu'ils ont été dans la même affaire dénonciateurs, témoins, juges et jurés, et qu'ils ont concouru à faire périr injustement plusieurs Français, soit pour des délits ou des fautes antérieures à la révolution, soit pour des faits, contre lesquels la loi ne prononçait pas la peine de mort. Il en résulte qu'ils ont corrompu, conjointement avec Lebon, la morale publique, et contribué aussi, par leur conduite révoltante, à avilir les autorités constituées, et à faire haïr la révolution; qu'ils ont dilapidé les biens, meubles, effets, et propriétés de la nation et des particuliers. »

La Convention ne se contente point de cette déclaration; elle envoie des commissaires extraordinaires qui, aussitôt leur arrivée dans nos murs, décident que les nommés ***, les complices de Lebon résidants à Cambrai, seront arrêtés, conduits dans les maisons d'arrêt de Paris par la gendarmerie, de brigade en brigade, que les scellés seront apposés sur leurs papiers, distraction faite de ceux qui seront trouvés suspects, lesquels seront apportés au comité de sûreté générale et de surveillance de la Convention nationale. Les mandats nécessaires étant expédiés, la mesure est mise immédiatement à exécution.

ACCUSATION DE J. LEBON DEVANT LA CONVENTION.

Nous sommes arrivé à l'an III de la République (1795); reprenons notre tyran déchu que nous avons laissé à ses réflexions au fond des cachots. Nous allons le voir en face de ses collègues, devenus ses juges. Les nouvelles phases de son histoire nous seront authentiquement révélées par les décrets de la Convention et par un journal de l'époque, *le Courrier universel*. Une commission composée de vingt-et-un membres est chargée d'examiner les pièces relatives à l'affaire de Lebon.

Le 10 ventôse (28 février), Guffroy dépose sur le bureau un nouveau recueil de pièces contenant les crimes de J. Lebon et de ses complices, les lettres et les arrêtés de ces scélérats. Ce recueil prouve (dit le déposant), que notre collègue Duquesnoy est complice de ces affreux délits; il demande le renvoi au comité de sûreté générale de la commission des *vingt-et-un*.

Nous rencontrons ensuite trois décrets du comité de sûreté générale, portés à différentes dates et qui s'occupent du transfert de Lebon dans différentes prisons. Le 24 germinal à onze heures du soir, ce comité prenant en considération les renseignements qui lui sont parvenus sur ce qui s'est passé dans la maison d'arrêt de Port-Libre, à l'époque des 12 et 13 de ce mois, et sur les complots qui continuent à s'y former, arrête que Joseph Lebon, député à la Convention nationale et..... (dix autres dénommés) seront de suite transportés à Meaux, sous bonne et sûre garde.

Mais aussitôt sa translation dans cette ville, et

malgré l'étroite surveillance dont il est l'objet, l'ex-tribun se livre contre la représentation nationale à des diatribes furibondes, dont une entre autres fut déposée au comité de sûreté générale; il trouve même le secret de se mettre en rapport avec les restes de cette bande, connue à Cambrai sous la dénomination de *garde de Lebon*, et de leur indiquer rendez-vous au faubourg St-Antoine, où les principaux chefs de cette clique se rassemblent pour se rapprocher du maître. Mais leur projet est dévoilé; c'est pourquoi le second décret du 28 floréal décide que Joseph Lebon, de présent détenu aux prisons de Meaux, sera transféré à la maison d'arrêt du Plessis. Enfin celui du 13 prairial arrête que Joseph Lebon, alors détenu à la maison du Plessis, sera, sans aucun délai, transféré dans la maison de la Conciergerie.

Un mois après cette décision, dans la séance de la Convention, le 1er messidor, présidence de Lanjuinais, Moreau, rapporteur de la commission des vingt-et-un, est à la tribune. « Votre commission, dit-il, s'est constamment occupée de l'examen de la conduite de J. Lebon, d'après une analyse exacte de neuf cent soixante pièces qu'elle a eues sous les yeux ; il est constant que J. Lebon a répandu le sang, exercé un arbitraire tyrannique, avili les autorités constituées, détruit le commerce et l'agriculture, dilapidé les biens nationaux pour enrichir ses créatures, et les habitués des tribunes des sociétés populaires (nos fainéants à 22 sous). Tout prouve que les citoyens du département du Nord, du Pas-de-Calais, ont gémi sous l'oppression la plus cruelle. »

Les délits dont Lebon est accusé peuvent se ranger en quatre classes : 1º Actes illégaux, en vertu desquels il a fait verser le sang des citoyens. Assassinats judiciaires. 2º Actes attentatoires à la sûreté des personnes et des propriétés. Oppression en masse. 3º Injustices criantes envers tous les citoyens. Cruautés. 4º Dilapidation de la fortune publique.

« *Première classe.* — ACTES ILLÉGAUX. — A Arras il a organisé un tribunal de sang dont il était le régulateur. Ses membres marchaient dans les rues décolletés, et un sabre pendant à leur ceinture. C'est dans ce costume qu'ils rendaient les jugements. »

« Parmi les jurés on comptait un beau-frère de Lebon, un beau-frère de sa femme, et un de ses frères. Il a conservé ce tribunal au mépris de la loi du 29 germinal qui en avait ordonné la suppression. »

« Lebon a influencé les décisions de ce tribunal,

1º en logeant avec lui, sous le même toit, et 2º en nourrissant aux frais de la République les juges, les jurés et... l'EXÉCUTEUR (Mouvement d'indignation). 3º En annonçant d'avance aux citoyens des sociétés populaires la mort de ceux qu'il envoyait aux tribunaux d'Arras et de Cambrai. 4º En censurant publiquement les juges et les jurés qui acquittaient ceux dont il avait prédit la mort. 5º En destituant les juges et jurés, et en les faisant traduire au comité de sûreté générale. 6º En faisant lire aux jurés, après l'acte d'accusation, un arrêté dans lequel il désignait ceux qu'ils pouvaient acquitter et ceux qu'ils devaient condamner. Un jugement des jurés ayant acquitté un citoyen, il dit : Voilà un aristocrate lâché, mais demain je recomposerai mon tribunal. »

« *Seconde classe.* — OPPRESSION DES CITOYENS EN MASSE. — Lebon se présente au district de Cambrai, accompagné de ses juges et jurés ; il insulte publiquement les administrateurs. »

« Il menace de destituer le tribunal de surveillance d'Arras, parce qu'il se refusait d'incarcérer un citoyen, sur un de ses ordres transféré verbalement par un garde national. »

« A Arras il fait afficher ces mots sur la porte : *Ceux qui entreront ici pour demander l'élargisse-*

ment d'un citoyen, seront eux-mêmes incarcérés. Lebon a tenu parole. »

« Une famille de cultivateurs est accusée de fanatisme : Joseph Lebon la fait exposer sur une estrade; La mère lève les yeux au ciel, et garde le silence; Lebon s'approche d'elle, un pistolet à la main, lui ordonne de répondre. *Voyez-vous,* dit-il, *cette fanatique qui lève les yeux au ciel. Les voilà ces fanatiques, ils s'adressent toujours là, comme s'ils pouvaient en obtenir quelque chose.* Tous les individus de cette famille, au nombre de cinq, sont le lendemain conduits à l'échafaud. »

« Lebon aimait à repaître ses yeux du cruel spectacle du sang. Un jour il était à considérer l'exécution de deux malheureux condamnés à mort. Déjà tout était prêt pour le supplice, les victimes étaient sur l'échafaud ; Lebon reçoit les nouvelles, il fait suspendre l'exécution pour les lire. (*Le rapporteur ne dit pas pourquoi ; nous avons suppléé à son silence.*)

« Il (Lebon) envoie dans une commune voisine d'Arras cent-cinquante hommes armés ; il ordonne aux filles et aux femmes d'approvisionner les marchés les jours de dimanche comme les autres jours, sous peine de faire raser toutes les maisons des membres du conseil général de cette commune. »

« A Arras, une compagnie de sbires parcourait, les dimanches, les rues et les promenades, et conduisait en prison toutes les filles et les femmes endimanchées. »

« Lebon disait au comité révolutionnaire : Ne laissez en liberté aucun citoyen riche, aucun homme d'esprit ; ces gens-là sont toujours suspects. »

« *Troisième classe.* — VENGEANCE PERSONNELLE. Lebon avait été condamné à une amende de dix livres par Meinier, juge-de-paix de sa commune. Il revient au bout de deux ans, revêtu de pouvoirs illimités, fait incarcérer tous les individus contre lesquels il avait eu jadis des griefs, et guillotiner le juge de paix Meinier, sous le prétexte qu'en 1790 il avait accumulé les fonctions de maire et de juge-de-paix.

Quatrième classe. — VOLS, DILAPIDATIONS. — Lebon s'approprie un collier de diamants qui avait appartenu à l'ex-comtesse de Ranguilliers. Il s'établit dans la maison d'un citoyen, le jour même que le propriétaire fut guillotiné, et accompagné de ses juges et de ses jurés, il s'empare de tout ce qui était dans cette maison, sans en prendre inventaire.

Tout ce qui appartenait aux détenus était sa

conquête; meubles, linge, numéraire, bijoux, denrées, tout était par lui distribué à ses agents, à ses créatures, aux membres affiliés des sociétés, des tribunaux et des comités. »

» Un jour Lebon se promenait sur les remparts d'Arras, une mère avec sa fille se trouve sur son passage ; il les aborde le pistolet à la main; d'un coup de poing il les renverse et se fait donner leurs assignats, dépouille la fille pour la fouiller plus scrupuleusement, la fait mettre en prison, et le lendemain il lui rend la liberté. Quel crime avait commis cette citoyenne ? La veille elle avait rencontré J. Lebon dans la rue, elle ne le connaissait point; il lui demande où elle va. De quoi vous mêlez-vous, répondit-elle. »

» Le rapporteur termine par ces mots: Si le rapport que je viens de vous faire ne vous présente pas J. Lebon avec cet aspect colossal de scélératesse, sous lequel l'opinion publique l'a depuis longtemps dépeint, il n'en a pas moins paru évident à votre commission des vingt-et-un qu'il était coupable de délits qui méritent toute l'animadversion des lois; en conséquence, elle me charge de vous déclarer qu'il y a lieu à accusation contre Joseph Lebon. »

Voilà, j'espère, un réquisitoire revêtu d'un

cachet tout particulier d'authenticité; c'est l'œuvre des collègues mêmes de Lebon, c'est comme le sommaire de son acte d'accusation présenté à la tribune de la Convention dont il est membre.

La cour d'assises, devant laquelle Lebon devra comparaître, n'aura plus, pour ainsi dire, qu'à prononcer son jugement; elle aura d'avance sous les yeux, non-seulement l'acte d'accusation, mais encore la défense et la réplique que nous allons reproduire.

J. LEBON PARAIT A LA CONVENTION. — SA DÉFENSE.

Laissons encore parler le journal contemporain dans sa feuille du 15 messidor (vendredi 3 juillet 1795).

L'ordre du jour appelait l'affaire de J. Lebon, ce membre paraît dans l'assemblée, accompagné de deux gendarmes. Il monte à la tribune; il parle d'abord en tremblant, mais il ne tarde pas à acquérir de l'audace. « Ce n'est qu'en vous, législateurs, dit-il, que j'ai placé mon espoir, on m'a fait une telle réputation de scélératesse, qu'aucun tribunal ne pourrait m'absoudre si vous m'accusiez. Ma cause est celle de la Convention; je n'ai fait qu'obéir à ses décrets. Si quelquefois je me suis laissé entraîner par l'enthousiasme patriotique, quel est celui d'entre vous qui n'a pas partagé cet enthousiasme? Quoi! on m'appelle un monstre, parricide, j'ai fait exécuter vos décrets! mes intentions ont été aussi pures que les vôtres. Je ne demande pas grâce, je n'en ai pas besoin; je serai aussi fier aujourd'hui que je l'ai été lorsqu'on est venu m'arracher à mes foyers pour me précipiter dans les cachots. Je ne crains pas la mort, je ne crains que le déshonneur. La postérité est là qui nous jugera tous.

« Si j'étais dans un état de prévention ordinaire, je vous dirais : ne perdez pas à m'entendre un temps précieux; indiquez-moi un tribunal, et j'irai y confondre la calomnie ; mais à quel tribunal subalterne Joseph Lebon pouvait-il être envoyé, après la renommée de scélératesse qu'un seul homme lui a faite? Il n'appartient qu'à vous d'envisager ma cause dans tous ses rapports, de vous reporter aux circonstances et d'apprécier mes intentions par les vôtres.

« Je ne viens point faire l'éloge du gouvernement que vous avez proscrit; je ne viens point justifier en eux-mêmes des actes que ce gouvernement a commandés, je ne suis pas plus monstre qu'un autre pour les avoir exercés ; si je me suis montré révolutionnaire, trop ardent, peut-être, suis-je plus coupable qu'un autre pour avoir partagé ces accès, que la Convention a vivement sentis et communiqués ? »

« Les pièces à ma charge sont de deux espèces; les unes sont des déclarations de témoins, les autres sont mon ouvrage : vous distinguerez dans la discussion des premières l'acharnement d'un ennemi qui n'a cessé de me poursuivre, et d'accumuler sur ma tête une foule de libelles chaque jour reproduits: dans les secondes vous examinerez quelle foi doit y être donnée, quand trois paniers de pièces justificatives m'ont été enlevés, et que mon propre accusateur s'en est emparé; c'est ainsi qu'il me livre désarmé entre vos mains; mais je vous ai pour juges, et votre équité est mon plus sûr bouclier. Ce n'est plus ici Billaud et Collot qui se justifient; ils avaient un gouvernement arbitraire; c'est un agent secondaire, c'est un homme qui a suivi l'impulsion donnée dans les temps orageux, et ceux qui ont ouvert les bras à la Vendée, qui ont offert l'olivier de la paix aux perfides chefs des chouans, ne se montreront pas sans doute inexorables seulement envers un de leurs collègues ! »

« Le jour n'est pas loin où les français, réunis autour du même autel, abjureront toutes les haines ! trop heureux Joseph Lebon, s'il peut être la dernière victime de la révolution, et sa tête servir de gage à la réconciliation générale ! »

Lebon alors fait remarquer, toujours selon *le Courrier*, les contradictions dans lesquelles est tombé son accusateur Guffroy, qui varie ses dénonciations suivant les circonstances, il le peignait le 15 thermidor comme un terroriste, lorsque deux mois auparavant il le signalait à Robespierre comme fédéraliste.

Entrant ensuite dans les détails de sa justification, il répond au chef qui concerne les assassinats judiciaires, qu'il n'a établi, conservé le tribunal d'Arras qu'en vertu des décrets ou d'arrêtés du comité de salut public, et qu'il n'a exercé auprès de lui d'autre influence que cette surveillance nécessaire pour qu'aucun contre-révolutionnaire n'échappât. « Je me justifie, ajoute-t-il, d'après les principes qui régnaient dans ces temps, mais non d'après ceux que vous avez établis aujourd'hui; rappelez-vous les maximes répandues dans les rapports de Saint-Just, dont vous ordonniez l'insertion au bulletin et l'envoi à toutes les communes. Qui ne s'y fût pas alors conformé eût passé pour un modéré; je n'ai fait que suivre l'impulsion que vous donniez vous-mêmes : pouvais-je rester froid quand vous étiez brûlants, et ne pas modeler ma marche sur la vôtre ? » Lebon demande ici à faire connaître son accusateur, afin qu'on sache quelle foi on doit lui accorder, et il donne lecture de divers passages du journal que Guffroy rédigeait sous le titre de *Rougiff*, et dans lequel il sonnait le tocsin contre Brissot, Louvet, Pétion, Barbaroux, et contre tous les modérés, les fédéralistes et les muscadins; proclamait qu'*accaparement* et *commerce* c'était la même chose, et que la population de la France devait être réduite à vingt millions d'hommes.

Legendre interrompant, fait observer que le prévenu s'écarte de sa défense, et il demande qu'il soit tenu de s'y renfermer.

Goupilleau de Fontenay pense qu'on ne peut circonscrire la défense du prévenu ; cet avis est appuyé par plusieurs membres, et Lebon est autorisé à continuer ; il poursuit donc la lecture des extraits du journal de Guffroy, et l'on y voit toujours les mêmes maximes.

Delville alors réclame l'arrestation de Guffroy seul; il demande que néanmoins on n'interrompe pas pour cela l'affaire de Lebon.

Legendre s'y oppose : « Cette marche, dit-il, serait subversive de tous les principes : si l'on prononçait d'après les passages isolés, et quelquefois tronqués de journaux, il n'est peut-être pas d'écrivains qu'on ne pût arrêter. J'invoque donc l'ordre du jour. »

L'ordre du jour est appuyé, mis aux voix et décrété.

Un membre cependant se lève pour demander que les pièces contre Guffroy soient renvoyées au comité de législation pour qu'il en fasse un rapport: le renvoi est ordonné.

Journal du 22 messidor. — Vendredi 10 juillet 1795.
Suite de la séance du 20.

On passe à l'affaire de J. Lebon. Pierret demande qu'on suive une marche réglée dans la discussion; la manière dont Lebon se défend lui paraît avoir fait la plus grande impression, et jeter du ridicule sur la Convention. Il trouve qu'il a plutôt l'air d'un comédien que d'un accusé; qu'il divague à chaque instant, et qu'il faut l'inviter à se renfermer dans le plan présenté par le rapporteur de la commission des vingt-et-un.

Dellecloy appuie la proposition qui est décrétée. Il va plus loin; il veut qu'on termine cette affaire sans désemparer. L'assemblée ne donne aucune suite à cette dernière proposition.

Avant de répondre directement, Lebon revient

à l'enlèvement de ses papiers, qui le prive, dit-il, de ses moyens de défense les plus solides et les plus positifs.

On interpelle le rapporteur de dire si véritablement quelques papiers ont été ou soustraits ou refusés à Lebon.

Le rapporteur convient que, dans son interrogatoire, Lebon a dit constamment qu'il lui manquait des papiers, mais il ne les a point désignés.

Quelques membres pensent qu'il est à propos d'examiner s'il y a eu d'autres papiers que ceux remis à la commission des vingt-et-un, de savoir qui les a soustraits, et s'ils ont été distraits devant ou après l'inventaire.

Pierret fait observer que les trois paniers dont parle Lebon ont été envoyés à la commission de l'examen des papiers de Robespierre, et qu'elle seule peut dire ce qui en est.

Un autre membre ajoute que Guffroy est présent, qu'il était de cette commission et qu'il peut rendre compte des faits.

Guffroy annonce que, quoique membre de la commission, il n'a rien examiné de ce qui est relatif à J. Lebon, qu'il ne s'en est nullement mêlé.

« Je suis du département du Pas-de-Calais, dit Poultier, où Lebon a commis toutes ces atrocités, et j'atteste qu'au défaut de pièces, tous les habitans pourraient servir de témoins. »

« Puisqu'il en est ainsi, reprend Lebon avec vivacité, c'en est fait, je ne veux pas vous faire perdre un instant de plus. »

« Il faut en finir, dit Legendre, on ne peut disconvenir que Lebon, dans sa défense jusqu'à ce moment, n'a répondu à aucun des chefs d'accusation qui lui sont imputés. Il vous a parlé de Socrate, de Régulus, de Montesquieu, de Rousseau, de Mercier, etc. Qu'est-ce que tout cela fait à son affaire? Il a attaqué Guffroy, eh bien! je dis, moi, qu'il fallait quelque caractère pour se conduire comme l'a fait Guffroy, dans un temps surtout où l'on ne reprochait à Lebon que des formes acerbes: J'insiste pour que l'accusé se renferme dans les bornes de sa défense, et que le rapporteur de la commission lise les premiers chefs d'accusation. »

Les tribunes se permettent d'applaudir; le président les rappelle au respect qu'elles doivent à la représentation nationale.

Lebon se retire de la tribune avec humeur et ploie ses papiers.

« Je demande qu'on interpelle Lebon, dit Merlin (de Douay); s'il ne répond pas au premier chef, on passera au second. »

Le rapporteur lit les deux premiers chefs d'accusation qui regardent la création des tribunaux révolutionnaires d'Arras et de Cambrai, et l'influence qu'il a exercée sur leurs opérations.

Lebon répond au second par une dénégation des faits, et au premier, par la citation des arrêtés qui l'autorisaient à les établir. Ces moyens avaient été déjà développés dans une séance précédente.

La veille de la séance que nous allons rapporter, le comité de sûreté général donne ordre au concierge de la maison de justice du palais de recevoir et garder, sous sa responsabilité, Joseph Lebon..... Il prendra à son égard, dit le mandat, toutes les mesures de prudence, et ne le laissera commnniquer avec personne. L'ordre est signé, Pierre Guyaumar, Courtois et Lomont.

Journal du 24 messidor. — Dimanche 12 juillet 1795.

CONVENTION NATIONALE.

Séance extraordinaire de la nuit.

A la fin de la séance de ce matin, Roux avait interrompu la défense de Lebon pour une motion d'ordre; il avait demandé, au nom du bien public, que la Convention prononçât dans une séance extraordinaire sur le sort de ce représentant. « Dans les circonstances où se trouve la patrie, il ne nous est pas permis, dit-il, de nous occuper d'un individu. La Convention nationale avait décrété qu'il y aurait le soir même une séance et qu'elle prononcerait sans désemparer. »

En conséquence de ce décret, le prévenu a repris à cette séance la suite de sa défense. Il ne se plaint point de ce décret rigoureux, mais il invite l'assemblée à se méfier des diverses inculpations portées contre lui. Il rappelle l'aventure de la femme aux 25 liv., celle du collier de diamant; ces deux faits, dont la fausseté est reconnue, doivent, selon lui, servir d'avertissement à l'assemblée et la prémunir contre les suggestions perfides qu'on a cherché à lui *inculquer*.

Il renouvelle ses protestations contre l'enlèvement de ses papiers; quelque soit son sort, qu'il soit exilé, déporté, renvoyé à tel ou tel tribunal, il ne redoute rien; il laisse un petit nombre de décrets qui justifieront son innocence; tout ce qu'il désire, c'est qu'on n'oublie pas les circonstances périlleuses où il s'est trouvé, l'obligation où il était d'exécuter les ordres du comité de gouvernement.

Le rapporteur produit contre Lebon un troisième chef d'accusation, celui d'avoir mis en jugement pour la seconde fois deux citoyens qui avaient été acquittés par un jury légal. L'un de ces malheureux est le nommé Lallart.....; le 24 ventose, Lebon fit remettre les pièces par l'accusateur public. Lallart avait été acquitté contre le vœu de Lebon; le 17 il fut repris et le surlendemain guillotiné.

Le 25 pluviose, Béthune Périer avait subi le même sort; traduit devant le jury, il avait été acquitté; Lebon le fit remettre en jugement et il fut exécuté.

Les dénégations sont toujours le grand moyen de défense de Lebon. Si des particuliers ont été mis en jugement, c'est pour de nouveaux faits sur lesquels ils n'avait point été prononcé, et cette nouvelle mise en jugement est une suite de la multiplicité des lois révolutionnaires qui se succédaient et dont les dernières confirmaient une foule de cas, dont il n'était pas question dans les premières.

Il répond de la même manière à un quatrième chef d'accusation, qui l'inculpe d'avoir mis en jugement et conduit à l'échafaud des individus couverts de l'amnistie prononcée par l'assemblée constituante; les preuves de ses crimes sont tirées de deux arrêtés, l'un contre six chanoines d'Arras, pour une protestation contre des décrets de l'assemblée constituante.

L'autre contre plusieurs ci-devant nobles des

états d'Artois, qui avaient signé une protestation tendante à la conservation de leurs privilèges.

La deuxième classe des délits imputés à Lebon contient les actes d'oppression exercés contre les citoyens dans les départements du Nord et du Pas-de-Calais.

La troisième classe des délits reprochés à Lebon consiste dans les vengeances personnelles. Jamais il ne s'est conduit par de pareils motifs, jamais il n'a envisagé que le bien public, et dans plus d'une circonstance il a gémi d'en venir à des mesures de rigueur et de sévérité.

Il serait trop long de parcourir tous les détails d'une défense faible dans les moyens et toute entière dans des redites.

Lebon termine en se référant à la justice de la Convention, réclamant, pour sa défense devant le tribunal, les papiers qu'il prétend lui avoir été enlevés, et recommande à la Convention sa femme et ses enfants.

Sur la motion qui en est faite, il se retire, et l'on passe à l'appel nominal par *oui* et par *non* pour savoir s'il y a lieu à accusation.

D'après le résultat de l'appel nominal, Lebon est décrété d'accusation; la commission des vingt-et-un dressera l'acte et désignera le tribunal devant lequel il doit être traduit.

Journal du 30 messidor. — Samedi 18 juillet 1795.

Séance du 28.

Quirot, au nom de la commission des vingt-et-un, présente la rédaction de l'acte d'accusation contre Joseph Lebon, cette rédaction est adoptée. J. Lebon sera traduit au tribunal criminel du département de la Somme, pour être jugé conformément à la loi du 4 messidor.

L'OPINION PUBLIQUE APRÈS LA TERREUR.

Nous laissons au lecteur le soin d'apprécier lui-même la valeur et l'importance des débats que nous venons de mettre sous ses yeux. Mais il a dû remarquer, comme nous, le revirement qui s'est opéré depuis un an dans les sentiments des gouvernants. Dès lors l'opinion publique, délivrée enfin des entraves dans lesquelles la terreur la tenait captive, saisit avec bonheur toutes les occasions de se manifester; nous venons de le constater dans cet élan intempestif des tribunes que le président de la Convention est obligé de rappeler à l'ordre; nous en trouvons d'autres preuves que *le Courrier universel*, ne craint pas de publier à côté des documens officiels qu'il vient de nous fournir; nous ne pouvous résister au plaisir d'en reproduire quelques-uns. Une espèce d'émeute venait d'avoir lieu dans le département de l'Eure. « On a arrêté, dit le journal, deux femmes qui furent signalées dans le tumulte; l'une est déesse de la liberté, et l'autre celle de l'égalité : la prison d'Evreux est aujourd'hui le temple de ces deux divinités. »

Dans le numéro du 4 juillet 1795, nous trouvons la lettre suivante dans le patois de la Charente-Inférieure. Nous la reproduisons textuellement:

« *Lettre aux rédacteurs*. On dit citoiens que vous faites une *casette* que tout le monde lit, et surtout la Convention. Eh bien! écrivez-lui donc que nous avons dans notre commune de Bouage cent-cinquante pauvres prêtres qui font pitié tant ils sont misérables, étant presque nuds, mangés de poux, bien malades de ce qu'on appelle le scorbut qu'ils ont gagné dans les vaisseaux où ils étaient avant de venir ici. Je ne savons pas ce qu'ils ont fait, mais je savons bien ce qu'ils font; il prient le bon Dieu tout le jour, et je croyons ben que c'est pour la République et pour la Convention, car je leur entendons dire quelquefois qu'ils voudraient que leur souffrance et leur mort put faire le bonheur de la France.

» Ils n'ont qu'un peu de pain à manger, de mauvaise eau à boire, parce que c'est un marais que notre païs, ils couchent sur un peu de paille, et quoique que ça ils sont toujours gays et contens; c'est à qui se rendra le plus de service entre eux et à nous aussi, si je les laissions faire, ils feraient tous l'ouvrage de nos maisons, mais ces pauvres chers hommes sont trop faibles pour les laisser besogner à leur phantaisie. Dame, ce n'est pas comme ça que les trois messieurs Collot, Billaud et Barère ont fait dans l'isle d'Oleron, qui est tout proche de cheux-nous, je les ont vus et lorsqu'ils ne manquaient de rien, qu'ils faisaient bonne chère et qu'on aurait dit qu'ils étaient les gouverneurs, car on ne leur parlait que le chapeau bas, ils avaient l'air tout tristes, ou quand ils faisaient semblant de rire, c'était une grimace. Cadet Laurent qui a de l'esprit voulut parler à un; ha! dame, il le regarda d'un œil qui n'était pas tendre, et nous nous sommes bien moqués de Cadet.

« La première fois que vous écrirez à la Convention, dites lui donc que ces pauvres hommes font compassion, et que puisqu'elle a reconnu que notre religion était bonne, il faut bien qu'elle nous rende nos prêtres, sans lesquels nous ne pouvons pas aller à la messe ni à vêpres le dimanche, et que faute de cela toute la journée se passe au cabaret, où l'on mange tout ce qu'on a, sans compter les disputes, les batailles, et que le lendemain on ne peut pas sauner (faire du sel). Aussi il y a bien moins de sel qu'autrefois, et je voyons bien par là que Dieu n'est pas content. Quand je lui demandions du pain, j'en avions à gogo, et ainsi du reste, mais à présent nous manquons de tout, et le travail n'en va pas mieux.

« Je suis votre serviteur de tout mon petit pouvoir avec salut et fraternité.

Jean Minguet, saunier de la prise des Vaches. »

« A Brouage le 23 juin 1795, à présent que le faiseur d'almanac s'est tué, dieu merci, car ses brumes, ses frimes et ses vents donnaient bien du mal à la municipalité qui ne savait jamais où elle en était; on aime pourtant à savoir comme on vit. »

Voici maintenant un autre article encore bien digne de remarque, surtout si nous nous reportons à l'époque où il fut écrit et publié (20 juin 1795.)

Nouveauté. — « Mémoire pour Marie-Thérèse-Charlotte de Bourbon, fille de Louis XVI, ci-devant roi des Français, détenue à la tour du Temple. »

« Les malheurs inouïs de la fille de Louis XVI occupent en ce moment les cœurs sensibles. Déjà nous avons, dans notre feuille, réclamé en sa faveur la justice et l'humanité du peuple français et de la Convention nationale ; l'auteur de cette brochure entreprend aussi la défense de cette tendre victime des passions des hommes. Il démontre qu'on ne peut, sans injustice et sans barbarie, retenir plus longtemps dans les fers cette malheureuse enfant. Son ouvrage fait honneur à son talent et à sa sensibilité. Il l'a enrichi de notes, dont la plupart sont très piquantes. On ne lira pas sans émotion celle que nous allons transcrire. »

« On est encore loin d'avoir une idée de toutes les barbaries qui ont été exercées dans les prisons sous l'empire de ces derniers tyrans, et particulièrement envers les membres de l'ancienne famille royale ; il est probable même que le gouvernement actuel est loin d'avoir connaissance de tant d'atrocités. Lorsque Marie-Antoinette d'Autriche fut traduite devant la Conciergerie, on la plaça dans une chambre (la chambre appelée du conseil) qui est regardée comme la plus malsaine de cette affreuse prison ; sous prétexte de lui donner quelqu'un à qui elle pût demander ce dont elle pouvait avoir besoin, on lui envoyait pour lui servir d'espions (de mouton en terme de prison) un homme d'une figure et d'une voix effroyable qui était chargé d'ailleurs, dans la Conciergerie des travaux les plus dégoûtants et les plus malpropres. Cet homme se nommait Barassin, voleur et assassin de profession, qui avait été condamné à quatorze années de fers, par jugement du tribunal criminel. Le concierge, qui avait besoin d'un chien supplémentaire qui eut la parole, avait obtenu que Barrassin, coquin très-intelligent, resterait à la Conciergerie, où il tiendrait son ban de galérien. Tel était l'honnête personnage qui tenait lieu de valet de chambre à celle qui fut la reine de France. Cependant quelque temps avant sa mort on lui avait ôté son officieux le voleur de grand chemin, et l'on avait placé dans l'intérieur de sa chambre une sentinelle (un gendarme) qui veillait jour et nuit autour d'elle, et dont elle n'était séparée, même pendant son sommeil sur un lit de sangles, que par un mauvais paravent en loques. La fille des empereurs romains avait dans ce séjour affreux pour tout vêtement une mauvaise robe noire, des bas troués qu'elle était obligée de raccommoder tous les jours pour ne pas être exposée aux regards de ceux qui venaient la visiter, et point de souliers. Tel a été le sort de Marie-Antoinette, devant qui toute l'Europe a fléchi le genoux, à qui tous les honneurs qui puissent être rendus à une mortelle ont été prodigués, pour qui tous les trésors du monde ont été ouverts. »

» Après la mort de leur mère, ou sa sortie du Temple, les deux enfants de Louis XVI furent totalement abandonnés; on les laissait sans linge, et c'est, dit-on, l'excès de la malpropreté qui a engendré la maladie de peau, ensuite les ulcères dont l'un vient de mourir. Voici un fait qui a été attesté par un des fonctionnaires publics de l'ancienne commune de Paris, qui fut emprisonné au Luxembourg, environ un mois ou six semaines avant le 9 thermidor. On avait retiré à ces enfants toute espèce de gardes et soins intérieurs ; ils étaient seuls chacun dans une chambre, où personne n'avait accès, pas même pour faire leur lit, retirer ou balayer les ordures. On leur faisait passer leur repas par une espèce de tour qu'on avait pratiqué à chacune de ces chambres. On les appelait brusquement lorsqu'on leur apportait à manger ; on plaçait les mets dans ce tour et on leur faisait rapporter les plats vides qu'on leur avait fournis la veille.

» Le petit garçon se couchait au milieu des ordures, comme un pauvre animal, sur un lit qui n'était jamais remué, jamais fait, car il n'en avait ni la force ni la raison ! Sa jeune sœur, au contraire, balayait tous les jours sa chambre, en jetait les ordures avec soin, se tenait propre et faisait sa toilette même, autant qu'il était possible de la faire dans une prison où on la laissait manquer du plus absolu nécessaire.

» Cette cruauté envers des enfans infortunés par la captivité la plus dure, plus infortunés encore par les soins recherchés qu'on avait eus pour eux, par les honneurs de toute espèce qu'on leur avait rendus, par le respect profond qu'on leur avait témoigné, n'est pas la seule qu'on ait exercée. En voici une d'une espèce unique, qui appartient aux membres de la commune, à ce chef-d'œuvre de la démocratie, qui devait fixer à Paris toutes les libertés, civiles et politiques, toutes les vertus, toute la gloire de la superbe Rome, tous les arts, toute l'urbanité de la Grèce.

» Après la retraite du fameux Simon, savetier de son métier, et gouverneur du jeune fils de Louis XVI, deux hommes, ou plutôt deux dogues de cette commune, veillaient jour et nuit autour de la chambre de cet enfant. Dès que le jour cessait, on lui ordonnait de se coucher, parce qu'on ne voulait pas lui donner de lumière. Quelques temps après, lorsqu'il était plongé dans son premier sommeil, un de ces cerbères, craignant que le diable ou les aristocrates ne l'eussent enlevé à travers les voûtes de sa prison, lui criait d'une voix effroyable : Capet, où es-tu ? dors-tu ?.... Me voilà, disait l'enfant moitié endormi et tout tremblant.... — Viens ici que je te voie.... — Et le petit malheureux d'accourir tout suant et tout nu.... — Me voilà, que me voulez-vous ?.... — Te voir ; va, retourne te coucher.... — Deux ou trois heures après, l'autre brigand recommençait le même manége, et le pauvre enfant était obligé d'obéir. »

Telle est la première page de ces horreurs, écrite pour ainsi dire à côté des jeunes victimes, et à l'ombre de leurs cachots.

Tel est le texte authentique que développa plus tard l'histoire, en nous racontant ce nouveau martyre des innocents, que d'autres Hérode torturaient lentement pour prolonger leur joie cruelle.

MISE EN JUGEMENT DE LEBON. — RÉPONSE A SA DÉFENSE.

Mais revenons à celui qui, parmi nous, s'était fait le complice et l'émule de ces hommes abominables.

Le pouvoir, d'accord enfin avec l'esprit public, s'empresse de renvoyer Lebon devant la cour d'Amiens.

En annonçant cette mesure, le journal que nous avons déjà cité s'écrie dans son numéro du 31 août

1795 : « Voilà enfin un monstre, dont la vengeance nationale attend le supplice, mis en jugement. Ce procès offrira encore ce genre d'intérêt terrible dont l'impression ne saurait s'affaiblir, tant qu'il y aura de la morale, de l'honnêteté, tant que le crime fera frémir. Carrier, Billaud et tant d'autres ont déjà prouvé que les scélérats savaient essayer de répondre à tout. Joseph Lebon ne paraît pas plus embarrassé qu'eux. »

Afin d'aider à l'instruction du procès, notre conseil général avait fait recueillir tous les papiers qui concernaient le prévenu. Dans une délibération du 9 octobre 1794, il avait protesté que le jugement du plus tyrannique et du plus sanguinaire des hommes, de Joseph Lebon, achèverait de rétablir, entre les habitants paisibles de cette commune, cette douce confiance toujours chère à des *républicains,* et que ses habitants n'auront d'autre point de ralliement que la Convention, dont ils ne cessent de bénir les travaux. »

Quoi qu'il en soit, déjà Cambrai avait commencé à respirer un peu plus à l'aise, après l'arrestation de son terrible oppresseur. Cette salutaire mesure avait été prise juste à temps pour sauver au moins bon nombre d'autres Cambresiens que les sacripants avaient encore désignés pour la mort ; bien des personnes riches n'avaient échappé jusque-là qu'à force d'argent. Des traites, expédiées sous les auspices de Lebon et consors, arrivaient le matin dans une famille et la sommaient d'avoir à verser, pour le soir, telle somme ronde de quelques mille francs ; les besoins de la république l'exigeaient ainsi, et le gouffre de la république, ou plutôt les poches de ces exacteurs insatiables n'étaient jamais remplies. Au dernier départ de Lebon, plusieurs paiements de ce genre étaient encore préparés chez différents habitants, entre autres dans la famille Desbleumortiers, et allaient être versés, lorsqu'on vint leur apprendre l'heureuse nouvelle.

Nous avons vu les moyens de défense qu'employait Lebon devant la Convention ; il cherchera à les exploiter de nouveau devant la cour d'Amiens. Nous trouvons dans une brochure la réponse à cette défense; elle est écrite avec énergie, dans le style et les idées de l'époque, par un avocat nommé Bachelar. Laissons-le parler en donnant quelques extraits de son plaidoyer.

« .... Animé du zèle pur et désintéressé, à l'abri du besoin, je n'écrirai point pour écrire, mais seulement pour éclairer la religion de tous les législateurs et celle de tous les européens.

» Le 14 messidor, Lebon monte à la tribune du sénat; cet éhonté personnage ose mentir impunément à Dieu, aux législateurs, à l'univers entier et à lui-même.... chaque mot de sa bouche impure est un mensonge ou un blasphème. « Je viens, dit-il, me défendre. » Soit, je laisse à ton audace extrême le soin d'abuser du dernier bienfait de la loi; défends-toi donc, si tu le peux, sans accuser, sans récriminer..... Je viens me justifier, je viens justifier les tribunaux révolutionnaires d'Arras et de Cambrai.

» Te justifier, Lebon, justifier tes tribunaux de sang et de carnage! Si tu le pouvais... si tu pouvais être innocent! ah! j'en mourrais de joie. Mais peux-tu donc le prétendre? N'entends-tu pas les lamentables cris des morts et des vivants? Te justifier! si tel est ton dessein, ressuscite donc les milliers de victimes dont les voix s'élèvent du fond de leur sépulcre tu le peux, puisque tu fus (quoique tu en dises), le digne émule de Maximilien, qui eut le pouvoir de ressusciter l'Eternel son Créateur.

» Que pour faire diversion tu t'efforces de détourner l'indignation publique en la rejetant sur autrui; qu'aujourd'hui tu entretiennes le sénat des oublis que tu imputes à Guffroy, que demain tu l'entretiennes des friponneries que tu attribues à Demeuliez, l'un de tes meilleurs amis, avant que tes crimes t'en eussent fait un ennemi; que pour colorer ton simulacre de justification, tu sembles donner quelques éloges à soixante-treize de tes victimes, après avoir été le valet de leur bourreau; cela ne m'étonne ni ne m'irrite : il te fallait ces voies évasives pour te rendre intéressant, ou plutôt moins odieux.

» Que tu fasses l'éloge le plus pompeux des assassins judiciaires que ta rage enfanta, cela n'étonne point encore, on sait qu'il est dans la nature qu'un père s'adore dans ses enfants.

» Mais que, pour démontrer ta prétendue innocence et celle de tes fidèles complices, tu insultes *aux mânes plaintives* de tes victimes ; que tu veuilles les poursuivre au-delà même du tombeau où ta férocité les a ensevelies, que tu veuilles leur ravir l'honneur après leur avoir arraché le jour, c'est où je t'arrête.... Aujourd'hui, les lois me permettent de défendre la mémoire des victimes que ta rage immola sous mes yeux, et que ton souffle impur voudrait encore flétrir.

» Pour légitimer tes assassinats judiciaires, tu dis qu'ils étaient tous impérieusement prescrits par des lois rigoureuses dont tu fus à regret le rigoriste exécuteur. Je te donne ici un démenti formel à la face du ciel et de la terre. Que la foudre écrase celui de nous deux qui se parjure.

» Sans doute, il fut des lois cruelles et sanguinaires, mais le Nord serait encore trop heureux, si tu les eusses strictement observées, puisqu'il n'aurait tout au plus à regretter que vingt têtes au lieu d'en pleurer mille, que ton bras inhumain a fait tomber.

» Tu dis que tes crimes appartiennent au temps, aux lieux, aux circonstances, aux lois, enfin au gouvernement.

» Outre que tu n'es ici que l'écho de Carrier, c'est qu'encore tu n'as pas comme lui les prétextes qu'offrait une Vendée. Mais il n'est ni temps ni lieux, ni circonstance qui puissent commander le pillage et le meurtre.

» Quant aux lois, je le répète, elles étaient dures et cruelles, mais elles ne devaient pas l'être davantage entre tes mains qu'entre celles de ton ancien collègue Dumont, qui n'a pas fait couler le sang à longs flots dans les départements voisins de ceux que tu as inondés.

» Mais si ces temps, ces lieux, ces circonstances, ces lois enfin exigeaient, pour le salut de l'Etat, d'immenses holocaustes, pourquoi Lebon ne les as-tu pas offerts aussi bien en nivôse et pluviôse, deuxième année, qu'en ventôse, germinal et mois subséquents ?..... Apprends-moi la cause de ce passage rapide et subit de la raison au délire, d'un reste de vertu au crime, des lois à la tyrannie, d'un reste d'humanité au comble de la férocité. Tu n'oserais me l'apprendre; et moi qui l'ai deviné, je vais la proclamer hautement.

» En nivôse et pluviôse, tu n'étais point encore le secret confident du système affreux de dépeupler la terre; aussi tu te bornas à incarcérer sans assassiner. La scène changea et tu changeas aussi; tu fus mandé à Paris, sans doute pour assister aux conciliabules nocturnes des Maximilien, des Collot, des Carrier; là, tu fus initié aux plus affreux mystères. Aussi, tandis que tu repartais pour le Nord, Carrier partait pour la Vendée et Collot pour Lyon; aussi, tandis que l'un mitraillait, que l'autre noyait, tu guillotinais avec une fureur extrême. Tu pourras combattre ces rapprochements, mais non pas les détruire, car ils t'accablent, ils t'écrasent..... Eh, quoi..... homme (à peu près) en nivôse et pluviôse, et bourreau en ventôse, sous le même gouvernement ! Je laisse aux lecteurs le soin d'approfondir et d'apprécier cette circonstance contradictoire, infiniment concluante.

» Tu t'efforces, Lebon, de faire partager le poids

de ta disgrâce à un second, pour fournir une dernière joie à ton cœur barbare et un dernier aliment à ta férocité. Car enfin, quand tu parviendrais à t'accoler Guffroy, en serais-tu moins coupable, en serais-tu moins un monstre? Ta récrimination contre Guffroy pourrait peut-être servir ta détestable cause, si Guffroy seul était ton accusateur ! mais point du tout, il n'est que le prête-nom de tous les habitans du Pas-de-Calais, il n'est que l'écrivain dont le Nord emprunta la plume pour t'accuser au tribunal suprême de l'humanité. C'est la voix presque éteinte de cent mille familles désolées, c'est la voix des tombeaux qui s'élèvent contre toi, qui t'accusent et qui te poursuivent.

» Il est vrai que, fertile en récriminations, tu récuses le témoignage de cent mille familles désolées; tu présentes leur assertion comme l'effet de leur ressentiment. Eh bien! qu'en augurer, si leur ressentiment est juste, si tes forfaits l'ont fait naître en leur âme?

» Tu dis que tes ennemis en veulent à tes jours, qu'ils demandent ta tête : Ah! perfide imposteur, t'a-t-on accusé pendant les deux mois que tu as régné par les lois? Non, sans doute, et on ne t'accuse aujourd'hui que parce que tu as régné par la terreur et par la mort.

» Il est vrai aussi que tu as eu l'adresse de te ménager et de te préparer toi-même un puissant moyen pour atténuer les charges portées contre toi; tu as cru avoir réussi en faisant consigner dans un écrit folliculaire un fait faux, parmi un millier d'autres qui sont d'une vérité aussi exacte que funeste; mais ce dernier trait de ta perfidie ne fera pas fortune; de ce qu'un fait sur mille se trouve faux, il ne s'en suit pas que l'on doive se refuser à admettre les autres. Il est de tes horreurs si claires et malheureusement si frappantes que tu ne pourras pas même les ensevelir avec toi dans la tombe; elles vivront à jamais pour déshonorer l'histoire et faire frémir nos descendants.

» Mais écoute, tyran de ton pays, je vais te confondre : Le 18 de ce mois, tu disais à la tribune du sénat que tu avais admiré *les hauts principes* du citoyen Langlet, l'aîné. Eh bien! c'est ce mortel vraiment vertueux et sage qui t'accuse de forfaits, c'est lui qui te reproche le sang innocent que tu as fait couler, c'est lui qui fut le rédacteur de cette adresse votée contre toi et revêtue de huit mille signatures; on y lit ces mots aussi vrais qu'ils sont affligeants : « Législateurs français, hommes justes, le sang innocent a coulé! la hâche meurtrière promenée au hasard (c'était bien plutôt au gré de ta fureur, Lebon), a pu rencontrer quelques têtes coupables, mais que de victimes innocentes!!! »

» Tu te replies, Lebon, sur une circonstance que tu crois favorable à ta cause, c'est-à-dire que tu fus accusé dans le temps du décemvirat. Eh bien! cela est vrai, mais qu'en conclure? Que tes forfaits sont bien grands puisqu'on osa te les reprocher, alors que tes crimes étaient des vertus, alors qu'il fallait souffrir et se taire; ils étaient donc bien grands et bien constants ces crimes, puisqu'ils eurent même le blâme de tes maîtres, puisque ceux-ci en furent saisis d'une telle horreur que l'indulgent Barrère, pour te soustraire à la mort qui t'attendait, escamota le fonds de ta cause en l'enveloppant dans *les formes acerbes*.

» Tu dis que vers la fin de son règne, Maximilien t'avait fermé son cœur : il te fut donc ouvert! Rien ne m'étonne alors. Eh bien, quand tu ne mentirais pas, qu'en induire? que le chef des tyrans et des bourreaux voulait se dépêtrer d'un sot, d'un inepte subalterne qui avait si mal conduit la barque, qu'il y avait lieu de craindre le naufrage : ce Néron de nos jours voyait d'autant plus clair, qu'il est de toute vérité que tes forfaits, maladroitement combinés, plus maladroitement encore exécutés, ont devancé la chute du crime et le triomphe de la vertu.

» Mais tu mens aujourd'hui, ou tu mentais en thermidor à la société populaire de Cambrai, quand tu disais : « Mes ennemis se trompent, s'ils me croient perdu dans l'esprit de Robespierre, je suis toujours son ami intime, il m'a donné à déjeûner avant mon départ de Paris (c'était à la fin de messidor) et voilà encore un morceau de jambon (en le tirant de ta poche) qu'il m'a donné pour ma route.

» Tu te peins, Lebon, comme un autre Seïde, en proie aux superstitions et au fanatisme d'un autre Mahomet révolutionnaire... Non, non, il ne t'a pas fallu d'ange exterminateur pour mettre la férocité dans le fond de ton cœur, elle y était lorsque tu sortis des entrailles de ta mère. Je puis t'appliquer cet adage aussi vrai que trivial : *Quiconque naît pointu ne peut mourir carré; qui naît cruel ne peut mourir humain.*

» Mais par quel mélange bizarre d'impostures et de vérités, de conséquences et de contradictions dis-tu maintenant au Sénat : « Fermez les yeux sur mes actions, et ne les ouvrez que sur mes intentions, elles sont pures? » Quoi! ici tu réclames l'indulgence sur tes actes, tu les dis criminels en eux-mêmes, mais innocents dans tes intentions, et plus haut tu veux légitimer et justifier tes assassinats, en les désavouant !

» Il est, t'écries-tu, une juste colère, il est une sainte indignation : eh bien ! je la nourrissais cette juste colère, j'avais cette sainte indignation pour les aristocrates, et voilà mon malheur. Oui, oui, il est une juste colère ; oui, oui, il est une sainte indignation, mais ce sont celles que la vertu conçoit contre le crime, ce sont celles enfin qu'un monstre tel que toi a fait naître en mon cœur.

» Parvenu à l'apologie de tes magistrats stipendiés, de tes jurés *convaincus* le primidi pour tout le décadi, tu nous les peins avec une dignité et une décente gravité dignes des consuls romains.

» Ces magistrats, dis-tu, observaient scrupuleusement les lois, ils étaient les esclaves religieux des formes, au fond, ils étaient impassibles et austères, mais équitables ; ils ne ressemblaient point aux juges, aux jurés de Paris.

» Imposteur exécrable, fais donc emplette d'une bonne mémoire, si tu veux toujours mentir. Quoi ! tu nous dis ici que tes magistrats, tes bourreaux à gages, dégénéraient en tout de ceux de Maximilien, lorsqu'à chaque instant, à chaque phrase, tu dis n'avoir été en tout et partout, dans les départements, que l'écho et le *singe* de Paris : ne dis-tu pas vingt fois dans ta défense que tu as suivi les errements que les journaux de Paris te transmettaient ? Oui, c'est vrai, tu as singé Maximilien ; ce qu'il ordonnait à Paris, tu l'ordonnais et l'exécutais à Arras et à Cambrai. Les jurés de Maximilien égorgeaient à Paris, les jurés de Joseph égorgeaient à Arras et à Cambrai ; et je soutiens que les jurés *Lebonistes* ont fait plus de victimes en un jour, que les jurés *Robespierristes* n'en ont fait en un mois (proportion gardée) puisqu'il est vrai qu'un seul département, que deux villes seulement ont fourni jusqu'à 18, 20 et 22 victimes par jour, lorsque 82 autres départements n'en ont fourni que 20, 30, 40 et 50. »

Ici l'auteur, après avoir donné un croquis de ces magistrats débraillés, dont nous avons retracé les habitudes, s'étudie à faire ressortir les vices de formes, ou plutôt l'iniquité évidente de leurs jugements ; à cet effet il en passe quelques-uns en revue, puis il ajoute :

« Je te demande maintenant, abominable Joseph, s'ils sont justes et équitables au fond, ces jugements qui frappent de mort, sur un faux exposé, l'homme rendu à la vie par un jugement précédent ? s'ils sont justes et équitables ces jugements qui frappent de mort des personnes qui, par oubli ou par imprudence, n'ont pas eu soin de jeter aux flammes quelques journaux, quelques brochures ou quelques estampes, *inciviques* peut-être par leur morale ou par leurs emblêmes *monarchiques ou catholiques*? Je te demanderai s'ils sont justes et équitables ces jugements qui donnent la mort à des religieux, parce qu'ils ont pris une délibération de corps, trois mois avant la révolution? et ces autres parce qu'ils répondent que, voulant bien vivre en France, sans roi, c'est-à-dire sans monarchie, ils ne veulent point y vivre sans pape, c'est-à-dire, sans religion? Je te demanderai s'ils sont justes et équitables au fond ces jugements de mort portés contre une mère, contre ses deux filles (la famille Sus-Saint-Leger) et contre leur gouvernante, parce que la mère est suspectée d'aristocratie, parce que les filles ont donné trop d'essor à leur gaîté naturelle, parce qu'elles ont ri, chanté ou dansé dans leur chambre le jour d'un revers d'autant plus imprévu pour les jeunes filles qu'elles ignorent les événements dont elles ne s'occupent point, parce que la malheureuse gouvernante est fortement attachée à ses élèves? Quoi! Lebon, tu faisais un crime capital de l'oubli, de l'imprudence, d'une erreur involontaire, de la gaîté enfantine, de la reconnaissance même.

» Peux-tu donc te dire observateur rigide des lois révolutionnaires, quand, pour en doubler la cruauté, tu les as perfidement confondues et enlacées les unes dans les autres ; dans ces temps malheureux, on distinguait encore deux sortes de crimes et deux sortes de peines : le crime de suspicion et le crime de conspiration, la peine de détention et la peine de mort ; ces nuances n'eussent point échappé à ta perspicacité, si ta soif sanguinaire eut été moins brûlante.

» Tu me répondras peut-être, Lebon, que la loi barbare du 22 prairial te donnait toute la latitude nécessaire pour inonder le Nord de sang et de carnage ; mais les trois quarts des assassinats que je te reproche sont antérieurs à cette loi féroce, et je te soutiendrais toujours qu'avant sa promulgation tu pouvais faire exécuter des lois sévères sans égorger. Et où en serions-nous, grand Dieu ! si tous les représentants t'avaient imité dans le cruel abus que tu as fait de ces lois déjà trop féroces en elles-mêmes ?

» Mais c'est en vain, Lebon, que tu te replies sur ces lois que tu as mille fois tronquées et violées au gré de tes caprices et de tes fureurs. C'est en vain que tu rejettes tes crimes sur les temps, sur les lieux, sur les circonstances et sur un gouvernement que tu reconnais toi-même comme tyrannique. Tu peux mentir, mais tu ne saurais en imposer, tes crimes sont à toi et non pas à autrui, et dis-moi donc:

» Est-ce un crime de gouvernement d'immoler le soir la victime sauvée le matin?

» Est-ce un crime de gouvernement de plonger dans les cachots et de charger de fers un généreux défenseur officieux, parce qu'il a fait triompher l'innocence d'une victime qu'il a arrachée à ta fureur?

» Est-ce un crime de gouvernement d'incarcérer des jurés humains qui ne veulent plus être complices de tes meurtres?

» Est-ce un crime de gouvernement de désigner dans un arrêté les victimes qui doivent périr et celles qui doivent échapper?

» Est-ce un crime de gouvernement d'annoncer à l'avance les têtes qui doivent tomber?

» Est-ce un crime de gouvernement d'annoncer la mort à quiconque n'aura pas la force d'étouffer les cris de l'humanité, la voix de la nature, et aurait la faiblesse de céder à la sensibilité en venant te demander justice, même pour son père?

» Est-ce un crime de gouvernement d'arrêter dans la rue et de traîner dans les cachots une femme, parce qu'elle demande l'aumône, et l'homme qui la lui donne?

» Est-ce un crime de gouvernement de courir, le sabre nu, sur une femme qui était ou qui pouvait être enceinte?

» Est-ce un crime de gouvernement d'être en même temps représentant et accusateur public?

» Est-ce un crime de gouvernement de mettre le pistolet sur la gorge d'un prévenu, pour lui arracher des aveux?

» Est-ce un crime de gouvernement d'ordonner ou de permettre que la musique accompagne les victimes à l'échafaud?

» Est-ce un crime de gouvernement d'assister à toutes les exécutions, d'insulter par des grimaces aux malheureux, alors que leur tête était sous le tranchant? Je t'ai vu vingt fois te livrant à cette joie barbare au balcon de la comédie. Un jour un regard de Mongon, à l'instant où l'on allait l'attacher, te fit trembler, tyran, t'en souviens-tu?

» Est-ce un crime de gouvernement de prolonger le supplice de quelques victimes pour brûler sous leur nez et sur l'échafaud leurs effets, papiers et habits?

» Est-ce un crime de gouvernement d'arrêter le couteau fatal au moment où il est près de tomber, de détacher la victime, pour lui lire un journal et de s'abreuver ainsi goutte à goutte de son sang?

» Est-ce un crime de gouvernement de dire dans une tribune plébéienne, en lisant la loi monstrueuse du 22 prairial: Ah! ah! à la bonne heure voilà, voilà une loi; on peut, avec ça, aller en avant, on peut faire tomber des têtes, etc.?

» Est-ce un crime de gouvernement d'inviter les enfants à dénoncer leur père? N'était-ce pas, pour ainsi dire, leur mettre le poignard à la main......? »

» Non, non, Lebon, tous ces crimes qui ont cinquante mille témoins, te sont personnels, et sont étrangers à ce gouvernement, dont je suis loin de vouloir cependant justifier la tyrannie et les cruautés, à ce gouvernement que tu surpassais tellement en barbarie, que tu lui inspiras d'horribles frayeurs, et qu'il t'eût envoyé à l'échafaud, s'il en eût eu le temps, pour ensevelir avec toi tout soupçon de connivence et de complicité.

» Rentrons dans ta défense (car je viens de porter contre toi un nouvel acte d'accusation).

» Le rapport des vingt-et-un te reproche d'avoir mendié des ordres homicides, en provoquant le rétablissement du tribunal révolutionnaire, supprimé par la loi du 27 germinal.

» Tu réponds par la dénégation à ce grief, fondé sur la plus constante vérité. Faut-il s'en étonner? Le mensonge est l'arme et le bouclier du crime. »

Nous avons rapporté déjà les faits qui justifient cette accusation, comme ceux qui prouvent la funeste influence que Lebon exerçait sur les juges et jurés de son tribunal; inutile d'y revenir avec son accusateur. Laissons celui-ci continuer après avoir produit ses preuves.

« Réprimander, abaisser, humilier, destituer, et jeter dans des cachots des juges, parce qu'ils n'ont pas voulu juger révolutionnairement; expédier un courrier extraordinairement pour demander en grâce la réinstallation d'un tribunal révolutionnaire; l'obtenir et la proclamer comme une victoire éclatante, n'est-ce pas mendier des ordres sanguinaires? N'est-ce pas enfin demander du sang et des têtes? Français, c'est à vous d'en juger.

» Trop familier avec la fourbe et l'imposture, tu t'efforces en vain, Lebon, d'insinuer que l'on t'a ravi tes moyens de défense, en te dérobant des pièces qui l'établissaient. Ce mensonge insigne décèle seul l'insuffisance de ta cause et ton désespoir, qui perce à travers tes rodomontades et à travers tes fanfaronnades. Ton calme factice n'en impose point. On sait que toujours les tyrans et les bourreaux sont lâches.

» Mais ces prétendues pièces eussent-elles existé, n'eussent jamais pu détruire tes mille arrêts de mort. Cesse donc d'accuser Guffroy d'une soustraction chimérique; laisse là cet homme étranger à ta cause; car c'est le Nord, c'est la France entière qui t'accuse; ce sont les morts et les vivants qui déposent contre toi. Au reste, tu peux te rassurer; si tu es innocent, nos tribunaux ne sont pas les tiens, ils jugent et n'égorgent pas. Si tu as des témoins à décharge, tu pourras les produire, pourvu qu'ils soient pris dans le Nord, et non pas dans la Bourgogne; car il s'agit ici de ce que tu as fait à Arras et à Cambrai, comme représentant, et non des folies que tu as pu faire à Beaune, comme oratorien.

»Mais finissons. J'ai relevé tes mensonges, Lebon, j'ai confondu tes impostures, j'ai démontré que loin d'être esclave des formes légales, tu les as méprisées et indignement violées, pour leur substituer tes *formes acerbes;* j'ai démontré l'iniquité et l'atrocité de tous les jugements de tes tribunaux assassins ; j'ai légitimé et justifié les principaux griefs qui te sont reprochés dans le rapport des vingt-et-un.

» Je ne te reprocherai point d'avoir orné ta table ensanglantée de la haute personne du bourreau: *Similis, simili gaudet.* Je ne te reprocherai point tes extravagances, tes algarades, notamment celles que tu fis au spectacle d'Arras et de Cambrai, en te jetant sur le théâtre, et en mettant tous les acteurs en fuite. Ces fautes légères ne sont point à toi, elles appartiennent au Champagne mousseux de tes victimes. Je ne te reprocherai point d'avoir imité le prince de Salm-Salm, en te faisant suivre dans tes états du Cambresis, d'une troupe d'acteurs qui s'intitulait : la troupe de Joseph Lebon. Je ne te reprocherai point tes vols et tes dilapidations dont le produit fournit encore en ce moment aux festins que ta mégère donne dans sa prison, où tu prétends qu'elle est en proie à tous les tourments. Ne l'afflige point, Lebon, rassure-toi sur le sort de ton épouse captive. Les habitants d'Arras, dégagés de tes lois, respectent le malheur jusque dans le criminel; ils honorent l'humanité jusque dans les inhumains, ils adoucissent enfin, par leurs vertus, les peines de la captivité de cette épouse si chère, et surtout si humaine, que chaque jour, en t'approchant, elle te disait très humainement : « Mon petit, combien avons-nous de têtes de veau aujourd'hui ? Je ne suis contente que quand il y en a par vingtaine. » Je ne te reprocherai point tes arlequinades, tes pasquinades ; le sénat en a vu un échantillon. Je n'ai voulu te reprocher que le sang innocent, dont tu fus autant prodigue que tu devais en être avare. J'ai rempli cette tâche avec un douloureux avantage, moins pour me venger de toi, qui ne m'as jamais atteint directement ni indirectement que pour venger les *mânes* de tes victimes, dont tu profanes les noms; je les ai défendues contre cet opprobre qui te couvre et que tu voudrais déposer sur leur tombe.

» Tu fais un crime à la France de tes crimes mêmes. Tu te plains au sénat d'être relégué comme un pestiféré, d'être le jouet des enfants, la bête curieuse de tout le monde ; tu fais un crime aux habitants d'un village entier d'avoir fui à ton aspect, tu te plains d'un militaire prisonnier avec toi, qui en apprenant ton nom, frémit et recule d'horreur; tes plaintes m'étonnent : les sentiments que tu inspires aujourd'hui ne sont autre chose que cette juste colère, que cette sainte indignation allumées dans tous les cœurs par le souvenir encore tout récent de tes forfaits.

» Tous les Français humains pleurent ton existence;
• Ils maudissent l'instant qui te donna naissance.
» Oui, de ton souffle impur l'air se trouve infecté:
» Le flot qui t'apporta recule épouvanté.

» Mais, quoi Lebon, quand tu as commandé le pillage et le meurtre; quand tu as inondé ton pays de sang et de carnage, quand tu as déchiré le sein de ta mère, quand tu as assassiné un de tes frères, quand tu as navré le cœur de tous ceux qui t'ont vu naître; quand tu as rendu leurs champs stériles, quand tu as enlevé la moitié de leur existence à ceux qui, malgré toi, respirent encore le jour; quand tu as envoyé, accompagné et insulté leurs parents à l'échafaud; quand tu as bu, goutte à goutte, le sang des milliers de victimes; quand ta rage enfin, a dépeuplé la terre, peux-tu donc t'étonner d'être l'horreur du genre humain? Peux-tu donc t'étonner d'être sans asile et sans refuge? Oui, le Nord, que dis-je! la France, l'Europe et l'univers entier te vouent justement à l'exécration éternelle; ils appellent la vengeance du ciel sur ta tête coupable...... »

CONDAMNATION ET EXÉCUTION DE LEBON.

Après les longs exposés que nous avons donnés, tant de l'acte d'accusation porté contre Lebon que de sa défense et de la riposte qui lui est faite, tout ce qui regarde ce fameux procès, se trouve raconté d'avance. Afin d'éviter les redites, nous n'ajouterons qu'un mot sur les débats qui eurent lieu devant la cour d'Amiens. L'accusation portait plutôt encore sur l'illégalité des pouvoirs de l'accusé que sur les innombrables forfaits qu'il avait commis; ses moyens de défense, il les puisait principalement dans le mandat qu'il avait reçu de la Convention, et surtout de Robespierre, Saint-Just, Lebas, etc..... Mais c'était s'appuyer sur un bâton rompu. Lebon fut donc condamné à avoir la tête tranchée; il reçut sa sentence comme le criminel le plus vulgaire. On vit alors celui qui s'était fait un jeu satanique de la mort, quand il était question des autres, se montrer d'une lâcheté insigne lorsqu'il se trouva en face de son propre supplice; il fallut l'y traîner, tant son abattement était profond.

Qui pourrait jamais deviner tout ce qui dut se passer dans cette âme à son heure suprême? Le malheureux rassembla cependant un reste de force pour dire au bourreau qui lui passait la chemise rouge : « Ce n'est point à moi qu'il faudrait donner ce vêtement, mais à la Convention, dont je n'ai fait qu'exécuter les ordres. » Un instant après la justice des hommes était faite..... La justice de Dieu commençait.

Plusieurs de nos concitoyens s'étaient rendus à Amiens, curieux de voir l'attitude que prendrait devant ses juges cet homme qui s'était montré si insolent devant les innocentes victimes qu'il faisait comparaître devant son tribunal de sang.

Une jeune Cambresienne, d'une famille persécutée par la terreur, voulut assister à l'exécution de cet être abhorré; elle se rendit à Amiens et alla louer la fenêtre d'un grenier sur la place de cette ville. Au moment où le bourreau attachait le patient sur la planche, un curieux, qui se trouvait près de la jeune personne tombe à la renverse, et reste étendu sans connaissance sur le carreau; sa voisine demeure impassible ; elle ne veut rien perdre de l'horrible drame ; mais dès qu'il est consommé, elle se retourne et s'empresse de porter secours au malade tout en lui reprochant son peu de courage en pareille occasion : « Ah ! Mademoiselle, lui répond-il, je me croyais plus fort; mais quand j'ai vu le monstre sur la bascule, j'ai pensé qu'il se trouvait juste dans la même position qu'il avait fait prendre à dix-sept personnes de ma famille, et ce souvenir m'a plongé dans l'anéantissement. »

Les récits de nos concitoyens, avidement recueillis par le peuple d'Amiens, avaient surexcité son indignation et il la manifesta d'une manière étrange mais bien digne de remarque : Une foule immense suivit le cadavre que les valets du bourreau portaient en terre, et voulut lui donner un témoignage énergique de ses sentiments, une dernière preuve de son exécration : son cadavre fut couvert de pierres jetées dans la fosse par cette multitude indignée. Il y a quelques années, des travaux exécutés dans le cimetière d'Amiens mirent tout-à-coup une fosse à découvert; on la trouva remplie de pierres. On se souvint alors que le peuple avait poursuivi cet homme détesté jusque dans sa tombe, le jour de son inhumation, et qu'il l'avait lapidé en signe de malédiction ; cet amas de pierres était la preuve évidente qu'on avait retrouvé les restes de Lebon ; il n'y avait point à se tromper, nul autre n'avait été enterré avec une pareille manifestation.

Maintenant que nous avons mis sous les yeux du lecteur les faits authentiques qui ont illustré Joseph Lebon, il conclura sans doute avec nous qu'il serait impossible à qui que ce soit de songer, avec quelqu'espoir de succès, à réhabiliter la mémoire d'un tel coupable; cependant nous avons fait remarquer déjà qu'une pareille tentative avait été faite. Ce n'est pas tout : nous croyons aujourd'hui nécessaire de signaler, sous ce rapport, une surprise, nous ne voulons pas dire un piège, dans lequel on pourrait tomber par inadvertance : On a imprimé à Cambrai en 1858, une brochure intitulée : *Le Fléau des Dilapidateurs de la République Française, ou la Justification de Jacques-Joseph Lebon, ex-administrateur du département du Nord.*

Disons tout d'abord que ce Jacques-Joseph Lebon

était natif de Floyon, canton d'Etrœungt, arrondissement d'Avesnes, comme nous l'apprend une lettre de Berlaimont et Aymeries, rappelée dans cette brochure. Ce Jacques-Joseph Lebon n'était donc que l'homonyme de Joseph Lebon, représentant du peuple dans les départements du Nord et du Pas-de-Calais; on sait que celui-ci était originaire des environs de Saint-Pol, dans l'Artois.

Des différences de cette nature peuvent échapper à un homme distrait, ou peu au courant des questions de cette nature. — Les fonctions de l'un et de l'autre de ces personnages, quoi qu'essentiellement distinctes, semblent cependant, au premier coup d'œil, avoir entre elles quelque similitude. De là l'erreur que nous avons rencontrée à ce sujet, non-seulement chez des étrangers, mais encore chez quelques-uns de nos concitoyens. Celui qui nous mettait dernièrement cette brochure entre les mains nous disait : « On raconte tant de mal de » Lebon, tenez, prenez et lisez, vous verrez qu'il » n'était pas aussi diable qu'on veut le faire croire. » L'erreur de ce brave homme pourrait être partagée par plusieurs autres ; c'est pourquoi nous avons tenu à la relever.

Notre despote-bourreau est enfin tombé ; mais les suites de son règne horrible subsistent encore; nous allons les signaler.

DISETTE, TROUBLES, ÉMEUTES, PILLAGE.

Au milieu de l'allégresse causée par la chute des hommes de sang, au milieu des fêtes insipides qui se succèdent presque sans interruption, les maux que traîne après elle la République ne cessent d'accabler notre malheureuse cité. La disette est à son comble ; on cherche à l'expliquer par la cupidité des gens de la campagne, où la loi du *maximum* n'est pas suivie ; par la rareté des bras ou le défaut de batteurs ; par la difficulté que rencontrent les cultivateurs pour trouver des grains de semence. Afin de faire face à cette calamité, le conseil recomposé à plusieurs reprises, avec des éléments plus honnêtes, fait des efforts inouis, et s'occupe sans relâche des subsistances, des moyens à prendre pour assurer l'approvisionnement.

Aux impôts extraordinaires, levés sur les citoyens aisés et les cultivateurs, aux emprunts faits sur la caisse du mont-de-piété, on ajoute l'emprunt d'un million, indépendamment de deux autres précédemment contractés. Pour se libérer, on songe plus tard à vendre les biens communaux. Le pain est distribué aux habitants par rations, huit cents livres de riz sont mises à la disposition des indigents…, qui doivent le payer à raison d'un franc la livre.

Des femmes, avec quelques hommes à leur tête, assiègent la salle des délibérations, en déclarant à grands cris, *qu'elles prendront un parti*, si on ne leur donne pas de meilleur pain. A cette démonstration en succèderont bientôt d'autres plus sérieuses.

La populace, dans une autre rencontre, vient interpeller le conseil en lui demandant compte de ses actes. Le président montre de la fermeté, tout en protestant de son dévouement pour faire face aux besoins. On lui répond par des huées et des insultes. — Qu'avez vous fait du bien des pauvres ? — Ignorez-vous donc que la nation a mis la main dessus ? Le tumulte redouble..... La séance est levée.

La famine qui s'annonce avec toutes ses horreurs, la privation presqu'absolue de bois de chauffage et de charbon, la plus profonde misère, tout cela effraie le conseil, qui, à l'approche de l'hiver, entrevoit les catastrophes les plus douloureuses, si la populace affamée se livre à des excès, auxquels elle n'est que trop portée en tout temps.

Mais la disette de grain n'est pas la seule calamité qui frappe nos concitoyens; les bouchers profitent des circonstances pour exiger de leur marchandise un prix exorbitant ; l'autorité est obligée d'intervenir, et multiplie en même temps ses sisites domiciliaires pour tâcher de découvrir du grain qui ne se trouve nulle part.

Le peuple, une fois égaré, ne sait plus s'arrêter dans ses colères, et pousse l'ingratitude jusqu'à méconnaître les bienfaits, jusqu'à poursuivre de sa haine ceux-là même qui travaillent à son bien-être.

Des femmes affamées excitent de nouveau la populace au désordre ; on en saisit une, mais le peuple se montre si menaçant que le commandant de place lui-même demande son élargissement pour éviter des scènes plus sanglantes. Les propriétés sont menacées du pillage.... On pille effectivement le pain des sections, on vole les assignats provenant du prix d'autre pain. Le conseil compte vainement sur un piquet de troupe que le commandant a jugé bon de faire rentrer à la caserne, pour ne point, dit-il, aigrir davantage les esprits. Le conseil est aux abois; il cherche un remède, ou du moins un palliatif à une situation aussi critique; on en fait part au comité de salut public, *qui n'en peut, mais !*.... Pourtant des mesures énergiques sont prises ; une adresse au peuple est rédigée; elle peint et résume la situation :

ADRESSE AU PEUPLE DE CAMBRAI.

« Le conseil, considérant que, par la suppression des comités révolutionnaires, il reste particulièrement chargé des mesures de sûreté; considérant que, dans un moment *où les terroristes, les anarchistes*, et généralement tous les ennemis du gouvernement s'agitent en tous sens pour faire renaître le *régime sanguinaire* des triumvirs et des décemvirs, il est plus important que jamais de surveiller ces ennemis intérieurs; considérant aussi combien il est utile de connaître les auteurs ou les fauteurs des troubles qui ont eu lieu dernièrement; — délibère que les citoyens *** prendront tous les moyens d'assurer la police, ainsi que de connaître les agitateurs. — Lorsque inattendument, la tranquillité publique sera menacée, ils se réuniront aussitôt pour aviser au moyen de maintenir le calme; ils se feront rendre compte jour par jour, par l'officier de police, de la situation de l'esprit public...... Qu'enfin ils feront tous leurs efforts pour empêcher que les lieutenants de Lebon et autres agents du terrorisme ne parviennent à tromper le peuple, et à le porter à des excès pour tenter, entre temps, de rétablir le régime des *anthropophages et des fripons*.

» Citoyens, les terroristes cherchent à vous agiter. Regrettant le pouvoir liberticide que la justice et l'humanité leur ont arraché, ils emploient des manœuvres de toute espèce pour s'en ressaisir, et *semblables aux tigres et aux sangsues, se gorger de sang tout à leur aise.* »

Remarquons bien que ce sont des républicains, et non des aristocrates, qui jugent ici les hommes qui furent si longtemps la terreur de notre ville.

« Citoyens, continue l'adresse, vos magistrats ont saisi le fil des manœuvres de ces ennemis du bien public. Ils connaissent leurs desseins pervers et infâmes; ils sauront les déjouer et vous mettre sous les yeux les trames ourdies par les ennemis de vous-mêmes.

» Citoyens, n'avez-vous pas déjà la preuve de la calomnie profondément scélérate que les malveillants mettent en œuvre pour vous rendre les vils instruments de leurs forfaits? ils vous insinuaient hier que des grains étaient cachés dans la ci-devant métropole, et que vos magistrats avaient en leur pouvoir de quoi pourvoir amplement à vos besoins. Eh bien, vos magistrats, accompagnés d'une foule d'entre vous, ont scrupuleusement visité ce lieu, et vous ont convaincus que ces hommes vous avaient audacieusement trompés. Que n'ont point fait cependant ces perturbateurs? Ils ont eu l'impudence de vous faire voir des échantillons de ces prétendus grains que vos propres yeux vous ont convaincus ne point exister. Ne reconnaîtrez-vous point maintenant que ces audacieux cherchent à vous abuser et à vous porter à la violation des propriétés, à respecter les autorités constituées, et.... oserons-nous le dire? à vous rendre les serviles instruments de leur perfidie.... »

Le conseil termine en faisant observer que, si ces excès se renouvellent, des mesures de rigueur seront déployées contre les fauteurs des agitations.

LA RÉVOLTE RECOMMENCE.

L'exaspération, momentanément calmée, se renouvelle quelques jours plus tard ; les femmes, furieuses, viennent enfoncer les portes du conseil qui délibère; elles crient, vocifèrent, demandent ce qu'on fait du bien des chanoines, ce qu'on fait du bien des pauvres. Le conseil s'empresse de faire appeler le commandant temporaire; cependant le tapage s'accroît, les épithètes les plus indécentes de voleurs, de fripons qui mettent tout dans leur poche, se font entendre.

Dans ces conjonctures, la présence du représentant est jugée nécessaire; on écrit en effet au représentant Delamarre, qui arrive pour aviser aux moyens de rétablir l'ordre. Touché du pitoyable état de détresse où se trouve Cambrai, le représentant accorde enfin l'autorisation de prendre, dans le magasin de Douai, 300 quintaux de grains. Quelques jours après le comité de salut public accorde encore 1,500 quintaux de grains. Néanmoins on se trouve en face d'une nouvelle alerte, dans laquelle on voit des femmes avec des hommes crever des sacs et répandre, en pure perte, le long de la rue des Liniers et sur la Place, du blé pour la valeur de deux cents francs que le conseil crut prudent de payer sur la caisse des subsistances. Ceci se passait le 14 octobre 1795. Vingt jours plus tard les promesses du gouvernement n'empêchent pas la populace de se précipiter sur un convoi passant à Cambrai pour se rendre à Paris.

FORMIDABLE INSURRECTION.

Vainement le conseil assemblé intervient-il personnellement au milieu de la bagarre qui a pris tous les caractères d'une véritable insurrection; aucun raisonnement ne peut calmer la multitude qui se grossit d'hommes en armes. Le conseil, de retour dans le lieu de ses séances, le trouve envahi par la foule. Un de ces hommes redoutables par leur exaltation, et qu'on rencontre toujours à la tête des émeutes, a la prétention d'exiger du conseil qu'il confisquera ces grains. La bande qui accompagne cet homme, profère des cris et des menaces terribles. Cependant on apprend que la troupe soldée, qu'on avait appelée sur le marché, est insultée de toutes parts, et qu'elle se dispose à faire usage de ses armes pour repousser l'agression. Le conseil demande que l'on ne donne pas l'ordre de tirer, et devant cette masse insurgée, la troupe se retire l'arme au bras, entraînant avec elle plusieurs soldats que les insurgés avaient déjà désarmés.

Mais cette première concession ne suffit pas à la populace, elle prétend que le conseil a expédié des courriers dans les villes voisines pour faire venir la force armée; elle exige que le commandant lui remette les clefs des portes afin qu'elle soit assurée que les renforts n'entreront pas. Le commandant de la place se refuse énergiquement à cet acte de faiblesse.

Cependant les traits des chevaux ont été coupés, les grains déchargés; on est sans force armée, et la garde nationale, loin de prêter main forte à l'autorité, se mêle en partie à l'émeute. Enfin, L...., sergent dans la garde nationale, force la barre à la tête d'une nouvelle bande d'insurgés. Les membres du conseil sont disséminés et obligés de monter sur les banquettes du consistoire, lieu de ses réunions à cette époque. Des meneurs vont jusqu'à demander qu'on leur confie des canons. Le maire répond alors avec une noble énergie : « *Ce n'est pas à des insurgés qu'on donne des canons !* »

Le danger devient tellement menaçant, que le conseil décide qu'on priera les préposés à la conduite des grains d'en laisser à Cambrai cent cinquante quintaux qu'il s'oblige à restituer en nature. Le conseil espérait, par ce moyen terme, faciliter du moins le départ du reste du convoi. Mais les insurgés ne se contentent pas de si peu, et se mettent à piller les voitures. Alors le conseil pense qu'il doit prendre sous sa sauvegarde le grain ainsi abandonné, et donne ordre qu'il soit amené à l'hôtel-de-ville. Mais un nommé Mollard, un des meneurs de l'insurrection, insulte à ce propos le conseil qui décide que Mollard sera arrêté sur le champ. Alors ce misérable se sauve et va chercher asile au milieu des émeutiers. Mais le maire et le procureur de la commune, ainsi que l'un des membres du conseil, dénués de tout appui, de tout secours de la troupe et de la garde nationale, oublient le danger qu'ils courent pour accomplir leur devoir, en donnant gain de cause à la loi, vont arracher le fugitif à la foule qui le réclame, et le conduisent au corps-de-garde, sans trouver sur la place un seul citoyen qui consente à leur prêter main forte.

Ces hommes de cœur, dont les noms méritent d'être conservés, étaient MM. Guénin, Douai fils et Raparlier. Cet acte d'énergie a décidé une vingtaine d'honnêtes citoyens à se joindre au conseil général qui, payant courageusement de sa personne, se transporte sur les divers endroits où se commet le pillage, et parvient à s'emparer d'une certaine quantité de sacs qu'il fait transporter dans une des salles de la maison commune.

L'enquête ouverte immédiatement sur ces désordres, est envoyée à Paris et à Lille. Le conseil, qui vient de faire preuve d'une grande énergie dans cette fatale journée, décide qu'il restera en permanence pendant toute la nuit. Il parvient avec non moins de dévouement à faire partir pour Paris le grain sauvé du pillage; il rend compte au comité de salut public des événements, et demande qu'une garnison respectable soit envoyée à Cambrai.

Cependant, la populace se présente à la barre et demande, avec des termes et des gestes menaçants, l'élargissement de Mollard; le maire répond que cet insurgé étant au pouvoir de la loi, le conseil n'a plus le droit d'en disposer; les insultes redoublent, la séance est levée. On s'occupe activement d'une enquête sur tous les fauteurs de trouble, de pillage et de menaces.

INONDATIONS.

Tous les fléaux semblent s'être donné *rendez-vous* pour fondre à la fois sur notre malheureuse ville. Aux assassinats, à l'anarchie, à la révolte, à la disette, viennent se joindre plusieurs inondations qui causent de grands ravages dans nos faubourgs, et réduisent tous les habitants de la rue Cantimpré et des rues adjacentes à l'état le plus déplorable, en les exposant aux dangers les plus imminents.

Qui pourrait se douter des fréquents cataclismes occasionnés par cet Escaut, qui coule maintenant si paisible aux pieds de nos remparts? Contentons nous de raconter celui qui est encore enregistré dans le souvenir de nos vieillards. C'était pendant une dernière nuit du carnaval; notre ville présenta tout-à-coup un étrange contraste: sur les hauteurs, vers l'Esplanade et la Place-au-Bois, les folies étaient à leur comble ; aux clameurs de l'ivresse, aux chants de l'orgie se mêlaient les sons des instruments qui animaient ces joies dissolues.

Au bas de l'amphithéâtre, dans les quartiers qui avoisinent le fleuve, une scène bien différente se préparait à la faveur des ténèbres : l'Escaut venait de sortir de son lit; après avoir envahi nos faubourgs il entrait furtivement dans nos murs pour ne s'arrêter qu'au haut de la rue du Temple d'un côté, et de la rue de Fénelon de l'autre. Le fracas des portes, se retournant dans tous les sens pour lui livrer passage, le bruit sourd et monotone de ses flots se brisant contre les flancs de nos maisons, glaçaient d'épouvante au milieu de la nuit. Quelque chose de plus épouvantable encore venait, par intervalle, ajouter à cette horreur : c'était l'écroulement de quelques chaumières, et le cri lugubre de leurs habitans surpris dans le sommeil.

Tel était l'écho répondant aux refrains impurs que murmuraient encore les insensés au sortir de leurs fêtes payennes. Revêtus de leurs ignobles déguisements, la tête appesantie par les excès, ils croyaient regagner leurs demeures et s'enfonçaient, sans s'en apercevoir, au milieu des eaux.

Une pauvre vieille, qui habitait seule une maison

sans étage, petite rue aux Chevaux, s'était réfugiée le plus haut possible, en montant sur une chaise placée sur une table; elle périt.

Des remparts on voyait les habitants du faubourg qui, après avoir grimpé sur le faîte de leurs maisons pour échapper au déluge, donnaient vers la ville des signaux de détresse en réclamant des secours qu'il était impossible de leur porter.

Le maire, des conseillers municipaux s'aventuraient sur des voitures, avançant des pains, à l'aide de longues piques, aux habitans de la rue Cantimpré, emprisonnés dans leurs chambres hautes. Au milieu de la rue, les chevaux allaient à la nage; il fallait rebrousser chemin au plus vite, et se hasarder sur des barques pour pénétrer plus avant. Ces crues d'eau extraordinaires se maintenaient quelquefois pendant plusieurs jours.

LES TERRORISTES.

Nonobstant la vigilance du conseil, la queue de Lebon ne cesse de s'agiter. Le nommé Duneveu, secrétaire du représentant du peuple Delamare, en mission dans les départements du Nord et du Pas-de-Calais, ne craint pas de signaler avec énergie les manœuvres de nos hommes de sang ; écoutons son discours, prononcé dans le sein même de la société populaire de Cambrai, le 26 floréal, 3e année de la république.

Ce discours, tenu devant de pareils témoins et imprimé alors, va prouver à son tour, et d'une manière bien authentique, qu'il est impossible de nous taxer d'exagération dans l'exposé des faits, et dans l'appréciation des acteurs qui figurent sur cette horrible scène.

« Les circonstances présentes donnent sans doute aux malveillants les moyens de semer les germes de la scélératesse, dont leur âme est empreinte ; le terrorisme cherche à se reproduire sous différentes formes ; depuis longtemps ses partisans s'efforcent de le recréer, ils n'y parviendront pas ; la surveillance active des bons citoyens déjouera les complots infernaux qu'ils forgent dans l'ombre de la nuit ; honteux de prendre le soleil à témoin de leurs forfaits, ils sont forcés de se retirer dans leurs antres, en rugissant de rage et de désespoir de ne pouvoir se rassasier de carnage, et se désaltérer du sang même de leurs parens ; ils se délectent du fatal espoir de se ressaisir un jour du fer assassin qui leur est tombé des mains.

« C'est dans vos murs, citoyens, que le sang a coulé à grands flots ; c'est au pied de cette exécrable montagne qu'il est sorti en bouillonnant ; les victimes innocentes, immolées à la rage de vos bourreaux, les ont à peine rassasiés, ils se nourrissent encore du criminel espoir de pouvoir vous égorger, ils mettent tout en œuvre, ils vous excitent les uns contre les autres, ils jettent les germes de la discorde ; prenez-y-garde, méfiez-vous de ces êtres immoraux qui n'ont reçu de la nature que la férocité et la brutalité en partage. A quels rudes combats n'avez-vous pas été livrés, vous avez été témoins de l'assassinat de vos parents, de vos amis, de vos concitoyens, *vous avez été forcés de les conduire vous-mêmes au lieu du supplice*, et là, comme un nouvel holocauste, le père se sacrifiait pour son fils et pour le bonheur de son pays. O ma chère patrie ! qu'es-tu devenue ? la proie des bêtes féroces ; le tigre de l'Afrique eût fait moins couler de sang que ces monstres à faces humaines, de qui tu souffres l'existence ; la mère sensible doit frissonner en se rappelant le jour où elle donna la vie à nos bourreaux.

« L'herbe ne croît point encore sur les tombes qui se sont ouvertes, nous pouvons les reconnaître ; là fut un père, ici un ami, un époux innocent repose dans ce cimetière ; ces enfans, au sein de la nature, dorment dans le champ du repos, ces

Français errent dans cette vaste enceinte; que ne nous est-il permis, en nous attendrissant, de verser des larmes sur leurs tombes, sans voir sourire devant nous leurs bourreaux.

« Des milliers d'innocentes victimes ont été immolées à la rage de cette bande de scélérats gorgés d'or et de sang. »

« Fort de son autorité, un homme à bonnet rouge, que l'on appelait communément membre de comité révolutionnaire, se présentait dans toutes les maisons, faisait incarcérer le propriétaire et volait impunément son or; les scellés apposés par ces hommes étaient de même levés par eux; les dilapidations, les vexations de tout genre étaient par eux commises, et ce sont encore ces hommes audacieux qui voudraient relever une tête chargée de tous les crimes, pour en charger ceux qu'ils n'osent regarder en face.

« Ils ont dilapidé les temples, les palais, les hôtels, et voulaient que l'on marchât sur ces monuments comme sur des carrières, que l'on ne distinguât plus le sillon d'une rue avec celui d'une autre, que les villes superbes n'offrissent plus que des monceaux de ruines.

« O monstruosité! c'est dans la France, c'est dans ce charmant pays que les vandales ont exercé leurs fureurs ; rien n'a échappé à leur férocité ; la peinture, la musique, l'architecture, l'agriculture, ce premier art, tout était proscrit.

« Le cultivateur, l'artiste, le riche, le pauvre, l'adolescence, la vieillesse, l'enfance des deux âges, rien n'a été épargné, tout a tombé sous leurs coups; les deux sexes étaient aussi désignés ; la candeur, la vertu, la beauté n'ont point échappé ; leur cœur (*celui des démagogues*) plus dur que le rocher ne s'est point laissé attendrir devant ce que la nature nous a donné de plus doux ; l'amitié était égorgée, si elle réclamait son ami ; le père, s'il réclamait son fils ; enfin, l'épouse fidèle et tendre recevait la mort, si elle redemandait ce qu'elle avait de plus cher. O nature ! ces barbares te méconnaissent ; loin d'eux l'idée du bonheur ! leur étroit génie ne se repaissait que d'idées atroces et sanguinaires ; ils inventaient des raffinements de barbarie. Il faut être énergique, déjouer leurs complots. Il ne faut point, comme eux, faire couler leur sang impur, il faut seulement leur laisser traîner une vie honteuse, et que, marqués d'une flétrissure aux joues, ils soient condamnés, les fers aux pieds, à laver les égouts et les ruisseaux des rues qui ont servi à écouler le sang qu'ils ont versé ; la mort serait trop douce pour eux ; car, qu'est-ce que la mort pour des scélérats ? c'est le plus grand bien qui puisse leur arriver.

« Une conscience bourrelée de remords et rongée d'inquiétudes est un supplice bien plus cruel, et c'est celui qu'ils méritent.

« L'instrument fatal qui trancha le fil de tant de jours précieux, et qui, en quelque sorte, est consacré, serait souillé.

« Les mânes plaintives de ces innocentes victimes ne s'indigneraient-elles pas de voir reposer à côté d'elles leurs bourreaux ?

« La patrie en deuil jettera un jour des fleurs sur ces tombes à jamais révérées ; l'enfant en bas âge lui redemandera son père ; quelle cruelle réponse sera-t-elle contrainte de faire ; elle dira : *il fut sacrifié par une horde de barbares qui avaient juré de détruire leurs semblables en les livrant au supplice.*

« Il faut donc surveiller ces hommes, les empêcher de nuire ; il faut d'abord que le décret du 21 germinal concernant le désarmement soit mis à exécution, et que leurs noms soient placés et affichés dans le lieu des séances des sociétés populaires, non pour les livrer à la vengeance publique, parce que l'honnête homme ne sait point égorger, mais pour assurer la tranquillité publique et jeter sur eux un œil vigilant ; les circonstances commandent impérieusement ; le plus léger abandon est un crime, ils profitent toujours des ménagements que l'on a pour eux ; l'opinion publique les a jugés, et la postérité en fera justice. »

Cette pièce fut imprimée à Cambrai chez Défrémery et Raparlier, rue *de la Mître renversée*, n° 56.

Quand un homme ose parler avec une semblable franchise, à peine un an après les événements qu'il stygmatise, et auxquels ont pris une part plus ou moins active ceux qui l'entendent, il faut bien reconnaître que les vérités qu'il énonce, et l'appréciation qu'il en fait sont à l'abri de toute contestation.

Cependant les conseils que donne ici l'orateur étaient mis en pratique avec zèle par l'autorité ; elle ne perdait pas de vue les terroristes et les agents de Lebon ; elle en dressait la liste, notait avec soin les principaux griefs reprochés à chacun d'eux; elle procédait, à plusieurs reprises, au désarmement de ces hommes, sur la Grand'Place, en présence de la garde nationale.

La figure de ces satellites de la tyrannie était la boussole du conseil municipal dans les événements politiques ; toutes leurs démarches étaient surveillées, l'activité et l'énergie que déploie alors ce conseil pour déjouer les menées démagogiques de ces hommes, il les montrera plus tard pour protéger ces mêmes misérables contre les menaces des bandes de femmes, qui s'en prennent à tout le monde des conséquences de la famine.

Afin de chercher à éteindre l'anarchie dans son foyer, les sociétés populaires sont dissoutes, leur club est fermé, les scellés sont apposés sur leur salle de délibération, et leurs registres sont enlevés.

Ces mesures n'ont point abattu nos sans-culottes, quelques-uns d'entre eux poussent même l'audace jusqu'à s'écrier au milieu d'un café : *Vive la terreur et le règne de sang !*

Mais l'indignation publique ne peut plus se contenir : le jour où l'on célèbre la fête de la jeunesse, tandis que les élèves de la fondation Vanderburch chantent *des couplets civiques qui embrasent les âmes des assistants,* tandis que le chant de la Marseillaise et le serment de haine à la royauté répandent dans tous les cœurs *le brasier du patriotisme,* suivant le rapport, tout-à-coup on entend crier : *Les hommes de sang ne doivent point être ici.* Le président fait observer que tous doivent se tenir liés pour défendre la liberté et la patrie. On entend de nouveau : *Les hommes de sang ne sont point faits pour la défendre.*

A l'une des fêtes du 9 thermidor, pendant que la statue de la liberté, escortée d'un détachement de la garde nationale et de deux membres des autorités constituées, *se place religieusement*, dit le compte-rendu, sur les débris des trônes détruits aux cris de : *Vive la République !* le peuple se met à crier de sa voix la plus retentissante: *A bas les Jacobins, à bas les buveurs de sang !* L'adjudant de place Décombe répond : *Vive la République, à bas les royalistes !* Son imprudence, jointe à la prétention d'empêcher le peuple de danser autour de la statue de la liberté, excite une telle exaspération que le sang est sur le point de couler; il faut faire charger les armes, et l'autorité se voit obligée de couvrir Décombe de son écharpe, elle s'empresse ensuite de le remplacer.

Les mêmes cris se renouvellent et se multiplient dans des circonstances analogues. Les bourgeois, les pauvres artisans, victimes des hommes de sang, les malheureux, dont l'échafaud a dévoré les parents, les amis, les bienfaiteurs, ne voient pas sans émotion circuler dans les rues, libres et arrogants, les misérables de bas étage, qui ont été pendant longtemps la terreur de leurs concitoyens. Le souvenir amer de tant d'horreurs et de ce dur esclavage a laissé du fiel dans leurs âmes, et il arrive souvent qu'un sentiment de réaction, blâmable sans doute, mais du moins très explicable, se manifeste chez ces hommes frappés dans leurs intérêts comme dans leurs plus chères affections; il n'est pas rare que, rencontrant un des auteurs de leurs maux, ils lui reprochent durement et publiquement la part qu'il a prise dans les misères de la patrie; de là des disputes, quelquefois même des rixes.

On conçoit dès lors que la position de nos sans-culottes n'est plus tenable; ils restent sous le poids du mépris public; leur titre de dénonciateurs semble les avoir marqués du sceau de la réprobation; ils passent pour des maudits, des pestiférés. Les boulangers de la ville ne veulent plus leur vendre de pain. Quelquefois on les aborde d'un air affectueux en apparence, puis on leur demande des nouvelles de quelqu'une de leurs victimes, et on les quitte brusquement en jetant sur eux un regard farouche et en leur disant: « *Retire-toi, scélérat, va-t-en, coupe-tête, va me dénoncer à Lebon, buveur de sang.* »

NOUVEAU CLUB.

Cependant, ce qui soutenait encore cette valetaille de J. Lebon et de ses principaux agents, ce qui encourageait ces égorgeurs du second ordre, c'est qu'ils n'avaient pas perdu l'espoir de recommencer leur règne sanguinaire. On découvrit qu'ils se rassemblaient clandestinement dans la rue des Juifs, où ils avaient organisé un nouveau club. Quelques bourgeois s'y rendirent et, à leur vue, les misérables prirent la fuite. C......, arrêté seul, paya pour les autres; il fut conduit sur la place et roué de coups. Les hommes de sang-froid blâmèrent ces représailles, dont les auteurs furent cités à Douai. Ils alléguèrent, pour leur défense, qu'ils se trouvaient dans une terrible alternative, ou de se voir guillotinés, si ces bandits ressaisissaient le pouvoir, ou de les mettre dans l'impossibilité de réussir. Ce système ne put prévaloir; ils furent condamnés à trois mois de prison.

LES PRINCIPAUX AGENTS DE LEBON REPARAISSENT.

Mais ce qui mit le comble à l'exaspération de nos concitoyens, ce fut de voir rentrer dans nos murs, après leur sortie des prisons de Paris, Guille, Catté, M.... F.... G.... M.... ces hommes que Lebon avait choisis à Cambrai pour compléter le personnel de son tribunal révolutionnnaire. Leur horrible conduite était encore présente à tous les esprits, et ils reparaissaient animés des mêmes principes, affichant la même insolence. L'un d'eux cependant, avait semblé regretter ses horribles écarts, il avait dit à un confident : « Je voudrais, pour un doigt de ma main (c'était bien peu !) que ce bandit de Lebon ne fût jamais venu à Cambrai. » Celui qui parlait ainsi avait obtenu un emploi, mais il ne put l'occuper; il en fut chassé et poursuivi chez lui à coups de pierre.

RÉACTION.

Pendant neuf mois, ce même peuple qui, naguère avait flatté et encensé ces juges-bourreaux, les poursuit aujourd'hui de sa haine, de son mépris, de ses insultes, et ne les regarde plus que comme des bêtes féroces couvertes de sang. Sa vengeance ne s'arrêtera point là; il ira jusqu'à méditer le moyen à prendre pour infliger lui-même aux coupables la peine du taillon. Pendant la nuit du 23 juillet 1797, la veille de St-Jean, les portes de ces assassins en chef et de quelques-uns de leurs suppôts ont été teintes en rouge; on y a peint une guillotine et des têtes ensanglantées. C'est le signe indiqué dans un complot pour reconnaître les maisons dont on se prépare à faire le siège. Le plan d'attaque ainsi combiné d'avance, une troupe composée d'hommes, de femmes, de jeunes gens et d'enfants, dirigée par D..... et M......, deux gaillards intrépides, se portent successivement chez M...., Grand-Place, et Guille, rue des Liniers; chez G.... chez R..:... et L......, tous deux rue des Rôtisseurs ; rue de l'Arbre-à-Poires, chez T.-R...... dit *Dix-Sept,* parce que dix-sept têtes lui pesaient sur la conscience; chez C........, dit *Savoyard,* le dénonciateur de Mme de Monaldy, au coin de la rue des Feutriers; chez R....., chez D....., porte de Selles, etc., etc. Bientôt, les vitres, les châssis, les portes ont volé en éclats, la bande se précipite dans l'intérieur des maisons, où l'on retrouve des meubles volés chez les personnes guillotinées, chez quelques-uns même de ceux qui font partie de l'émeute, et qui se croient dès lors en droit de disposer de ce qui leur a appartenu, en imitant la leçon jadis donnée par ces terroristes; tout est bouleversé, saccagé, brisé; les débris sont apportés sur la place pour alimenter les feux de Saint-Jean. L'auteur *contemporain,* que nous suivons ici, faisait observer dans le moment de l'effervescence, à un jeune homme, qu'il vaudrait mieux attendre l'action de la justice ordinaire. *Le peuple,* lui répond-on, *c'est le souverain juge de la terre, ces hommes nous l'ont appris, nous ne l'oublions pas.*

La fureur populaire, une fois déchaînée, ne s'arrête pas aisément; le lendemain, les mêmes scènes recommencent; la garde nationale y assiste l'arme au bras, et prête même souvent son concours aux acteurs : quand on fait un prisonnier d'un côté, elle favorise son évasion de l'autre. Les propriétaires des cafés refusent de donner les noms de ceux qui se sont rassemblés chez eux; d'ailleurs, tous les jeunes gens de la ville sont à la tête du mouvement, tant est grande l'horreur qu'inspirent les agents de Joseph Lebon.

La femme de Guille écrit à la municipalité « qu'aucun ouvrier ne veut réparer les dégâts faits à sa maison dont la porte est enfoncée. »

Cependant une proclamation de l'autorité s'est faite dans le plus grand calme. Ce n'est pas à l'autorité qu'on en veut; l'autorité fait son devoir, et le peuple le comprend bien : il n'y a pas d'insurrection; on ne résiste pas. On ne fait pas le désordre pour le désordre, on veut se venger des buveurs de sang, et les obliger à délivrer la ville de leur présence. Ils ont enfin compris ; ils se hâtent de se retirer à Valenciennes, tandis que leurs femmes règlent leurs affaires. Il était temps, car on leur réservait ici le même châtiment que le peuple d'Arras avait infligé à leurs complices, en leur coupant les oreilles afin de les marquer d'un signe visible de malédiction.

A l'époque du 18 fructidor, alors que sous le directoire, une révolte était excitée dans Paris à l'aide des troupes introduites sous les ordres d'Angereau, c'est-à-dire six semaines après l'échauffourée de la Saint-Jean, ses principaux moteurs furent conduits dans les prisons de St-Quentin. Un grand nombre de témoins de Cambrai durent comparaître, et les prévenus furent acquittés.

Mais, comme les gens calmes l'avaient prédit, la ville fut imposée extraordinairement pour indemniser ceux dont les maisons avaient été saccagées. L'un d'eux, dit-on, reçut jusqu'à dix mille francs de dommages et intérêts. Tous les habitans sans exception, ceux mêmes qui n'avaient pris aucune part à ces représailles, furent mis à contribution; de pauvres ouvriers durent payer six francs pour leur quote-part. Si ces misérables terroristes avaient été obligés, eux, d'indemniser les familles qu'ils avaient décimées en envoyant à la mort les pères et mères, en les dépouillant de leurs biens, à quoi les aurait condamnés la justice humaine? Mais à son défaut la justice divine était là.

LE COMMANDANT LEGRIS, DIT L'ENRAGÉ.

Pendant ce temps-là, les jeunes gens continuaient à célébrer les décades en chantant par les rues le réveil du peuple, sans oublier pourtant de crier: *A bas les jacobins, à bas les assassins.* Ces cris déplaisaient au commandant d'une nombreuse garnison qui était alors à Cambrai. C'était un certain Legris, surnommé l'*Enragé*, parce que à Arras, il conduisait les victimes à la mort à grands coups de sabre. Un jour, que la bande de chanteurs était plus nombreuse, il eut peur, rassembla un piquet sur la place, somma les jeunes gens de se retirer; ils résistèrent; l'*Enragé* les fit mettre en joue, mais ils se mêlèrent à la troupe afin d'être à l'abri de la décharge, et tout disposés à désarmer les soldats au moindre mouvement d'hostilité. On disputait chaudement, quand la police intervint amicalement, et nos jeunes gens se retirèrent pour aller continuer leurs chants dans les cafés. On se moqua beaucoup de Legris qui prétendait avoir eu affaire avec des chouans déguisés.

NOTRE-DAME-DE-GRACE.

Nous ne pouvons passer sous silence un incident qui, vers la même date, vient nous faire sourire de bonheur au milieu de ces derniers bruits de l'horrible tempête qui a grondé si longtemps sur notre malheureuse ville. Le souvenir inattendu de Notre-Dame-de-Grâce apparaît comme une brillante étoile qui, pendant une nuit orageuse, scintille tout à coup sur un groupe de nuages sombres, et semble annoncer au nautonier la fin des horreurs qui l'environnent. En effet, au 13 août 1796, nous lisons dans l'histoire de la municipalité :

« Vu la pétition des habitants de cette commune, tendant à ce qu'il soit mis à la disposition des ministres du culte catholique un tableau représentant l'Image de la Vierge, l'administration adopte un projet de lettre pour obtenir du département l'autorisation de retirer le tableau du musée (église St-Aubert), pour le mettre à la disposition desdits ministres. »

On sait à Cambrai comment cette image miraculeuse de Notre-Dame-de-Grâce échappa au vandalisme révolutionnaire ; les hommes sacrilèges qui pillèrent le trésor de la Métropole, après avoir dépouillé ce tableau de tous les riches *ex-voto* qui l'entouraient, en avaient abandonné sur une armoire la peinture, comme un objet de nulle valeur pour eux. Un honnête maçon, celui qui avait restauré la flèche de Notre-Dame avec tant de goût et de hardiesse suivait un plan de son invention, Pierre Durand guettait la sainte Image, il s'en empara et s'enfuit la cacher rue de Monstrelet, dans sa maison et la déposa sous une paillasse vers laquelle il faisait tourner ses enfants lorsqu'ils s'agenouillaient, matin et soir, pour dire leurs prières. Durand rendit son précieux dépôt quand l'autorité rechercha les objets d'art échappés à la destruction pour en composer un musée.

La décision du conseil que nous venons de rapporter est remarquable ? on n'ose plus heurter de front le sentiment religieux de nos concitoyens. Cependant ce sentiment est encore loin de jouir d'une entière tolérance *sous le règne de la liberté*. Des mesures qui le froissent sont prises fréquemment en vertu des lois et des ordres du gouvernement.

OBSERVATION DU DÉCADI.

Ainsi le 29 novembre 1797 notre conseil municipal prend l'arrêté suivant :

« Art. 1er. Les marchés publics, quels qu'ils soient, sont interdits les jours de décade. En conséquence, il est défendu de rien exposer en vente sur les lieux et places publics lesdits jours.

« Art. 2. Les artisans, ouvriers, marchands, sont invités à cesser tout travail et à tenir leurs ateliers et boutiques fermés les jours de décades. Ceux employés pour le compte du gouvernement ou des administrations ne pourront se dispenser de cesser leurs travaux.

Art. 3. Il est défendu aux instituteurs publics de donner leurs leçons ces mêmes jours. Les instituteurs particuliers sont invités à se conformer à ces mêmes dispositions.

Art. 4. Conformément aux ordres du ministre de l'intérieur, tout fonctionnaire public se conformera rigoureusement à cette règle, à péril d'être dénoncé à l'autorité compétente.

Art. 5. Tous les chefs de maison sont invités à arborer le décadi le drapeau tricolore.

Art. 6. LES MINISTRES DES CULTES sont également *tenus*, à péril de fermeture de leur église, *de célébrer les jours des décades*. Les commissaires de police veilleront surtout à l'exécution de cet article. »

Que de réflexions fait naître dans l'esprit cet arrêté de la république ! Nous rencontrons aujourd'hui certains hommes, admirateurs des hommes et des choses de ce temps-là, qui jettent les hauts cris contre le ministre de la Religion rappellant la sanctification du dimanche. Ils chasseront de l'atelier le malheureux ouvrier réclamant sa liberté au moins pour ce jour-là, et ils ne permettront pas même à son enfant de s'échapper un instant pour assister au catéchisme.

Le zèle républicain soupçonne la sincérité du serment prêté par les instituteurs (ils en avaient assez de la république, ils n'en voulaient plus). En effet, par un autre arrêté, des commissaires sont chargés de s'assurer si les jeunes gens ont entre les mains des livres propres à leur inspirer l'amour de la liberté, si rien n'est pratiqué dans les écoles pour corrompre, dans les élèves, *le germe fécond de cette liberté que la nature a inspirée dans tous les cœurs.*

LES VEXATIONS CONTRE LES ÉMIGRÉS ET LES CATHO-
LIQUES CONTINUENT.

M. Dinoir écrit d'Erfurt, en Turinge, à son cousin, M. Dazin, notaire, rue des Clefs, pour lui donner des détails sur sa position et demander des nouvelles de sa famille; sa correspondance est saisie et envoyée au ministre de la justice qui la retourne à l'instant, avec l'expression de son indignation, au commissaire du pouvoir exécutif, près le directeur du jury de Cambrai. Voici cette pièce curieuse, conservée avec la lettre de M. Dinoir, dans les archives de M. Victor Delattre.

« Je m'empresse, citoyen, de vous transmettre la lettre ci-jointe que je viens de recevoir de Cambrai. Je ne doute pas qu'après l'avoir lue, vous ne redoubliez de zèle et d'énergie pour comprimer l'audace des contre-révolutionnaires. Ayez surtout l'œil ouvert sur les émigrés. Que nul masque, nulle retraite ne les dérobe à votre vigilance, et livrez-les sans pitié au glaive des lois. L'indulgence envers eux serait le plus grand des crimes, elle perdrait la république. Sans doute, vous ne vous en rendrez pas coupable. »

« Salut et fraternité.
« MERLIN.

Le citoyen D....., prêtre assermenté, avait fait annoncer par le crieur public la messe du lendemain, en engageant les bons citoyens à venir nettoyer l'église Notre-Dame. Il est cité à la barre et ne nie pas le fait; en conséquence, l'administration considérant que cette criée est un signe extérieur de culte prohibé par la loi ; que de là pourrait résulter des troubles que l'on occasionnerait sous prétexte de religion, renvoie le coupable devant le juge-de-paix. Vers le même temps, un membre expose au conseil que, quoiqu'il y ait en cette commune un temple ouvert pour l'exercice des cultes, il est parvenu à sa connaissance que plusieurs ministres du culte catholique (c'étaient des prêtres insermentés) refusent d'y célébrer, tandis qu'ils se permettent de le faire dans des maisons particulières, en prenant des précautions pour se soustraire à la surveillance de la police...... Le conseil arrête qu'ils seront recherchés........ que, selon la loi, tout ministre sera tenu de comparaître devant l'administration, d'y déclarer et de signer sur un registre à ce destiné, qu'il « reconnaît que l'universalité des citoyens français est le souverain, et qu'il promet soumission et obéissance aux lois de la république. » Que ceux qui contreviendraient à cette disposition, ou qui, après y avoir satisfait, et exerçant leur culte dans des maisons particulières, le feront en présence de rassemblement de plus de dix personnes, non compris les individus qui y ont domicile, seront traduits par devant le tribunal de police correctionnelle. »

Nous dirons plus tard comment ces prêtres fidèles s'introduisaient dans la ville.

Le prétexte le plus futile, quelque fois même le plus absurde, suffisait pour alarmer l'autorité, lui faire prendre des mesures de rigueur et décocher quelques traits contre la religion. En voici deux exemples:

Le 25 juillet 1796, le citoyen Basile reçoit une semonce de la part du président du conseil, pour avoir planté des *Mais* à sa porte et à celles de quelques-uns de ses voisins. Basile répond qu'il a planté ces *Mais* pour se divertir. L'administration lui fait observer que ce fait est une marque extérieure de culte, puisqu'il tend à rappeler *un sacre d'église*, qui se célébrait à pareil jour, et que la loi prohibe formellement de tels actes. On use pour cette fois d'indulgence et on renvoie le délinquant.

Le sacre, ou la fête du Saint-Sacrement dans une paroisse ne se célébrait pas constamment à pareil jour. Les jeunes gens, pour faire hommage à leur fiancée, allaient quelquefois pendant la nuit planter à leurs portes des branches de verdure, qu'on appelait des *Mais,* parce que ce signe, arboré le 1er du mois de mai rappelait le retour du printemps. Nos gouvernants d'alors avaient encore peur de leur ombre. Ils iront plus loin dans leur mauvaise humeur et leur colère, le 24 juin 1799. Ecoutons-les :

« L'administration considérant que le 5 messidor correspondant au 24 juin de l'ancien calendrier, rappelle *une fête introduite par la superstition et la sottise,* que la saine raison et la préférence, qui appartient aux fêtes républicaines, font un devoir au corps administratif de prendre les mesures propres à faire oublier pour jamais ces fêtes de l'ancien régime, arrête :

« Art. 1er. — Les feux dits de St-Jean et de St-Pierre sont défendus ;

« Art. 2e. — Les contrevenants à la présente défense seront arrêtés et conduits par-devant le juge-de-paix, pour être punis comme coupables d'attroupements tumultueux, ou au moins comme embarrassant la voie publique.

LES FÊTES RÉPUBLICAINES TOMBENT DANS LE DISCRÉDIT.

Cette recrudescence de boutade contre les fêtes anciennes nous montre que les fêtes nouvelles, que l'on a prodiguées, sont tombées depuis longtemps dans le discrédit et le ridicule. Le conseil lui-même finit par les oublier. « Il s'aperçoit tout-à-coup, dit une délibération, qu'on est arrivé au jour prescrit pour la fête annuelle *de la jeunesse,* sans y avoir pensé le moins du monde. Le commissaire du directoire exécutif avoue que, de son côté, il n'y avait pas pensé davantage; mais on répare ce grave oubli en décidant que, le soir même, on célébrera la fête. Tel était donc l'intérêt que les populations portaient aux fêtes de la république ! On n'y pensait pas. Nous ne tenons pas plus à en donner les détails. » Les amateurs pourront en trouver quelques-unes, décrites dans l'histoire de la municipalité. Mentionnons seulement qu'à celle-ci, après la cérémonie, la jeunesse demanda un bal à l'hôtel-de-ville. Le conseil répondit qu'il était permis à la jeunesse de danser, mais à ses frais. En conséquence, la jeunesse paya les violons.

Cependant, dirons-nous avec *le contemporain,* les haines s'apaisaient, les souvenirs s'endormaient;

mais de temps en temps il fallait encore se rappeler l'existence de la république, une circonstance extraordinaire va nous le prouver.

FÊTE FUNÈBRE.

Le 9 floréal de l'an VII, à 9 heures du soir, les plénipotentiaires Bonnier, Robergeot et Jean de Bry, revenant en France, après la dissolution du congrès de Rastadt, où ils avaient assisté, furent assassinés à quelque distance de cet endroit par des hommes habillés en hussards allemands. Ce qu'il y eut d'étrange dans cette affaire, c'est que les meurtriers parlaient français, au dire de Jean de Bry, qui n'était pas mort, et que pas un des accusés ne savait un mot de cette langue. D'un autre côté, on sut que les envoyés de la république n'avaient rien obtenu de favorable pour elle. On savait aussi par expérience qu'elle ne reculait pas devant quelques mauvais coups pour aider ses manœuvres politiques; dès lors on crut avoir deviné le mystère d'iniquité. Ce qu'il y a de certain, c'est que le gouvernement fit des efforts inouis pour exploiter cet évènement. Une fête funèbre fut ordonnée par toute la France.

A Cambrai, la veille du jour indiqué, à huit heures

du soir, et le lendemain à six heures du matin, la cloche annonce la cérémonie. A onze heures toutes les autorités en deuil officiel, crêpe au bras, une branche de chêne à la main, précédées de la musique qui exécute des airs et des chants lugubres, se rendent au temple décadaire (St-Sépulcre) qui est orné pour la circonstance. La cloison qui divise l'église en deux parties, les pillers et la façade sont tendus de draperies noires avec guirlandes de lierre et de cyprès. On voit au milieu un monument funéraire surmonté d'une urne qui est supposée contenir les cendres de Robergeot et Bonnier. Sur la base, une inscription qui rappelle l'assassinat et termine par ces mots : Vengeance! vengeance! vengeance! Autour de cette légende, un olivier brisé et ensanglanté. A droite et à gauche des personnages emblématiques peints sur des planches découpées; c'est l'humanité en larmes et le génie de la paix dans la douleur, tenant les flambeaux de la philosophie et de l'éloquence éteints et renversés. Les membres des autorités civiles et militaires vont déposer en entrant leurs branches de chêne sur l'urne cinéraire. (*Et ces hommes traitaient nos cérémonies religieuses de superstitions, de fanatisme, de momeries et de sottises !*)

Le président de la commune, le citoyen maire,

habit de drap noir, chapeau à la Henri IV avec plumes tricolores, écharpe idem, monte à la tribune, prononce un long discours analogue à la circonstance et qu'il termine en répétant trois fois *vengeance!* Toute l'assistance répète vengeance!.. à condition de ne pas s'en charger. Au même instant se fait entendre une longue décharge de pétards lancés du dôme. C'est le signal de la colère et de l'indignation. Après ce coup de théâtre d'un médiocre effet, les musiciens, placés sur une estrade élevée dans l'entre-colonnement en face de la chaire, font entendre l'*hymne de la vengeance*, la Marseillaise.... (chapeau bas à la dernière strophe comme toujours), *veillons au salut de l'empire*...... *On va leur percer les flancs*, etc. C'est l'absoute qui doit singulièrement soulager les âmes des deux pauvres trépassés.

Enfin, en guise de *miserere*, une cantate, à propos de l'évènement, est exécutée par la belle voix du fameux Mafille, alors porte-drapeau, ancien chantre de paroisse, et qui deviendra trois ans plus tard grand clerc dans cette même église de Saint-Sépulcre.

Afin d'enrichir nos recherches sur le règne de la terreur, et leur donner un plus grand caractère d'authenticité, nous avons fait de larges emprunts à l'histoire de la municipalité ; nous renvoyons à cet ouvrage pour un grand nombre d'actes administratifs de cette époque dont le détail n'entrait point dans notre plan.

Il nous reste maintenant à raconter la punition et la fin tragique de quelques autres acteurs de ce drame épouvantable. Après quoi nous terminerons notre travail par des récits plus consolants, en rapportant les actes de courage et de dévouement de plusieurs personnes honorables pendant ces jours d'horribles persécutions parmi nous.

UNE DÉNONCIATRICE.

Parmi les traits nombreux de la plus noire ingratitude, si communs dans ces temps-là, en voici un qui donnera encore une idée des mœurs où les femmes mêmes se laissaient entraîner, par l'appât des récompenses, que les provocateurs de dénonciations faisaient briller aux yeux de quiconque avait l'âme assez vénale pour s'y laisser prendre.

Une servante, comblée de bienfaits dans la famille de Melle Thuin institutrice, alla dénoncer M. l'abbé Thuin, chanoine de Sainte-Croix, qui s'était caché chez sa vieille mère; la malheureuse servante reçut six cents francs pour prix de sa délation. Son maître fut arrêté et conduit à Bruxelles pour paraître devant une commission militaire avec le marquis d'Amette et M. Martin, vicaire-général depuis 1790, et ancien secrétaire de l'archevêché avant Mgr Godefroy, qui mourut à Tournay il y a quelques années. Le marquis et le vicaire-général furent fusillés à Bruxelles. Un personnage influent, qui portait intérêt à M. l'abbé Thuin, fit observer que le troisième condamné était sur le point d'expirer des suites d'une terrible maladie, et qu'il valait autant laisser à la mort le soin d'achever sa proie. Cependant M. Thuin se rétablit, et les choses ayant changé de face, il put rentrer à Cambrai encore assez à temps pour recueillir le dernier soupir de sa mère.

De sa petite fortune, il ne retrouva rien, car, aussitôt son départ, nos gouvernants économes, qui n'avaient fait qu'avancer le prix de la trahison à l'infâme délatrice, s'étaient empressés de rentrer avec intérêts dans leurs fonds en s'emparant de l'avoir du maître pour en faire meilleur usage que lui. Il était en bonnes mains, il y resta. Quant à cette femme *Judas*, il fut impossible de savoir ce qu'elle devint.

MORT FUNESTE DE QUELQUES-UNS DE NOS HOMMES DE SANG.

Nous ne pourrons jamais connaître comment finirent tous les hommes de sang qui se signalèrent à Cambrai. Mais un fait certain c'est que la vengeance divine semblait les avoir tous marqués d'un horrible sceau de réprobation. Le peuple, qui depuis plus de soixante ans ne les a pas oubliés, les fuyait alors comme on fuyait les lépreux chez les Juifs; la plupart eurent une fin misérable et souvent tragique, donnons-en quelques exemples.

Un dénonciateur, C........ mort en 1834 à l'âge de soixante-dix ans, était employé avec toute sa famille à l'Archevêché; ils en étaient les *frotteurs*, et cette charge suffisait pour les faire vivre à l'aise, ils furent cependant des premiers à se signaler dans le saccagement des églises et le pillage des couvents. Celui dont nous parlons devint plus tard garde-champêtre d'une commune voisine; il y était abhorré; on le trouva mort dans son lit; les habitants de cette commune ne voulaient pas le laisser enterrer dans leur cimetière. Un autre, C..., tombé dans l'abîme de la misère la plus hideuse, vit son corps rongé de vers sur son grabat; il fallait le lui racler fréquemment pour le débarrasser de cette fourmillière qui renaissait sans cesse. Ce fut dans cet état qu'il mourut à l'hôpital Saint-Julien.

Un de ses complices, P...., plafonneur, expira à l'hospice général au milieu des contractions du visage les plus extraordinaires et les plus hideuses. Il lançait de tous côtés des regards farouches, sa bouche vomissait des paroles sinistres et telles qu'on n'en entend jamais prononcer par des mourants. C'est le seul vieillard, depuis trente ans, qu'on eut la douleur de voir dans cet établissement renoncer jusqu'à la fin à se jeter dans les bras de la miséricorde divine.

Nous pouvons, sans inconvénient, citer en toutes lettres les noms de Defaut et Baurand. Le premier, perruquier au bas de la rue Tavelle, poussait, sur son lit de mort, des hurlements si affreux qu'on les entendait du milieu de la Grand'Place, et qu'ils glaçaient d'effroi tous les passants.

L'opprobre suivit jusqu'à la fin de ses jours le second, qui était huissier et agent subalterne de Lebon comme son complice qui précède. Ce malheureux affectait de se montrer vêtu d'une robe de chambre qu'il s'était fait faire avec les rideaux volés à la chapelle de Notre-Dame-de-Grâce. Le peuple, qui ne laisse rien échapper à ses regards, surtout en de telles circonstances, allait jusqu'à faire observer que l'étoffe de ces vêtements portait encore les tâches de cire qu'elle avait reçues autrefois.

Tilman, surnommé *Cailleau* (caillou), parce qu'il était maçon, fut un de nos plus ardents démagogues. Jusque là, on le croyait honnête homme; aussi plusieurs bourgeois et chanoines, qui l'employaient, lui avaient fait pratiquer chez eux des cachettes pour y déposer ce qu'ils avaient de plus précieux. Le malheureux, afin d'avoir la part promise dans le butin, alla tout dénoncer. Lorsqu'il revenait du club, il était presque toujours ivre; alors il se faisait dresser une table au milieu de la rue des Récollets, où il demeurait, et, tout en soupant, il se livrait à d'horribles déclamations contre les aristocrates, les prêtres, et désignait d'avance les victimes sur lesquelles il se préparait à exercer sa rage. Qui croirait que ce monstre avait une fille qui était un ange de vertu et un modèle achevé de piété. On ne sut jamais le martyre qu'elle eut à souffrir dans une telle société; elle avait soin de cacher ses souffrances, même à ses plus intimes amies. Quelque temps après le rétablissement du culte elle partit, sous la haute protection de Mgr Belmas, pour entrer au loin dans une maison religieuse. Le cœur se soulage en rencontrant une âme aussi belle au milieu de tant de scélératesse.

Le père, depuis la réaction, vivait retiré à Valenciennes comme plusieurs de ses complices. Il avait confié une affaire d'intérêt à l'un d'entre eux, le nommé G.... que nous avons déjà signalé parmi les agents de Lebon, comme une espèce d'huissier ou d'avocat. Quoiqu'il en soit, celui-ci semblait traîner la question en longueur; Tilman alla lui en faire des reproches; irrité sans doute des réponses, il finit par lancer un coup de couteau à G.... et ne lui fit du reste qu'une légère blessure au côté. Il n'en fut pas moins condamné à mort par la Cour d'Assise de Douai en 1822. Ses antécédents déplorables, et surtout le regret qu'il exprima, en pleins débats, d'avoir manqué son coup, furent sans doute les causes qui engagèrent ses juges à lui refuser le bénéfice des circonstances atténuantes. En allant au supplice il tenait beaucoup à faire remarquer que ce n'était pas comme voleur qu'il avait été condamné. Les prières de sa pieuse enfant lui méritèrent sans doute la grâce de la réconciliation; il avait en effet accepté les consolations de la religion; ce fut M. Piquet, alors vicaire de Saint-Jacques à Douai, aujourd'hui archiprêtre de notre Métropole, qui conduisit Tilman à l'échafaud.

Un des dénonciateurs les plus acharnés était un **nommé Antoine C......;** il avait promis de faire guillotiner une femme respectable, que nous avons connue, parce qu'elle avait fait baptiser en cachette un enfant à lui appartenant. Il se procurait par fois des têtes de guillotinés, qu'il promenait ensuite dans un sac de cabaret en cabaret, demandant avec le cynisme d'un anthropophage: *qui veut acheter des têtes de veaux?* c'était du reste, comme nous l'avons vu, l'expression mise à la mode par madame Lebon. Que dis-je? pour lui plaire, ses valets de la trempe d'Antoine C..... se faisaient servir au 21 janvier une tête de veau à leur table.

La femme de ce C....... ne valait pas mieux que son mari; quand il revenait du club elle lui demandait aussi, pour singer madame Lebon : *Combien de têtes de veaux aujourd'hui?*

La malheureuse voulut, étant enceinte, assister à l'exécution de madame de Monaldy. En voyant cette tête tomber, sa joie et son exaltation étaient au comble. Rentrée chez elle, elle ressentit immédiatement les douleurs de l'enfantement; son accouchement fut horrible; les tranchées qu'elle éprouva furent si violentes qu'elle en resta estropiée le reste de ses jours. Ce n'est pas tout : son enfant apporta en naissant un tic semblable à celui de madame de Monaldy et qui lui faisait branler continuellement la tête. Ce signe de malédiction était accompagné d'un roulement d'yeux comme celui qu'on remarque dans une tête tranchée. Tous nos concitoyens l'ont connu comme nous cet enfant de colère; le peuple avait coutume de dire en le rencontrant: « Voyez la punition de Dieu; regardez cette tête qui tremble sans cesse comme celle de madame de Monaldy, afin qu'elle se souvienne sans cesse de cette sainte victime. » Badigeonneur et maçon comme son père, il tombait si fréquemment du haut de son échafaudage qu'il dut changer de métier.

Quant à ce père, il eut une mort horrible; ses hurlements faisaient fuir jusqu'à ses enfants, et jetaient l'épouvante parmi les habitants de la rue Neuve où il demeurait. Quand le vicaire de Saint-Géry (M. Delville), se présenta pour l'administrer, il ne put se défendre d'un sentiment d'effroi à la vue du moribond qui se débattait dans d'affreuses contorsions, et dont les yeux, sortis de leur orbite, roulaient hagards et étincelants, comme ceux des malheureuses victimes qu'il avait autrefois contemplés avec tant de délices. Quelle famille! mais aussi quels châtiments!

LES INTRUS.

Les prêtres prévaricateurs, comme Crétygny et Prévost, furent plus ou moins visiblement poursuivis par la colère de Dieu et des hommes. Pour ne parler que d'un seul, nous avons vu finir dans l'abjection, la misère et l'abandon le malheureux Grébert, bien connu à Cambrai, et celui dont on s'occupa le plus, parce que sa conduite contrastait davantage avec celle de tant de prêtres qui subirent les avanies, l'exil et la mort même, pour rester fermes dans la foi et fidèles à leurs engagements sacrés. Jean Grébert, religieux, desservant la cure de Saint-Sauveur de l'abbaye de Cantimpré, s'était marié. Nous avons vu ses enfans lui cracher au visage et le frapper au milieu des rues, sa femme même le forcer à faire les commissions et les ouvrages les plus humiliants, tout en l'accablant d'outrages et de mauvais traitements.

Enfin, nous allons quitter cette compagnie d'assassins et de scélérats, de rénégats et d'apostats, avec lesquels nous nous trouvons depuis le commencement de ce travail ; combien de fois nous avons jeté là notre plume pour faire diversion à cette rencontre, en allant chercher un honnête homme dont la conversation pût nous distraire des horreurs que nous venions d'écrire. Combien de fois nous avons éprouvé le besoin d'aller chercher un air plus pur, en quittant cette atmosphère dans laquelle on ne respire que les vapeurs du sang!

Nous allons maintenant nous trouver en meilleure société; du moins, si nous avons encore affaire avec les hommes du désordre, ce sera conjointement avec des hommes de cœur et de dévouement, qui s'efforceront d'arrêter les progrès du mal, ou d'en atténuer les funestes effets. Faisons maintenant de nouvelles et surtout de plus agréables connaissances.

BONS SENTIMENTS DES MILITAIRES.

En général, l'armée pensait bien, comme nous l'avons déjà constaté; sa bravoure s'indignait d'un régime, où les traîtres, les lâches, les sicaires dominaient.

Rappelons la belle conduite du régiment de Courtes, en garnison à Cambrai, au commencement de la révolution.

Des coups de pistolet, pour effrayer les fidèles, ont été tirés pendant l'office dans l'église de Sainte-Croix.

A cette nouvelle, les officiers indignés, viennent offrir à M. Férez, un piquet de vingt-quatre hommes pour le protéger pendant l'exercice de son ministère. Le bon curé, attendri, jusqu'aux larmes, les remercie et leur fait observer qu'il ne peut accepter; qu'une telle mesure lui fait craindre des conséquences malheureuses; qu'il ne faut point s'exposer à faire couler le sang jusque dans le sanctuaire; que du reste il est prêt à tout, et il les engage à partager sa résignation. Pour la première fois peut-être, il ne sera point obéi par trois jeunes frères, dont le dévouement et l'affection envers lui sont connus de toute la ville. Ce sont les nommés Franz, Jean-Baptiste et Louis, tous trois musiciens dans ce même régiment de Courtes, et fils de Félice, vieux soldat originaire de la Suisse. Leur cœur vient de leur assigner un poste, ils y seront fidèles. Ils seront là toutes les fois que le curé se dispose à prêcher. Afin de ne point alarmer sa tendresse et d'éviter une nouvelle défense, ils se glissent furtivement derrière la chaire et viennent s'y poser en sentinelles, dès qu'il a commencé son discours. Debout, et la main sur la garde de leur épée, leurs yeux se promènent sans cesse d'une extrémité de l'église à l'autre, pour y voler au premier mouvement d'agitation.

COURAGE D'UN OFFICIER.

Voyons, cinq ans plus tard, la noble indignation d'un officier qui commande le piquet de garde au tribunal révolutionnaire.

Nous regrettons de ne pouvoir citer son nom. Tout ce qui se passe sous ses yeux, pour la première fois, lui fait bouillonner le sang dans les veines. Il entend, il remarque les questions insidieuses par lesquelles on met les innocents à la torture, afin de les prendre dans leurs réponses. Il voit des jurés qui s'occupent beaucoup plus de leurs verres d'eau sucré que de la défense tolérée par dérision, il voit des juges, des magistrats qui insultent aux victimes, qui poussent des cris de joie à propos d'un arrêt de mort porté sans appel, déclarant qu'un tel est condamné à la peine de mort, qu'il sera conduit immédiatement devant l'arbre de la liberté, que ses biens sont confisqués, que sa condamnation sera publiée, envoyée aux armées pour les informer de la destruction des ennemis du dedans ; il voit enfin l'accusateur public vociférant *vive la république,* et la bande de cannibales faisant chorus.

Cet horrible spectacle révolte la droiture et la

bravoure de notre digne militaire ; il n'y tient plus, il s'agite, il se tord sur son siège et finit par pousser un éclat de rire sardonique. Caubrières, qui l'a remarqué, lui dit : Que fais-tu donc, citoyen ? — L'officier, d'un air dédaigneux et convulsif : Je ris. — De quoi ris-tu ? — De pitié. — Point de pitié pour les aristocrates. — Ce n'est point eux qui me font pitié, c'est toi, c'est vous tous. — Qu'on emmène ce citoyen en prison. — J'y serai mieux qu'ici, finit par répondre froidement le courageux officier ; puis se tournant vers ses hommes : soldats, leur dit-il, conduisez-moi en prison.

INTRÉPIDITÉ D'UNE CAMBRESIENNE.

Cambrai faillit avoir *sa Charlotte Corday* ; voici en quelles circonstances ; M. Rapalier, dont nous avons raconté l'arrestation, celui qui était marchand mercier, sur la place, rang aux Poulets, avait une épouse, née Delacroix qui, aux qualités de la femme forte, joignait un caractère d'énergie et d'intrépidité peu commune ; elle a résolu de délivrer son mari à tout prix. Cependant elle épie avec prudence le moment favorable. Son plan préparé adroitement et de longue main, réussit. Elle peut aborder Joseph Lebon seul ; il la reçoit dans son cabinet devant son bureau. Citoyen représentant, dit-elle, je viens te demander de signer l'élargissement de mon mari. — Ton mari! c'est un scélérat, il faut qu'il y passe. — Signe, te dis-je, ou tu n'as plus une seconde à vivre, et en parlant ainsi elle lui présente un pistolet qu'elle vient de retirer de dessous son tablier. Lebon pâlit, se renverse sur son fauteuil, et cherche à tâton une plume tout en regardant l'arme qui le menace. Il s'exécute, c'est ce qu'il a de mieux à faire. Madame Rapalier tient l'acte qu'elle vient d'obtenir avec le seul procédé de courtoisie qui pouvait réussir, elle se retourne en sortant et dit par politesse au bourreau: *tu sauras que je ne suis pas du nombre de ceux que l'on guillotine.*

COURAGE DE DEUX DOUAISIENS.

Cet acte d'héroïsme rappelle celui qui délivra Douai de la présence de Lebon. Nous ne pouvons résister au plaisir de le raconter. Barère, Carnot, Billaud-Varennes, au nom du comité de salut public, avaient écrit à Lebon *de continuer son attitude révolutionnaire.* « Portez, lui avaient-ils dit, portez l'œil de la surveillance sur tous les points, depuis Dunkerque jusqu'à Maubeuge. Le centre de ces intelligences (des conspirations) paraît être Douai. Dirigez sur Douai l'activité de l'observation....... secouez sur les traîtres le flambeau et le glaive ; marchez toujours, citoyen collègue, sur cette ligne révolutionnaire que vous décrivez avec courage, le comité applaudit à vos travaux. »

Afin donc de mériter de nouveaux applaudissements, Joseph Lebon se rend à Douai pour observer de plus près ce *centre des conspirateurs*. A son arrivée, sa première visite est pour la prison, dite des *Ecossais* (aujourd'hui maison mère des Dames de la Ste-Union). Il se fait représenter le livre d'écrou, et après l'avoir examiné attentivement, il désigne un grand nombre de détenus, entachés d'aristocratie, pour être transférés à Arras et y passer par la guillotine ; mais alors le geôlier Davesnes, excellent cœur, sous un extérieur dur et sévère, répond que ces prisonniers lui sont confiés, qu'il doit en répondre sur sa tête et qu'il ne s'en dessaisira pas. Irrité de ce refus, Lebon se rend à la municipalité, où il trouve des magistrats saisis d'épouvante. Tandis qu'il veut se faire remettre, séance tenante, la liste des suspects et donner des ordres pour leur arrestation, tout-à-coup la scène change de face ; c'est l'épouvantable tribun qui va trembler : le nommé Semet, huissier, rue des Procureurs, entre dans la salle ; il est armé de deux pistolets chargés, et accompagné de deux énormes dogues, le regard fixé sur leur maître et tout prêts à lui obéir au premier signal; il s'avance résolument vers Lebon, lui intime l'ordre de partir sur-le-champ, le menaçant de lui faire sauter la cervelle s'il ne s'exécute immédiatement. Le misérable, qui ne connaissait que la férocité dans le crime, recule d'effroi devant l'intrépidité d'un honnête homme ; il craint pour sa tête, et une heure après son entrée à Douai, il en était reparti, et cette ville échappait ainsi au sort d'Arras et de Cambrai, grâce à l'énergie de ces deux hommes. On érige quelquefois des statues à des héros qui ne les ont peut-être pas méritées autant que ceux-ci. Ces détails nous ont été fournis par l'honorable M. Choquet-Guerdin, qui les tenait de sa belle-mère, voisine du courageux Semet et dont le père, incarcéré aux Ecossais, pour avoir facilité le départ de plusieurs prêtres, se trouvait au nombre de ceux que Lebon avait désignés pour être guillotinés à Arras.

ÉLARGISSEMENT INATTENDU DE DEUX DÉTENUS.

A Cambrai, l'on regardait comme une bonne fortune, quand on avait pu profiter de quelque circonstance fortuite pour arracher une victime à la mort.

Mon père, qui connaissait la fabrication de la poudre, avait été tiré de son régiment pour diriger la salpêtrière de la rue des Récollets.

Ce fut ce qui lui sauva la vie, car tous ses camarades périrent dans une des sorties dont nous avons parlé.

On avait nommé commissaires de cette exploitation quelques bourgeois, entre autres, M. Goussault, orfèvre, sur la place, M. l'abbé Farinolat, professeur de mathématiques et M. Rapalier, celui qui était pharmacien, rue Tavelle. Or, ce dernier venait d'être dénoncé, et se trouvait en prison, lorsque Lebon, voulant s'assurer par lui-même du succès des travaux, vint faire sa visite à la salpétrière.

Mon père, fit en sa présence une expérience qui réussit complètement; alors, profitant du moment favorable, il fit observer au citoyen représentant qu'on se trouverait bientôt forcé de fermer l'atelier, dès que les matières mises en réserve seraient employées, à cause de l'absence d'un commissaire, dont les connaissances étaient indispensables. Si ce n'était pas là un mensonge officieux, c'était au moins une exagération notable; mais ce n'était pas en salpêtre que Lebon était expert, il n'y voyait que *du feu*. Il crut sur parole un soldat qui semblait ne s'occuper que de son affaire, sans avoir l'air de méditer un acte d'humanité.

Lebon interrogea son entourage sur le compte de M. Rapalier; il fut heureusement répondu que ce citoyen ne pensait pas mal. Le lendemain, le commissaire reparaissait à l'atelier; le reste de sa vie il témoigna des sentiments de reconnaissance à son défenseur improvisé.

M. Dupio, dont la maison était celle qu'occupe aujourd'hui M. Boniface Hector, rue d'Inchy, se trouvait en arrestation ; dans une visite de Lebon aux prisons, M. Dupio reconnaît dans l'entourage un individu auquel il avait autrefois rendu service, et qui, par reconnaissance, lui avait adressé une pièce de vers; il le lui rappelle en ajoutant qu'il a toujours conservé ce témoignage de son amitié; l'amour propre de l'auteur est éveillé, et il exprime le désir de revoir son ouvrage. M. Béthune-Hourier, familier de la maison de M. Dupio, est expédié en toute hâte au château de la Rosière, où se trouvait l'écrit devenu si précieux, puisqu'il donnait une lueur d'espérance à qui n'en avait plus. L'exprès part à franc étrier, ou plutôt vole comme un trait sur un coursier vigoureux qui expira de fatigue au retour. Le secrétaire qui renfermait la pièce de poésie avait sauté en éclat pour éviter les lenteurs de l'ouverture. Je ne sais si les vers étaient bons, mais ils eurent un mérite bien plus grand, celui de sauver la vie à qui avait eu la bonne inspiration de les conserver. M. Dupio fut élargi. Peu de chose, dans ce temps là, conduisait à la mort, mais le contraire était quasi un miracle; c'est pourquoi nous n'avons pas voulu passer sous silence ces deux exceptions bien rares à la règle générale. L'entrée en prison était bien souvent le commencement d'une agonie qui n'était pas longue. Si l'on n'avait pas fait son testament d'avance, on courait risque de ne pouvoir l'achever, quand toutefois la justice d'alors vous laissait de quoi faire des legs, car souvent elle prévoyait votre embarras sur ce point et avait la précaution de vous en décharger.

FIDÉLITÉ DE QUELQUES SERVITEURS.

Nous avons cité un trait d'ingratitude de la part d'une servante qui trahit son maître pour obtenir la prime promise aux délateurs; bien d'autres sans doute suivirent son exemple, mais elles sont heureusement plus nombreuses les preuves de fidélité, de dévouement et d'abnégation que des serviteurs donnèrent au milieu de toutes ces calamités. Les uns suivirent leurs maîtres dans l'exil et renoncèrent aux gages qu'on ne pouvait plus leur payer, les autres entrèrent avec leurs maîtres dans les cachots pour les consoler et les servir, et marchèrent même avec eux à l'échafaud. Ah ! c'est que la plupart des domestiques, à cette époque, étaient pour ainsi dire identifiés avec les familles chez lesquelles ils s'étaient une fois placés, et qu'ils ne quittaient bien souvent qu'à la mort, après un service de cinquante à soixante ans.

Un Cambresien, nommé François Dutiers, avait été attaché tout jeune, en qualité de domestique, à la famille de M. de Rabinel De Merviel; il avait porté sur ses bras les enfants de la cinquième génération. Il avait pu entendre la vénérable trisaïeule disant : Ma fille allez dire à votre fille que la fille de sa fille pleure.

F. Dutiers voit ses maîtres persécutés par la révolution : M. de Merviel, originaire du Languedoc, ancien colonel du *Royal-Normandie,* est incarcéré *aux Anglaises;* pendant qu'il comparaît au tribunal, sa digne épouse est en prières au pied de son crucifix; le prévenu est condamné à la détention jusqu'à la paix ; mais il obtient son élargissement par la généreuse intervention de deux de ses soldats, dont l'un était M. Tournay demeurant rue des Liniers. Cependant, cette famille ne se croit plus en sûreté à Cambrai, elle s'en va chercher un refuge dans les gorges sinueuses des vallons situés dans le département de l'Aisne, aux environs de Laon. Le serviteur fidèle l'accompagne dans sa retraite, mais il s'aperçoit bientôt que les moyens de subsistance recueillis à la hâte en partant diminuent promptement, et qu'on ne sait comment les renouveler. Il s'empresse alors de déposer devant ses maîtres le fruit de ses longues épargnes en leur disant : « Voilà ce que j'ai gagné à votre service, faites-moi l'honneur de l'accepter, et accordez-moi la faveur de continuer à vous rendre encore mes soins. »

Nous l'avons connu, ce bon serviteur, ce petit vieillard, pétillant de vivacité et d'esprit, d'une gaîté pleine de franchise et de convenance, d'une politesse et d'une courtoisie qui contrastaient avec son humble condition.

Dans ses dernières années il était entré comme surveillant des bleuets à l'hospice général. Il partagea le peu d'argent qui lui restait entre quelques filleules, après avoir laissé la somme nécessaire pour acheter l'horloge qui se trouve placée dans le campanile de l'établissement où il mourut.

HONORABLES SENTIMENTS DE M. MAXIMILIEN FAREZ

Au milieu des hommes du peuple qui se signalèrent par leur dévouement, nous n'hésitons pas à nommer un autre de nos concitoyens, placé dans un rang plus élevé de la société, et qui, dans la droiture et la candeur de son âme, avait cru que les gouvernants d'alors allaient faire le bonheur de la France. Tout en les secondant par ses talents dans leurs actes administratifs, il avait horreur du sang, et usait, quand il le pouvait, de toute son influence pour arracher quelques victimes aux serres des vautours. Nous voulons parler du courageux défenseur de M. Lallier, M. Maximilien Farez, dont les sentiments qui l'honorent, et qu'il manifesta publiquement doivent trouver place ici. Dès le 22 octobre 1794, à propos d'une distribution de prix à l'école de dessin, M. Farez s'écriait :

« Il est disparu ce barbare triumvirat qui, pour assouvir sa jalousie sanguinaire, proscrivait les arts, précipitait les artistes dans les cachots et traînait à l'échafaud le talent au lieu du crime. Sa main *sacrilége* ne renversera plus nos monuments les plus antiques et ne tentera plus de vandaliser toute la France. »

Un mois plus tard, devant les autorités réunies dans le local *de la société populaire,* le même orateur disait : « Nos oppresseurs hypocrites répétaient sans cesse que la justice était à l'ordre du jour, et chaque instant de leur *affreuse domination* fut marqué par des *assassinats.*

« Vous le savez, citoyens, vous qui vîtes cette enceinte consacrée à entretenir le feu sacré du patriotisme, devenue une arène *horriblement scandaleuse,* où, devant un tribunal de mort, *un tigre altéré du sang humain* (Lebon) disputait avec fureur la tête des patriotes. Dans ce lieu destiné à être le théâtre des plus belles vertus, des hommes *couverts de sang* et de forfaits foulaient aux pieds les mœurs et la justice, *outrageaient* la pudeur et condamnaient l'innocence à l'échafaud. Ainsi fut profané par des bourreaux ce sanctuaire de la liberté, cet asile de l'humanité souffrante ; mais écartons des souvenirs cruels...... »

Dans une autre circonstance, après avoir rappelé les nombreuses émigrations des habitants de nos campagnes, fuyant épouvantés de ces *horribles boucheries* qui allaient les atteindre jusqu'au fond de leurs chaumières, il ajoute : « Quelle est donc la mesure des forfaits *de ce monstre* dont la présence fut un fléau pour cette frontière ? Non content d'avoir porté partout la désolation, de nous avoir abreuvés d'amertumes et INNONDÉS DU SANG DE L'IN-NOCENCE, il fit encore périr nos moissons et laisser nos terres sans culture....... »

Enfin, dans un autre discours prononcé devant l'autel de la patrie, le 27 juillet 1795, après avoir fait le tableau des temps horribles que la France a eu à traverser, il rappelle la date du 9 thermidor : « Dès lors, dit-il, les cachots furent ouverts, les vertus, les talents rendus à la société, *et la fosse effrayante, où devait s'engloutir* le sang de tous *les bons citoyens* de Cambrai, fut comblée subitement...... Cette place, trop longtemps souillée par *le massacre des hommes de bien*, vit disparaître l'instrument de mort, et la terreur s'éloigner de nos murs avec ses coupables partisans; dès lors, nous pûmes sans danger verser des larmes sur vos tombeaux, ombres respectables, vertueuses mères de famille qui expirâtes sous la hâche sacrilége de ces monstres...... »

Remarquons encore que celui qui parlait ainsi n'était rien moins qu'un aristocrate, et que ses paroles sont revêtues d'un caractère d'authenticité qu'on ne peut contester, puisqu'elles sont extraites de discours imprimés par ordre de la commune.

LES PORTEFAIX DE CAMBRAI.

Dans la classe du peuple, le corps des portefaix s'est toujours montré jaloux de conserver ses anciennes traditions d'honneur, et l'excellent esprit qui l'anime s'est hautement manifesté dans toutes les occasions. Son amour de l'ordre est proverbial à Cambrai.

Ces hommes de cœur ont horreur de la félonie. Ils s'aperçurent, sur la fin de la terreur, qu'un nommé J..... Z. se faufilait avec les prêtres fidèles, qu'il affectait du zèle pour dresser des autels dans les maisons particulières; ils s'empressèrent de le déclarer indigne d'un tel emploi. Ils le signalèrent à la vindicte publique, en révélant un crime qui les avait révoltés au commencement de la révolution, et dont ce misérable s'était rendu coupable sous leurs yeux : Un jour de grand matin, il avait, dirent-ils, pendu le bon Dieu sur la place, en attachant un *ecce homo* à la potence. Ils vouèrent à la honte et à l'ignominie jusqu'à la fin de ses jours celui qui avait imité la rage et la fureur aveugle des juifs déicides.

DÉVOUEMENT DE PLUSIEURS CAMBRESIENS. — M. RICHEZ.

Ce qu'il ne faut pas oublier, pour la gloire de de notre cité, ce qui est consolant pour la religion, c'est qu'au fort même de la persécution, les prêtres, traqués comme des bêtes fauves, avaient trouvé cependant refuge et asile chez bon nombre d'habitants qui les recueillaient, toujours au péril de leur vie. Nous pourrions en citer plusieurs; contentons nous d'un exemple. Dans la grande maison, à l'angle de la rue Vaucelette et de l'Epée, au n° 19, un Cambresien dévoué, M. Richez, menuisier, cachait chez lui plusieurs prêtres à la fois, et rien ne paraissait. Il avait lui-même pratiqué des placards derrière les tapisseries de ses appartements pour y loger cette singulière contrebande; il ne fut jamais pris en flagrant délit, malgré les nombreuses visites domiciliaires qu'il dut subir, par intervalle, jusqu'en 1799. En effet, à la date du 1er septembre de cette année, nous trouvons cet honorable concitoyen désigné avec d'autres dans un arrêté qui ordonne une de ces visites; le voici :

« Vu l'arrêté de l'administration centrale en date du 29 août dernier, lequel ordonne qu'il sera fait des visites domiciliaires pour l'arrestation des *embaucheurs, des émigrés, des égorgeurs et des brigands.* (Tous ces mots sont synonymes dans l'argot révolutionnaire.) Considérant que les mesures dont il s'agit n'ont dû s'effectuer hier qu'en partie, parce que la dépêche n'est arrivée qu'après le coucher du soleil, l'administration arrête ce qui suit : Art. 1ᵉʳ Des visites auront lieu chez les citoyens Détrain-Lesne, dans la maison occupée ci-devant par Colcau père, rue de Molière ; chez la ci-devant servante du curé de la Madeleine ; chez Danjou, chez Boniface Albert, chez Richez, menuisier. »

Grâce au dévouement de ceux qui avaient donné asile aux prêtres, toutes les perquisitions n'amenèrent aucun résultat.

BONS OFFICES DE LA GARDE NATIONALE.

Il faut savoir aussi que beaucoup de bourgeois, en leur qualité de gardes nationaux, étaient chargés d'assister aux visites domiciliaires. Ils fermaient les yeux, tout en paraissant pleins d'ardeur pour remplir leur mission ; eux-mêmes, quelquefois avaient chez eux des prêtres cachés, et pour éloigner toute apparence de fraude, ils venaient avec les visiteurs dans leurs propres maisons en s'écriant : point de privilége pour personne, commençons nos opérations par nos propres demeures; et ils s'empressaient d'ouvrir et de fermer avec grand fracas leurs meubles et les chambres qui pouvaient être explorés sans danger. Les réfugiés réfractaires blotis dans un trou, ou dans quelque buffet à malice, entendaient tout ce tintamare, après en avoir été prévenus à l'avance par ce même homme, dont la voix semblait si terrible pendant la perquisition.

LES MISSIONNAIRES.

Après le départ de Lebon, ce n'était pas sans courir encore de grands dangers que les missionnaires hasardaient, non pas de se montrer, mais de se glisser furtivement sur cette terre encore toute fumante du sang de ses habitans. Ils s'introduisaient dans la ville, comme des échappés du bagne, vers le soir, déguisés en paysans, en marchands de lin, ou de vaisselle de terre, une hote sur le dos, un large chapeau sur la tête, un grand bâton à la main, pantalon et blouse de toile bleue. C'était avec de semblables costumes qu'ils avaient dû prendre la route de l'exil. En arrivant dans nos murs, ils s'arrêtaient d'abord dans les boutiques bien connues, où se vendaient les marchandises dont ils étaient porteurs; afin d'écarter toute espèce de soupçon, ils y demeuraient quelque temps, ou bien, à la faveur d'un nouveau déguisement, ils se rendaient dans d'autres maisons, où ils remplissaient en secret les fonctions de leur ministère, célébrant les saints mystères, confessant, mariant, baptisant, faisant même faire des premières communions au milieu d'une petite assemblée de fidèles dont la discrétion était éprouvée.

Tout cela ne se passait pas sans tremblement, sans terreur, sans éprouver souvent soit de fausses, soit de véritables alertes.

INGÉNIEUX STRATAGÈME D'UNE SERVANTE.

Un jour qu'on était à la messe dans une de ces maisons de la rue de Cantimpré, un révolutionnaire prononcé vient y sonner, la servante ouvre, et notre homme, sans parler, usant de la liberté et des droits de l'homme en vigueur dans ce temps là, entre tout droit dans la première pièce, attenante à celle où se trouvait la pieuse assemblée; à la fille, qui lui demande sans se déconcerter ce qui peut lui faire plaisir, il répond qu'il a besoin de parler au maître. « Il est occupé pour le moment, dit-elle, mais assieds-toi, citoyen, il ne peut tarder à paraître. » Puis elle se met à remuer tous les ustensiles du ménage comme une personne empressée de terminer sa besogne, et dans la réalité pour couvrir par là un autre bruissement qui aurait bien pu scandaliser les oreilles du sansculotte. Tout-à-coup, en parlant de la pluie et du beau temps, elle feint d'avoir une heureuse idée, celle d'offrir un glorieux verre de bière pour charmer les ennuis d'une attente qui se prolonge; jamais on n'en avait bu de pareille à Cambrai; ne fût-ce que par curiosité, il fallait la goûter. Soit par ce motif, soit par tout autre, le visiteur accepte en franc républicain sans trop d'opposition. Notre maligne commère prend sa chandelle, descend précipitamment à la cave, renverse sa lumière, fait tomber le robinet plus loin et appelle au secours : notre homme accourt, elle lui dit son embarras, sa mésaventure, et le prie de boucher le tonneau avec le doigt, pendant qu'elle ira chercher une autre chandelle; elle profite à la hâte de l'occasion pour prévenir son maître, et revient avec empressement délivrer son obligeant serviteur en se confondant en excuses. Je ne sais pas si la bière fut goûtée, mais ce qu'il y a de certain c'est que l'on rit beaucoup de l'expédient après la visite, qui eut lieu du reste, avec toutes les démonstrations de la politesse la plus courtoise.

PRÉCAUTIONS PRISES POUR SAUVER DEUX PRÊTRES.

Les honnêtes gens avaient des confidents qui fréquentaient le club et prévenaient ensuite les amis des précautions à prendre. On parvenait très souvent à savoir d'avance dans quel quartier les visites domiciliaires allaient se faire; alors on se tenait sur ses gardes, et l'on évitait par là bien des malheurs. Un jour la confidence arriva juste à temps chez mes parents pour prévenir deux prêtres de Valenciennes, un vieillard et son vicaire réfugiés dans une maison voisine qui allait être visitée. On se hâte de les faire passer clandestinement vis-à-vis et de les cacher dans le vaste grenier, alors rempli de foin, de la maison qui regarde la porte Cantimpré et qui est située, sous le n° 2, entre la rue des Récollets et la rue des Feutriers. Ma tante, qui, bien qu'aveugle, allait seule dans le voisinage, portait à ces proscrits de la nourriture cachée au fond d'un panier recouvert de fil et de lin. Ces précautions étaient bien nécessaires, car dans le quartier logeaient le fameux Tilman, dit Cailleau, et une dénonciatrice des plus ardentes. Celle-ci aimait beaucoup les œufs frais; ma grand'mère, qui y allait tout bonnement, tout simplement, comme au bon vieux temps, connaissait les goûts de la mégère, et, afin de la rendre moins intraitable, elle l'appelait en la voyant passer pour lui faire présent de ses plus beaux œufs; ils étaient toujours acceptés avec reconnaissance et sans soupçon, offerts qu'ils étaient par une bonne vieille qui passait pour ne s'occuper que de son ménage et des histoires de revenants.

Malgré ces précautions, il fallut cependant une fois laisser sans nourriture les deux pauvres prêtres pendant un jour et demi. On avait battu la générale sans interruption, personne n'avait osé sortir de chez soi, et ce soir là, l'argus redouté, la fameuse Bernardine, que nous venons de signaler, ne s'était point rendue au club; on redoutait son espionnage. Lorsqu'il fut possible, au milieu de la nuit, d'aller apaiser la faim des deux malheureux blottis dans le foin, ils n'osaient répondre à la voix qui les appelait, tant ils avaient été saisis de frayeur en entendant le tapage qui s'était fait toute la journée dans les rues.

OBSERVATION SUR QUELQUES MISSIONNAIRES ET SUR LES ENDROITS OU ILS CÉLÉBRAIENT.

Parmi les missionnaires qui venaient à Cambrai sous l'empire de la terreur, on distinguait le père Laurent, M. Rousseau, M. Desruennes et le père Barnabé.

Le père Laurent était originaire de Valenciennes.

M. Rousseau, connu sous le nom de Dom Constant, était religieux de l'abbaye de Maroilles, où il était appelé *dom Mouton,* à cause de la douceur de son caractère. Après le concordat, il fut curé de Gœulzin.

Ces deux missionnaires, cachés à l'hôpital Saint-Julien, changeaient cependant fréquemment de domicile pour dépister les espions. Ils venaient de préférence le dimanche célébrer les saints mystères chez mes parents parce que leur maison, qui porte le n° 29, rue des Récollets, était fréquentée ce jour-là par un concours de personnes, parmi lesquelles passaient inaperçues celles qui venaient pour remplir leurs devoirs religieux. Plusieurs se souviennent d'y avoir fait leur première communion. Un jour, Dom Constant avait baptisé dix-huit enfants, au nombre desquels s'en trouvait un de deux ans, qu'on avait présenté à l'insu de son père, dont on croyait devoir se défier. On endormit cet enfant après la cérémonie, dans l'espérance que le sommeil lui ferait oublier ce qu'il avait vu. Mais le lendemain il alla trouver son père à l'atelier et lui dit, dans son langage enfantin, tout ce qui l'avait frappé la veille : il avait vu dans telle maison un citoyen qui s'était bien trompé, selon lui; car il avait mis une *chemise* tandis que déjà il était tout habillé, il lui avait fait ouvrir la bouche et lui avait donné du sel pour du sucre; le père comprit et se contenta de sourire, il n'était pas si redoutable qu'on le pensait.

M. l'abbé Desruennes, connu sous le nom de Dieudonné et qui mourut curé de Sainte-Waudrue, à Mons, avait été curé de Condé avant la révolution. Pendant les mauvais jours il avait reçu du Souverain-Pontife des pouvoirs extraordinaires; il était préfet de mission.

Comme les matelots dans la saison des tempêtes, nos missionnaires profitaient du moindre calme, de quelques jours, de quelques heures même que semblait par fois accorder la terreur, afin de s'aventurer un peu plus à travers les écueils, de chercher à ravitailler l'équipage et à réparer les avaries que le vaisseau avait éprouvées au milieu de tant de tourmentes.

C'est ainsi que, par intervalles, ils trouvaient les moyens de se rapprocher et de rassembler autour d'eux un plus grand nombre d'âmes fidèles dans les vastes greniers de l'hôtel du *Grand-Canard*, que le propriétaire, M. Leloup, avait su convertir en une chapelle assez spacieuse et assez décente pour permettre d'y célébrer les saints mystères, à peu près comme dans une église paroissiale.

Telles étaient les cryptes et les catacombes d'une nouvelle espèce que la religion se trouvait trop heureuse de rencontrer sous l'empire de nos payens du XVIIIe siècle.

UN CAPUCIN LOGEANT EN FACE DE LA GUILLOTINE.

Le père Barnabé, capucin, était un vieillard vénérable et frère aîné d'un religieux nommé Michaux que nous avons connu prêtre habitué à la paroisse de Saint-Géry. Il était oncle d'une Madame Guilles, excellente femme, quoique belle-sœur du révolutionnaire de ce nom que nous avons fait connaître. Elle demeurait sur la Place, rang de Rome, dans la maison où se tient aujourd'hui le *Café Jules*, et qui avait en face le côté droit de la guillotine. Nous citons cette circonstance parce qu'elle rappelle une anecdote étrange (mais tout était étrange en ce temps-là) et dont nous avons recherché avec soin l'authenticité ; maintenant que nous en sommes convaincus, nous la publions ; elle porte avec elle je ne sais quel parfum de douce consolation pour l'âme chrétienne.

Le père Barnabé, trop âgé pour quitter Cambrai, et ne sachant d'ailleurs où se réfugier, demeurait caché chez sa nièce qui lui avait ménagé une petite cellule dans son grenier. Un seul carreau de vitre, voilé d'une gaze, permettait au pieux solitaire de voir, sans être vu lui-même, les victimes montant à l'échafaud et auxquelles il donnait l'absolution. Plusieurs d'entre-elles, averties en secret de cette circonstance préparée par la Providence, renouvelaient plus spécialement leurs sentiments de contrition tandis que le bourreau les attachait sur la planche, et les saints martyrs s'envolaient joyeux dans le sein de la miséricorde infinie, pendant que le père capucin récitait la prière pour les morts.

BELLE RÉPONSE DU PREMIER SOUS-PRÉFET DE CAMBRAI.

Plus tard on put assister à la messe que ce bon religieux disait dans cette même maison ; il alla même jusqu'à la chanter lorsque les idées d'ordre commencèrent à se rétablir. Celui qui remplissait les fonctions de grand clerc était le nommé Fournier, que nous avons vu depuis chantre à la cathédrale.

De chauds patriotes se scandalisèrent de cette manifestation, et de ce retour aux pratiques de la religion; ils s'empressèrent d'aller dénoncer les délinquants à M. De Pont, sous-préfet, envoyé à Cambrai par le premier Consul ; sa réponse est empreinte des idées que méditait dès lors Napoléon: « Ils chantent la messe? leur dit-il, y allez-vous? — Non, certainement, lui fut-il répondu. — Hé! bien, moi, ajoute le sous-préfet, je les entends chanter d'ici, et cela me fait plaisir; je vais exprès à mon jardin quand ils commencent leur office. »

Les dénonciateurs comprirent et tirèrent leur révérence. Le sous-préfet occupait en ce moment la maison qui fut depuis celle de M. Devred, marchand de vin, rue de l'Arbre-d'Or, et dont le fond donne sur la demeure où le père Barnabé officiait.

RENTRÉE DES PRÊTRES EXILÉS.

Peu à peu les prêtres exilés rentraient et venaient se joindre aux missionnaires. Ils se présentèrent ensemble à l'hôtel-de-ville. Là, après qu'ils eurent promis (ce qui n'était pas difficile à accomplir) de ne rien entreprendre contre le gouvernement établi, ni contre le premier Consul, et de prévenir de tout complot à leur connaissance; le maire d'alors, M. Douay, leur dit qu'ils étaient en règle, qu'ils pouvaient exercer librement leurs fonctions, mais seulement dans l'intérieur d'une église. Comme ils n'aimaient pas de se réunir à Saint-Sépulcre avec le curé constitutionnel qui s'y trouvait toujours, ils demandèrent une autre église, et la chapelle de l'hôpital Saint-Jean, aujourd'hui la bibliothèque communale, leur fut accordée. Ils célébraient tous les offices, et les fidèles y accouraient en foule. Cependant il n'était point encore permis à ces prêtres de paraître en public ni pour les processions, ni pour les convois funèbres; l'un d'eux, après les prières d'usage, à la maison mortuaire, suivait en habit laïc le cortége jusqu'à l'église. Il n'allait point au cimetière. Après les absoutes, il bénissait un peu de terre que lui présentait un prieur ou bailly, et il jetait ensuite cette terre dans le cercueil, qui n'était fermé à cet effet qu'avec quelques chevilles ou vis faciles à enlever.

Avant cette époque et pendant toute la terreur, les morts étaient conduits directement au cimetière, dans un tombereau recouvert d'une toile sur laquelle était peinte une grande croix rouge.

Ainsi, la croix, que l'impiété avait partout renversée, planait encore sur la mort, malgré l'impiété même, et cependant avec son assentiment. Mais cette étrange contradiction ne fut pas la seule que l'on rencontrât dans ces temps d'aberration presqu'universelle dans notre France.

Les exercices du culte se continuèrent de la manière que nous venons d'indiquer, jusqu'au 26 mai 1802, époque à laquelle Mgr Belmas fit son entrée à Cambrai.

« Le prélat, en arrivant, alla d'abord se loger dans l'ancien palais de l'évêque suffragant; l'église abbatiale de Saint-Aubert se trouvant à proximité, il en fit sa cathédrale. L'Image de Notre-Dame-de-Grâces, qui lui avait été rendue, fut placée par ses soins dans la chapelle, derrière le chœur. Il faut entendre le prélat lui-même nous racontant l'enthousiasme religieux de nos populations en revoyant le pieux objet de leur vénération à la procession du 15 Août de l'année 1803.

« Enfin, dit Mgr Belmas, le jour tant désiré arriva. Il faisait un temps admirable, tous les villages du Cambrésis, une multitude d'habitants des villes voisines accoururent à Cambrai pour revoir Notre-Dame-de-Grâces, cachée depuis dix ans, mais que personne n'avait encore oubliée. Quand on la sortit de son habitacle, et, qu'à genoux devant l'autel, je prononçai à haute voix : *Ave Maria*, un grand bruit remplit aussitôt les voûtes de l'église. Jamais prière à la Sainte-Vierge n'avait été prononcée avec autant de ferveur par une aussi grande masse de peuple. Ce ne fut pas sans peine que la procession parvint à sortir de l'église. Je suivais immédiatement la châsse : à peine fut-elle arrivée sur le haut du perron, qu'un immense cri d'admiration s'éleva dans les airs : toute la population qui remplissait *les alentours* tomba à deux genoux; elle pleurait, elle priait, elle sanglottait, elle poussait des *vivat*, elle battait des mains, elle agitait des mouchoirs, des chapeaux.... Je n'ai jamais rien vu, rien entendu d'aussi majestueux, d'aussi attendrissant. Les mères mettaient leurs petits enfants sur leurs têtes pour qu'ils pussent voir l'Image sainte dont elles leur parlaient si souvent, et que beaucoup d'entr'elles avaient pu croire perdue.

« La procession dura plus de quatre heures; nous ne pouvions avancer qu'à petits pas. On m'a assuré que cent mille personnes étaient entrées à Cambrai ce jour-là. J'étais heureux de voir combien la foi était vive dans mon diocèse, et combien notre sainte religion y avait jeté de profondes racines; certes, ce beau jour a été le plus émouvant de ma longue carrière. Il y a trente-six ans qu'il est passé, je me le rappelle comme s'il n'était que d'hier.

» Pendant neuf jours la châsse resta exposée dans l'église cathédrale, et pendant neuf jours, la ville ne désemplit pas d'étrangers qui retrouvaient avec bonheur la Madone tant vénérée dans leurs jeunes années, ou qui voyaient pour la première fois l'objet de la tendre dévotion de leurs aïeux, l'Image sainte dont les miracles racontés par leurs mères avaient si souvent frappé leurs jeunes imaginations. »

Quelques temps après cette mémorable solennité, la demeure des abbés de St-Sépulcre, avec ses vastes jardins et son église, ayant été mise à la disposition de Mgr Belmas, il y transféra son siége épiscopal. Il voulut avoir la sainte Image auprès de lui, dans la nouvelle cathédrale; il en fit la translation au milieu d'un pompeux cortége. Mais le peuple en murmurait et manifestait tout haut son mécontentement. « Puisque Notre-Dame-de-Grâces, disait-il, ne peut plus rentrer dans son ancien temple, pourquoi ne pas la laisser au moins dans le sanctuaire le plus près du saint lieu ? »

Ce respect de nos pères pour l'emplacement où fut Notre-Dame, ils l'ont légué à leurs enfants.

Ceux qui blâment ce culte des grands souvenirs historiques et religieux que nous rappelle la place Fénelon, n'ont jamais compris les sublimes sentiments des Israélites dépeints avec tant d'éloquence et de poésie par le Roi-Prophète, dans le psaume 136e *super flumina Babylonis*. Ils ne veulent point comprendre qu'ici le patriotisme est étroitement uni au sentiment religieux.

En effet, Cambrai, qui se glorifie d'avoir été, tout à la fois, et le berceau du christianisme dans nos contrées, et le berceau de la monarchie française, a vu, dans la suite des siècles, des rois et des reines, venant en pèlerinage dans cette antique Basilique, quelquefois pieds nus, s'agenouillant devant Notre-Dame-de-Grâces, et y laissant de pieux témoignages de leurs royales largesses. Il a vu de vaillants guerriers se détourner de leur route en revenant de la victoire, pour offrir à notre patronne, avec leurs hommages, les drapeaux enlevés à l'ennemi et les suspendre à la voûte du sanctuaire de Marie. Là, notre ville a vu se succéder soixante-douze évêques, vingt archevêques, parmi lesquels les St-Vaast, les St-Géry, les St-Liébert, les Gérard, les Pierre d'Ailly, les Vanderburck, les Fénelon et tant d'autres pontifes illustres. Elle a vu enfin ce fameux chapitre dont la renommée s'étendait jusqu'aux régions les plus lointaines, et dont les mérites, comme le savoir, se traduisaient d'un seul mot quand on l'appelait le séminaire des évêques. De ce corps d'élite en effet, étaient sortis trois papes et une multitude innombrable de prélats. Comment donc Cambrai pourrait-il regarder avec indifférence ce coin de terre qui fut, dans son enceinte, le centre d'où rayonnaient au loin sa gloire et sa prospérité ?

Mais nous n'avons point à rappeler ici en détail les précieux souvenirs de notre antique splendeur, ni les travaux de Mgr Belmas qui vint organiser le rétablissement du culte dans nos contrées, après le concordat, et s'étudier, avec une constante sollicitude, à réunir les restes de ce clergé de Cambrai qui avait échappé à la tourmente et que l'orage avait dispersés.

Nous sommes heureux de pouvoir renvoyer, pour cette partie de notre histoire, au savant résumé qu'en donne M. Leglay dans son *Cameracum Christianum*.

Notre tâche est achevée ; nous avons voulu montrer, pour en inspirer l'horreur, l'abîme où l'orgueil et l'impiété entraînèrent des hommes qui voulurent faire une révolution pour le bonheur du peuple, et qui ne réussirent qu'à semer partout l'abomination et la désolation dans notre belle patrie, en même temps qu'ils firent couler à flots le sang le plus pur de ses enfans dans toutes les classes de la société. Aussi, pour mesurer et parcourir cette épouvantable époque, nous avons dû compter bien des heures de carnage, marcher sur des cendres au milieu des ruines, constater des calamités de toute espèce, contempler des tombeaux entr'ouverts et étonnés de se trouver vides, nous avons dû passer à travers des monceaux de cadavres mutilés, assister à des fêtes de cannibales, entendre les clameurs de leurs horribles banquets, les éclats de leur joie féroce étouffant les cris et les gémissements des innocents qu'ils égorgeaient, comme aux siècles de persécution, alors qu'on avait vu chaque jour des victimes aux prises avec les bêtes féroces au milieu de sanglantes arènes.

Mais, s'écrient les honnêtes gens, de nos jours, on ne verra plus reparaître un semblable règne; des atrocités de ce genre ne se renouvellent pas dans l'espace d'un siècle, et nous ne laisserions plus de tels monstres exercer parmi nous une telle tyrannie. Fasse le Ciel qu'il en soit ainsi!

FIN.

Typ de L. Carion, rue de Noyon, 1, à Cambrai.

TABLE DES MATIÈRES.

	PAGES.
Préambule.—Cambrai avant la révolution	1
La Révolution. — Disette. — Emeute.	7
Fête de la Fédération. — Autel de la Patrie. — Arbre de la liberté	12
Nouveaux malheurs. — Constitution civile du clergé.	15
Election d'un Evêque constitutionel. — Primat.	16
Arrivée de Primat à Cambrai. — Son installation	19
Protestation du Curé de Sainte-Croix. — Profession de foi des Prêtres de Cambrai.	27
Les actes de Primat.	44
Autre Evêque constitutionnel. — Vicaires épiscopaux.	47
La Métropole sous le schisme. —Les scellés sont apposés sur les Eglises.	49
Les Eglises sont vendues et démolies.	51

— 2 —

	PAGES.
L'Eglise de Saint-Sépulcre, temple de la Raison, est conservée. — L'Eglise de Saint-Aubert devient un musée.	58
Les cloches et l'argenterie sont brisées et vendues. — Les confessionnaux sont changés en guérites. — Les statues des Saints sont brulées. — Les ossements des morts sont profanés. — Les couvents sont pillés.	60
Le club. — Son audace. — Les massacres de Paris l'enhardisent.	64
Les Prêtres au Caré de paille. — Leur sortie de prison. — Leur départ pour l'exil.	65
Fidélité de ces Prêtres. — Hésitation, puis courage du Curé de Saint-Géry. — Héroïsme de ses confrères.	74
Abolition de la royauté. — Proclamation de la République. — Perturbation continuelle à Cambrai. — Les coupes-têtes dans nos murs. — Assassinat de Calonne Deshèque, du commandant de la citadelle et de l'un de ses officiers supérieur. — Deux exécutions.	76
Les fêtes patriotiques.	87

— 3 —

	PAGES.
Les troubles et les calamités continuent. Violation des tombeaux. — Les restes des archevêques Fénelon, Vanderburch, et de Fleury. — L'*Armée infernale* à Cambrai.	96
Logements militaires. — Un Représentant du peuple. — Dénonciation. — Nouvelle prison.	101
Les gens du peuple sont arrêtés comme les riches. — Déportés à Compiègne.	103
Arrestations. — Nouveaux Représentants.	108
Les Représentants désertent à l'approche du danger. — Les arbres sont abattus. — Les maisons du faubourg sont détruites.	109
Sorties malheureuses	111
Nouveaux hôpitaux. — Les Républicains calomnient les aristocrates pour excuser leurs défaites.	115
Dumouriez..	116
Le maximum.	119
Nouveau calendrier. — Le Dimanche est supprimé.	122
Nos rues changent de noms	125
La Déesse Raison. — Les Danses. — Les	

	PAGES.
discours patriotiques.	131
Arrestation et exécution de M. Lallier. — La guillotine employée pour des militaires.	133
Commission militaire. — Huit condamnations à mort	136
La Révolution procède comme l'Erreur . .	140
La Centralisation seconde la Révolution .	142
On demande pour Cambrai un Représentant plus énergique.	143
Encore la disette, les désastres, les vexations de tout genre.	144
Le Représentant plus énergique. . . .	147
Portrait de Lebon.	148
Idée du Gouvernement dont Lebon doit exercer les pouvoirs	152
Choix des Comités.—Programme de Lebon.	156
Coup-d'œil sur la conduite de Lebon à Arras . . . . , . .	157
Arrivée de Lebon à Cambrai. — Scène à l'Hôtel-de-Ville	164
Lebon rend compte de ses premiers exploits parmi nous. — Il trace son plan. . .	171
Lebon accomplit sa promesse. — Les Ar-	

	PAGES.
restations.	177
Les dénonciations. — Terribles menaces contre Cambrai	180
Cambrai n'est pas à la hauteur	181
Le Tribunal révolutionnaire	182
Condamnations. — Exécutions	186
Lebon rend compte de ces assassinats. .	194
Les fonctionnaires et les sans-culottes sous l'empire de Lebon.	198
Encore les dénonciations. — Autres victimes. — Les exécutions se multiplient.	200
Observations sur quelques-unes des victimes. — P.-F. Devaux. — Jean-Chrétien Payen. — Cinq Religieuses. — La Marquise de Monaldy	220
La mare de sang sous la guillotine . . .	228
Entourage et cortége de Lebon. — Lebon et le bourreau. — Leur cynisme et leur cruautés	230
Horrible assassinat d'une pauvre mère. .	234
Accord des jurés avec Lebon. — Leurs habitudes et leur langage. . , . . .	235
Singulier témoin à charge.	242
Dilapidation. — Orgies. — Nouveaux pro-	

	PAGES.
jets de massacres. — Lebon se fait applaudir et encourager par le comité. .	245
La femme Lebon.—Duquesnoy.— Célestin Lefetz. — Hidoux. — Nicolas Lefetz .	251
Commissaires aux inventaires. — Gamot. — Taffin-Bruyan. — Béru. — Lefebvre.	281
Warnier, Ansart et Régnier, — Bacqueville. — Duponchel. — Carlier. — Galand. — Jouy. — Danel.	299
Daillet, président du tribunal.—Caubrières et Darthé, accusateurs publics . . .	300
Lemire. — André. — Rémy. — Gilles, Barbeau, Bailly. — Planès, Caron, Pottier, Mienné. — Gouillard et Duhaupas. — Catté	315
Juges et Jurés choisis dans Cambrai. . .	334
Arras et Cambrai	335
Démoralisation de la jeunesse. — Bals, spectacles.	336
Lebon est accusé. — Il est défendu. — Pétition en sa faveur	352

Lebon triomphe. — Nouveau plan des assassins. — Complot de Robespierre. — Sa Chute. — Lebon apprend cette

	PAGES.
nouvelle, il change de ton.	367
Lebon est arrêté.	370
La pétition en faveur de Lebon est rétractée	375
Le Conseil municipal accuse Lebon. — Joie du Conseil.	380
Accusation de Lebon devant la Convention	390
L'opinion publique après la Terreur.	410
Mise en jugement de Lebon. — Réponse à sa défense.	418
Condamnation, exécution de Lebon.	440
Disette, troubles, émeutes, pillage	445
Adresse au peuple de Cambrai	448
La révolte recommence. — Formidable insurrection.	450
Inondation. — Les Terroristes.	455
Nouveau Club. — Les principaux agents de Lebon reparaissent. — Réaction.	466
Le commandant Legris, dit *l'Enragé*	472
Notre-Dame-de-Grâce.	473
Observation du Décadi. — Les vexations contre les émigrés et les catholiques continuent	475
Les fêtes Républicaines tombent dans le discrédit. — Fête funèbre.	481

Une dénonciatrice	485
Mort funeste de quelques-uns de nos hommes de sang.	487
Les Instrus	493
Bons sentiments des militaires. — Courage d'un officier.	494
Intrépidité d'une Cambresienne. — Courage de deux Douaisiens	497
Elargissement inattendu de deux détenus.	500
Fidélité de quelques serviteurs.	503
Honorables sentiments de M. Maximilien Farez.	506
Les Portefaix de Cambrai.	509
Dévouement de plusieurs Cambresiens. — M. Richez. — Bons offices de la garde nationale.	510
Les Missionnaires	512
Ingénieux stratagème d'une servante. — Précaution prise pour sauver deux Prêtres	513
Observations sur les Missionnaires et sur les endroits où ils célébraient. . . .	517
Un Capucin logeant en face de la guillotine.	519
Belle réponse du 1er sous-Préfet de Cambrai.	520
Rentrée des Prêtres exilés	521